立德树人
思政领航

省属本科院校课程思政
理论与实践

张辉 刘姣华 黄宏磊 张承龙 冀红梅 ◎ 编著

中国财经出版传媒集团
经济科学出版社
Economic Science Press

·北 京·

图书在版编目（CIP）数据

立德树人　思政领航：省属本科院校课程思政理论与实
践/张辉等编著. －－北京：经济科学出版社，2024.4
ISBN 978 - 7 -5218 -5796 -2

Ⅰ.①立… Ⅱ.①张… Ⅲ.①高等学校 - 思想政治教
育 - 教学研究 - 中国 Ⅳ.①G641

中国国家版本馆 CIP 数据核字（2024）第 070758 号

责任编辑：纪小小
责任校对：王肖楠
责任印制：范　艳

立德树人　思政领航
——省属本科院校课程思政理论与实践

张　辉　刘姣华　黄宏磊　张承龙　冀红梅　编著
经济科学出版社出版、发行　新华书店经销
社址：北京市海淀区阜成路甲 28 号　邮编：100142
总编部电话：010 - 88191217　发行部电话：010 - 88191522
网址：www. esp. com. cn
电子邮箱：esp@ esp. com. cn
天猫网店：经济科学出版社旗舰店
网址：http://jjkxcbs. tmall. com
北京季蜂印刷有限公司印装
710×1000　16 开　26.5 印张　400000 字
2024 年 4 月第 1 版　2024 年 4 月第 1 次印刷
ISBN 978 - 7 - 5218 - 5796 - 2　定价：98.00 元
（图书出现印装问题，本社负责调换。电话：010 - 88191545）
（版权所有　侵权必究　打击盗版　举报热线：010 - 88191661
QQ：2242791300　营销中心电话：010 - 88191537
电子邮箱：dbts@ esp. com. cn）

序

2016 年，习近平总书记在全国高校思想政治工作会议上提出课程思政的理念，强调"把思想政治工作贯穿教育教学全过程，实现全程育人、全方位育人，努力开创我国高等教育事业发展新局面"①，为高校思想政治工作指明了方向。历经多年的探索与实践，课程思政建设逐步深化，取得丰硕成果，在全国高校中涌现出许多优秀的示范课和教学名师。党的二十大报告中，习近平总书记再次强调，要"办好人民满意的教育"②，全面贯彻党的教育方针，落实立德树人根本任务。这对课程思政工作提出了更高要求，也为新时代的课程思政建设明确了方向。

湖北工程学院是湖北省人民政府举办的全日制普通本科院校，学校坚持以习近平新时代中国特色社会主义思想为指导，全面贯彻党的教育方针，落实立德树人根本任务，秉承"严以治学、诚以立身"的校训，按照党委二届七次全会提出的"三抓三强三提升"工作思路，抢抓机遇、克难奋进、开拓进取，朝着全面建设工程教育卓越、办学特色鲜明的国内应用型一流大学目标阔步前进。学校深入贯彻落实《高等学校课程思政建设指导纲要》《新时代中国特色社会主义思想进课程教材指南》和《大中小学思想政治工作一体化实施意见》等重要文件精神，结合学校实际，建立了

---

① 把思想政治工作贯穿教育教学全过程［EB/OL］. 人民网，https：//baijiahao. baidu. com/s? id = 1716803959295632790&wfr = spider&for = pc，2021 – 11 – 19.

② 习近平：高举中国特色社会主义伟大旗帜 为全面建设社会主义现代化国家而团结奋斗——在中国共产党第二十次全国代表大会上的报告［EB/OL］. 新华社，https：//www. gov. cn/xinwen/2022 – 10/25/content_5721685. htm，2022 – 10 – 25.

学校课程思政教学示范研究中心，还承担了大别山革命老区高校联盟课程思政教学示范研究中心日常工作，从顶层设计、平台互动等层面确保了思想政治教育的落地实施，并严格制定、执行了校内课程思政建设实施方案。

本书是 2023 年湖北本科高校省级教学改革研究项目"省属本科院校'新商科'人才培养模式实践研究"（项目编号：2023463）和 2022 年度湖北省高等学校省级教学研究项目"基于 OBE 理念的地方高校应用型人才培养目标及其实现路径研究"（项目编号：2022417）的部分研究成果。该书分为课程思政理论研究、课堂教学课程思政实践以及第二课堂课程思政实践三个部分。第一部分专注于课程思政的理论研究，探讨基本理念、教育体系和具体方法，为课程思政的理论体系建设提供坚实基础；第二部分聚焦课程思政教学实践，通过具体案例详解各类课程中的思政教育实践，展示理论与实践的有效结合；第三部分介绍第二课堂中的课程思政实践，展示学生在多样化活动中的思政教育感悟和成长。

课程思政是新时代落实立德树人根本任务的战略举措。作为大别山革命老区高校联盟课程思政教学研究示范中心的首部著作成果，本书的出版不仅是湖北工程学院课程思政教学研究的全面总结，也希望能为同类高校的课程思政工作提供有益的参考与启示。同时，我们也将以著作出版为契机，着力推进构建"三全育人"体系，真正实现"人人重育人、门门有思政、课课有特色"的氛围，构建"大思政课"新格局。结合大别山革命老区历史，深挖独特的地方性思政素材，使课程思政建设更加生动鲜活，不断提升课程思政教学质量。

是为序。

编者
2024 年 4 月

目　　录

第一篇　课程思政理论研究

第二篇　课堂教学课程思政实践

第三篇　第二课堂课程思政实践

课程思政理论研究

关于省属高校课程思政中心建设的思考

——以湖北工程学院课程思政教学研究示范中心为例*

张　辉　刘忠超**

课程思政中心建设是省属高校课程思政工程发展的必经阶段，对省属高校教学改革及人才培养目标的完善有着重大的价值和意义，课程思政中心建设业已成为省属高校课程思政工程发展的"推进器"。以湖北工程学院为代表的省属高校在课程思政中心建设过程中，已经取得了一定的成绩和经验，同时也面临着一定的不足之处。本文认为必须从省级主管部门、省属高校、参与学院及师生等多个方面出发，共同构建省属高校课程思政中心建设的综合保障机制，切实促进省属高校课程思政中心建设的持续发展。

一、省属高校课程思政中心建设的重要性

课程思政是新时期我国高等教育改革与发展的新目标、新要求，同时也是我国众多高校回归育人本质，服务社会的根本保证。习近平总书记一直高度重视高校人才的教育工作，专门针对高校思政课程人才培育做出了

＊ 基金项目：湖北工程学院课程思政示范项目（KCSZ202211）、2022 年度湖北工程学院在线开放课程《市场营销学》项目；湖北工程学院教学改革研究项目《数字化转型背景下省属地方高校"新商科"人才培养模式创新研究》、湖北工程学院 2023 年教学改革研究项目《"1＋X"证书理念下的校企共建实训基地研究》（项目编号：2023030）。

＊＊ 作者简介：张辉，男，管理学博士，湖北工程学院经济与管理学院教授，湖北小微企业发展研究中心主任、研究员，研究方向：课程思政实践、顾客创新；刘忠超，男，管理学博士，湖北工程学院经济与管理学院讲师，湖北小微企业发展研究中心研究员，研究方向：绿色消费。

全面深刻的阐述，指出要以正确的政治方向、社会主义核心价值观和马克思主义为指导，以立德树人为核心，培养出能为人民服务、为改革开放现代化建设服务、为中国共产党治国理政服务、为巩固发展中国特色社会主义制度服务的德才兼备、品学兼优的人才。[1]

在 2016 年的全国高校思政工作会议上，习近平总书记首次提出"要坚持把立德树人作为中心环节，把思想政治工作贯穿教育教学全过程，实现全程育人，全方位育人"[2]。以此为基础，中共中央、国务院 2017 年发布《关于加强和改进新形势下高校思想政治工作的意见》，提出坚持全员全过程全方位育人的"三全育人"要求[3]；同年，在党的十九大报告中，习近平总书记明确指出："要全面贯彻党的教育方针，落实立德树人根本任务，发展素质教育，推进教育公平，培养德智体美全面发展的社会主义建设者和接班人"[4]。此后，以上海各大高校为先锋试点，课程思政实践逐步在各地高校展开。

意识形态工作事关党的前途命运，事关国家长治久安，事关民族凝聚力和向心力。习近平总书记在 2013 年 8 月 19 日召开的全国宣传思想工作会议上强调，意识形态工作是党的一项极端重要的工作，这是我们党对意识形态工作重要性的又一次深刻阐述。[5]中华民族伟大复兴的实现在于中国青年，中国青年教育的主要阵地在高校，在习近平总书记发表的关于中国高校思政教育的系列重要论述中，课程教育是高校思政教育的一项重大改革，将"思政课程"转化为"课程思政"，将思政教育融入专业教育，是对高校教育质量的一次根本性提升，是推动高校思政教育的强有力武器。[6]

2019 年 3 月，习近平总书记在学校思想政治理论课教师座谈会上强调要铸魂育人，落实立德树人的根本任务，要坚持显性教育和隐性教育的统一，挖掘其他课程和教学方式中蕴含的思想政治教育资源。2020 年 5 月，教育部正式颁布《高等学校课程思政建设指导纲要》，要求明确课程思政建设目标要求和内容重点，科学设计课程思政教学体系，建立健全课程思政管理体系、评价体系，制定激励保障机制。[7]正是有了上述理念层面的规范与指引，才使得我国高校课程思政建设走上了健康发展的道路，保障了众多高校课程思政工程的规模和质量。

课程思政作为新时代课程体系建设的创造性举措，不仅肩负着习近平总书记在全国高校思想政治工作会议上强调的"立德树人"的重要使命，承担着全程育人、全方位育人的重要任务，更能够为我国高等教育事业发展新局面的开创起到关键作用。[8]课程思政理念的提出与实践已历经数年，不同规模、不同类型的高校也都在积极探索课程思政建设的新模式、新路径、新方法，呈现出"百花齐放、百家争鸣"的良好局面。就现阶段高校课程思政建设与发展的实际情况而言，众多高校顺应时代发展的趋势，契合主管部门的要求，紧贴社会需求，先后开始了课程思政中心的申报、建设及优化工作。

一直以来，教育部对高校课程思政建设给予了高度的重视，并且实施了积极的领导。2021年6月，教育部在江西省井冈山大学召开了课程思政建设工作推进会，宣布在清华大学、哈尔滨工业大学、同济大学、厦门大学、山东大学、武汉大学、西安交通大学等15所本科高校开展课程思政示范中心建设试点工作。此后，课程思政中心建设逐步在全国范围内推广开来，在高校内部掀起了课程思政中心建设的高潮。

湖北省高校在课程思政中心建设方面逐步推进、稳步发展。2021年6月，湖北省教育厅批准武汉大学、湖北大学、湖北汽车工业学院、湖北第二师范学院等10所本科高校，以及武汉船舶职业技术学院、武汉职业技术学院、湖北职业技术学院共3所职业院校开展课程思政教学研究示范中心建设。由此可见，湖北省高校已经充分构建起包含教育部所属头部高校、省属地方普通本科高校，以及高职院校在内的深层次、多类型、宽幅度的课程思政中心建设工程体系，呈现出总体良好的发展格局。

经过数年的发展，高校课程思政中心，尤其是省属高校课程思政中心建设已经取得了较大的成果，探索出了一些行之有效的课程思政教学与管理模式，充分保证了省属高校课程思政建设的总体质量。与此同时，不可避免地也会存在一些缺陷及不足之处，有待改进。

一是缺乏统一的建设评估标准。省属高校的课程思政中心建设是一种新的理念、新的探索、新的实践。从新生事物发展的角度来看，大家积极参与无疑是好的迹象。然而，也正是由于课程思政中心建设的方兴未艾，省属高校课程思政中心建设尚未制定统一的评估体系与考核标准，导致省属高校课程思政中心的实际发展并不平衡。二是缺乏足够的资源保障。鉴于课程思政中心多部门参与的先天特性，在中心建设与实施过程中势必要打破高校传统的部门限制，在人员配备、资金扶持、评优评先、政策优惠等各个方面统筹安排、协同推进。然而，就省属高校课程思政中心运行的实际情况而言，普遍感受到资源保障的力度不大、幅度不够，资源保障的持续性也不强。三是理论与实践的脱节。省属高校课程思政中心建设的宗旨之一是服务地方，但是由于课程思政教学以及课程思政理论研究较强的内敛性，从而使得课程思政中心的成果在短时间内难以获得社会的认可，尤其是很难获取企业的青睐，在实践层面难以得到广泛的运用，在较大程度上限制了省属高校课程思政中心建设的辐射力和影响力。四是师生参与的积极性有待提高。省属高校课程思政中心建设已取得较大成就，但现有成绩的取得基本是靠上级主管部门的督促与推进，存在明显的外部驱动效应。相对而言，作为省属高校课程思政中心建设的核心主体与受益对象，高校师生参与的积极性略显不足，内在驱动的动力不足。

二、湖北工程学院课程思政教学研究示范中心的实践与设想

湖北工程学院是一所位于地级市的普通省属高等院校，在上级主管部门号召开展高校课程思政中心建设之后，学校各级领导高度重视、积极筹措，结合自身学科优势与地方特色，动员校内各院系积极开展课程思政中心的立项申报及建设工作，经过数年时间的筹措与实践，已在校内建设数个课程思政中心。

（一）课程思政教学研究示范中心的组织框架优化设想

湖北工程学院课程思政教学研究示范中心（以下简称"本中心"）的组织架构设置跨越院系界线，建立了由教务处、经济与管理学院、政治与法律学院共同领导下的主任负责制。课程思政具体事务由中心办公室负责协调组织，中心下设 3 个研究室，即文科专业课程思政研究室、理科专业课程思政研究室、思政理论研究室（见图1）。各个研究室分别从不同角度开展思想政治工作，文科专业课程思政研究室关注经济、管理、外国语、文学、艺术等专业的课程思政工作；理科专业课程思政研究室关注生物、化学、物理、数学等专业的课程思政工作；思政理论研究室为思政教学基础研究的支撑机构，关注课程思政理论研究。中心在学院门户网站及时发布工作动态、研究成果及活动信息，扩大政策、社会及学术影响力。

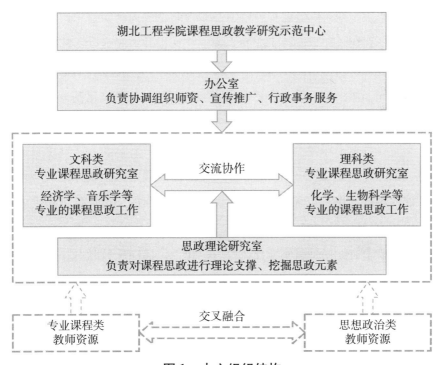

图1 中心组织结构

（二）课程思政教学研究示范中心的主要职能

本中心课程思政教学主要围绕以下几个方面展开：一是修订培养方案。针对"四新建设"① 思路，结合课程思政"三进"② 活动，对全校专业人才培养方案进行全面修订。二是整合现有教材。针对已有的自编教材进行理论框架整合，融入思想政治、道德品质、中国文化的要点内容，突出思政亮点，体现专业知识前沿性，使之成为有机整体。三是优化教学设计。对教学过程进行详细分析，挖掘思政元素，特别是学校所在地的大别山红色文化素材，利用案例、讨论、实践等形式丰富专业课思政课堂教学，达到立德树人、润物无声的效果。四是善用思政平台。利用学校共青团、学院、学工等社交媒体，与省市媒体合作，构建思政资源库，定期刊发专业课思政内容，强化对专业知识的思想性支撑，增加内容趣味性，部分文章多次登上热搜榜。在提升教学效果的同时，扩大了思政工作影响力。五是组织专题讲座。课程思政中心多次聘请省内外课程思政中心的专家以讲座形式深入探索课程思政的实现形式，提升我校教师课程思政的教学和科研能力，营造"三全育人"的良好氛围。六是开展调研活动。中心在暑假期间，派出骨干教师分三条线路奔赴大别山红色文化基地，采集红色文化元素，积累课程思政素材。

本中心承担了课程思政教学开发、课程思政教学创新、课程思政事务协调、课程思政实践基地联络等职能。目前的发展定位为服务经济与管理学院课程思政工作，并面向全校开展课程思政工作的交流讨论，提供成熟课程思政模式供其他专业参考。

具体职责有：一是引领学校课程思政建设。面向全校教师、学生，开设课程思政辅导课，引领学院课程思政教学建设工作。二是推动课程思政

---

① "四新建设"是教育部等相关部门提出的，有关新时代全面振兴本科教育、打造高等教育"质量中国"的重要内容，包括"新工科、新农科、新医科、新文科"。

② "三进"是指进教材，进课堂，进头脑。"进教材"是"三进"工作的基础和保证；"进课堂"是"三进"工作的核心和关键；"进头脑"是"三进"工作的理想和目标。

教学改革。制定课程思政教学计划，编写教学大纲，凝练教学讲义，规范教学过程，完善课程思政模式。三是开展课程思政教学交流。举办课程思政教学方法研讨会，邀请知名专家做课程思政的专题报告，组织课程思政教学比赛。四是优化课程思政资源配置。联系协调课程思政实践基地，规划办公场所，向全校开放共享思政实践基地和办公空间。不断壮大课程思政教师队伍，针对课程思政教学做好规划布局，在校内营造良好的思政氛围。

（三）课程思政教学研究示范中心的主要成绩

本中心旨在从立德树人的根本任务出发，以人才培养模式改革为抓手，深刻把握课程思政和思政课程之间的关系，整体理解、完整把握课程思政的精髓要义，不断持续推出具有经管特色的课程思政创新产品，凝练课程思政教学模式。同时，积极发挥中心在课程思政工作中的引领作用，优化课程思政资源，构建"三全育人"工作新格局。

1. 教学领域取得的成绩

自本中心成立以来，学校将课程思政作为教学改革突破口，不断强化专业建设，推动学校发展。学校现有本科专业 64 个，其中国家级特色品牌专业、一流专业 7 个，省级综合改革试点专业 6 个，省级战略性新兴（支柱）产业人才培养计划专业 6 个，"荆楚卓越人才"协同育人专业 6 个，省级一流专业 23 个；国家级精品课程、一流本科课程 6 门。

中心全体教师以习近平新时代中国特色社会主义思想为指导，深刻领会课程思政工作要义，在教务部门、经济与管理学院、政治与法律学院的支持下，通力合作，具体取得了四个方面的成绩。

一是组建了工作专班，逐步形成了跨院系工作机制。中心师资班底主要来自教务部门、经济与管理学院、政治与法律学院等单位，通过出台相关管理议事制度，相互协调良好。在跨学科专业教师团队中，专业教师梳理专业理论教学框架，思政课专业教师挖掘思政元素。经过不断的交流研讨，实现了专业知识点与思政元素的有机结合。

二是构建了思政资源库，基本完成了共享平台设置。团队成员从思政案例、红色文化、精准扶贫、绿色产业等方面着手，进行了长期的课程思政素材积累，构建了课程思政教学资源库。目前，已收集整理了大量课程思政相关视频、音频、照片、案例等资料，整个资源体量接近1TB。正着手构建云平台，在全校共享的基础上，向兄弟院校开放相关资源。同时，立足地方特色，挖掘大别山红色文化，将红色文化教育渗透专业人才培养。

三是结合"四新"建设要求，完善优化了课程培养体系。"新文科"建设要求将新思维、新技术融入人文社科教育，体现中国理论与方法，将互联网思维、信息技术等领域的前沿成果融入教学，将经济社会建设的新理论加入培养体系；"新工科"建设要求对现有工科专业进行全要素改造升级，将相关学科专业发展前沿成果、最新要求融入人才培养方案和教学过程；"新农科"建设要求面向新农村、新农业、新农民、新生态，推进农林学科专业供给侧结构性改革，服务支撑农业转型升级和乡村振兴。按照以上要求，结合人才培养方案修订，对所有专业课程进行了梳理，全面开展课程思政工作，专业主干课都按课程思政国家级精品课要求打造。同时，与思政课程教学安排进行了协调配合，形成了思政教学工作的合力。

四是大力开展课程思政、思政课程同向同行活动，夯实了课程思政建设的理论基础。为构建"大思政"育人格局，有效增强思政课和专业课教师间互动共进，学校每年定期举办思政课程与课程思政同向同行活动。围绕"互融、互鉴、互助"主题，深入探讨思政课程和课程思政"同向同行"的策略和方法。通过强化内容上的"互融"、方法上的"互鉴"、机制上的"互助"，夯实了课程思政建设的理论基础。

2. 实践领域取得的成绩

中心以习近平新时代中国特色社会主义思想为指导，结合地方高校特色，针对文科、理科等不同专业的自身特点，主要在地方红色文化挖掘、产教融合工作、课程思政实践模式凝练等方面进行了创新尝试，并取得了较好成效。

一是强化了地方红色文化元素应用。作为地方院校，充分挖掘地方红色文化元素，能更好地在学生中产生认同。针对新文科背景下经管类专业核心课程，以大别山红色文化为基础，开发了鄂豫边区革命事迹、新四军第五师战略、中原突围谈判策略等思政元素，形成了具有鲜明地方特色的思政素材体系，在课程思政工作中取得良好的宣传推广效果。

二是开展了产教融合过程中的思政教学探索。作为地方应用型高校，人才培养必须接轨地方经济社会发展。结合市场需求，将产教融合作为人才培养重要特色。本中心将课程思政与实践教学、大学生创新创业相结合，以红色文化为依托，建设产业、创业学院，指导创新创业实践。近 5 年来，指导学生获得国家、省等各级学科竞赛奖励超 2000 项，获批国家级大创项目近 100 项、省级大学生创新创业项目近 300 项。

三是凝练了可推广的课程思政模式。针对文科、理科专业知识框架，选择了货币金融学、天然高分子、高等数学、艺术鉴赏等有代表性的课程，优化打磨课程思政教学实践，形成了"课程思政元素挖掘—课程教学大纲优化—教师思政水平提升—系统推进课程思政建设"的课程思政建设全流程参考模式，推出了较为完善的系列规章制度、理论框架和教学模式，可供其他专业参考。通过课程思政教学竞赛、沙龙等形式，推广成熟的教学实践模式，吸引全校其他教师参与课程思政教学实践。

3. 人才培养领域取得的成绩

一是大力开展人才培养方案优化。结合 2022 年版人才培养方案的修订，紧扣"立德树人"根本任务，对全校 64 个专业的培养方案进行了优化，强化了思政元素在专业人才培养中的作用。

二是突出主干课程思政工作标准化。对各个学院的主干课程，由学院列出时间表，逐一进行改革，分文科、理科推广相对成熟的课程思政教学模式。同时，也要求每个学院在课程思政教学研究示范中心的指导下，通过研讨、交流、修订等形式进行多轮优化，形成与专业培养特色相适应的课程思政模式。

三是加大了课程思政资源对人才培养的支撑力度。按照应用型大学的人才培养目标，狠抓实践教学、创新创业等环节，在全校推广课程思政内容，并通过实践指导、学科竞赛协同等形式，扩大了课程思政工作的影响力。

四是提高了课程思政优质资源共享水平。通过教师交流、研讨会、公众号等形式，开展了优质资源的共享。初步建立了以思政知识图谱为基础的云平台，进一步扩大共享面，方便交流。已出版了30万字左右的《湖北工程学院经济管理类课程思政案例集》，并制作了部分案例的视频动画，课程基础进一步夯实。

4. 考核评估领域取得的成绩

一是强化考核评价力度。对课程思政教学进行专项考核，作为"一票否决"内容进行明确，并纳入职称评审、评优评先的重要考察内容，利用评价"指挥棒"提升广大师生对课程思政的重视程度。考核评价贯穿整个教学过程，并延伸至教材内容、教学设计、教师思政能力等环节，形成系统化的考核方案。

二是创新考核评价内容。课程思政要基于专业理论展开，考核形式并不能等同于思政理论课。考核形式以日常抽查、专家听课、期末评价为主。主要考核内容既关注单纯思政理论讲授情况，也看重思政与专业理论的协同融合，以及考核教学内容对中国经济社会发展领域最新理论成果的反映情况。

三是加大考核激励力度。针对课程思政建设的特殊性，不唯论文成果，减少短期考核指标，以项目形式鼓励教师从事长期的教学改革工作。通过业绩考核、成果交流、学生评价等形式，开展综合评价，对于优秀课程继续加大投入，并在办公场地、设备购买等方面给予支持，在工作量计算上也进行了相应的倾斜（见图2）。

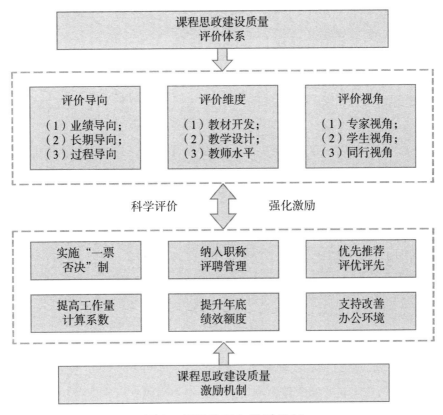

图 2　评价体系与激励机制

5. 学科建设领域取得的成绩

一是推动了全校专业建设。通过本中心工作的深入推进，全校专业建设得到有效加强。课程思政成为多个学院专业建设的品牌，形成了课程思政与思政课程的合力，整体提升了人才培养的竞争力。2022 年完成了 2 个专业的师范专业认证，2023 年 3 个专业的师范专业认证进校，现有国家一流本科专业建设点 1 个、省级一流本科专业建设点 23 个、国家综合改革试点专业 1 个、全国高等学校特色专业 3 个、"国家卓越人才培养计划"专业 2 个、省级综合改革试点专业 6 个、省级战略性新兴（支柱）产业人才培养计划专业 6 个、"荆楚卓越人才"协同育人专业 6 个、"3 + 2"联合培养专业 2 个。

二是提升了人才培养质量。课程思政的目标是实现"立德树人"的根本任务，项目实施有效提升了人才培养质量，学校直接受益毕业生近万人，毕业生就业质量不断提高，学生毕业深造比例不断增加，学生参与创新创业活动热情高涨，多名学生获得国家、省级"创业明星"称号。

三是探索了专业课程思政路径。项目从教师、教材、教学、平台建设等方面出发，构建多维度、多层次的课程思政路径，并通过创新评价激励机制，形成了结合专业理论教育的闭环优化系统，为专业课程思政提供了思路，有效促进了高校德育教育。

四是获得了一批教学改革成果。自本中心成立以来，学校获省级教学成果奖10个（一等奖2个），获批省级教学改革项目（省厅+教科院）54项，教育部产学研协同育人项目95项，国家级精品课程、一流本科课程共7门，省级一流本科课程41门，完成了64个专业的人才培养方案修订，30门课程的思政教学方案得到优化。

6. 综合管理领域取得的成绩

一是营造了良好的课程思政氛围。自本中心成立以来，得到了学校层面在资金、宣传等方面的大力支持，文科、理科院系之间交流频繁，通过多渠道的成果推介，学校思政氛围不断优化。学校共青团公众号推送的多篇课程思政文章阅读量达到10000以上，课程思政内容也得到了人民网、新华网的关注。课程思政资源面向其他院校进行了开放，也获得了兄弟院校的肯定。

二是取得了一批教学改革成果。中心依托的经济与管理学院，开展了课程思政有关的项目研究、培养方案修订、课程改革、模式总结等一系列工作。目前，基本完成了全校所有专业的培养方案修订，以及全部主干课程的教学设计优化，形成了一系列成熟的课程思政模式。通过教学交流研讨等形式，将课程思政模式向其他5个社科院系进行推广，协助审定了其他院系8个专业的培养方案，以及30余门课程教学设计方案，获批省级优秀基层教学组织/教学团队28个。

三是打造了一支成熟的课程思政队伍。整体队伍由专兼职教师组成，文科和理科专业教师、思政专业教师、教辅人员都能发挥所长，形成了课程思政教学合力。推行人员流动岗位制度，经过中心培训或承担业务工作的教师接近 200 人，为课程思政积累了丰富的人才储备。

学校全面落实"立德树人"根本任务，为党育人、为国育才为目标，就课程思政工作多次进行专题研究，大力推动课程思政工作，对相关政策进行了梳理优化，课程思政工作体系不断健全。人事管理方面，学校将课程思政纳入职称评审、评优评先系统，为本中心专门设立流动工作岗位。经费使用方面，学校授权本中心全面推动项目制，尝试包干制，结合绩效情况，灵活立项结项。教务管理方面，提升了课程思政工作量权重，在教学奖励、立项方面优先考虑课程思政项目。

本中心制定了《湖北工程学院课程思政教学管理办法》，出台了课程思政教学规范，并从课程思政教学工作管理流程出发，用项目制鼓励教师开展教学改革。制定了跨院系的流动工作岗位管理制度，充分发挥灵活高效的协作机制，为课程思政工作的深入推进积累了丰富的教学管理经验。

（四）课程思政教学研究示范中心的后期规划

今后 5 年，结合学校"十四五"规划，主要拟做好三个方面的工作。一是打造课程思政精品课程，争创国家一流课程；二是实现课程思政建设专业全覆盖，扩大成果影响；三是不断完善课程思政建设，推动学校专业建设水平。

需要解决的问题主要包括：一是中心建设经费仍不充足，很难支撑课程思政模式大范围推广；二是中心建设团队激励机制需进一步完善，部分教师没有很好地平衡专业研究与课程思政工作的关系。

主要改进举措：一是多方筹措建设经费，争取相关部门支持；二是加强团队沟通协调，进一步完善团队激励机制。

支持保障措施：一是加快课程思政资源库云平台建设，加速资源的开放共享；二是建立经管类课程思政红色文化实践基地，强化思政元素的挖掘加工；三是结合学校办校特色，关注地方经济社会发展，构建能够与深入服务地方工作相结合的课程思政基地。

三、对于省属高校课程思政教学研究示范中心建设的建议

在中国高等教育改革与发展的历史进程中，课程思政中心是必然出现的新鲜事物，对于省属高校而言，课程思政中心建设既是一场难得的历史机遇，同时也充满了艰辛与挑战。为提升省属高校课程思政中心建设的综合实效，必须统筹规划、因地制宜、分步实施，构建综合性的推动方式与保障机制。

（一）省级课程思政中心制度的建立

高校课程思政中心建设是新时期事关高校教学改革与高校人才培养的战略布局，意义深远、责任重大。同时，高校课程思政中心建设涉及的人数众多，覆盖面广，影响因素也很多。省属高校课程思政中心建设必须高屋建瓴，构建全省统一的课程思政中心建设实施纲领，在课程思政中心建设的大政方针、基本原则，核心流程、考核标准等主要方面保持步调一致，协同推进，以最大化地保障省属高校课程思政中心建设的综合质量。

（二）省属高校给予充分重视与政策倾斜

省属高校课程思政中心建设虽然离不开主管部门的引领与监督，但就课程思政中心建设的实际进程而言，基本上还是依托于各大省属高校的决策与行动。课程思政中心建设涉及高校内部的多个部门，必然会出现大量跨部门的协调工作，各部门利益博弈的情况不可避免。省属高校的课程思政中心建设必须得到校级层面的高度重视与大力支持，高校决策层需要在

资金保障、人员配备、办公场所等多方面给予大力支持，确保课程思政中心建设的顺利进行。

（三）参与学院的专业结合与实践落地

高校课程思政中心建设应当因地制宜，避免千篇一律的情况出现，各参与学院应当充分结合自身专业特色与师资情况，构建有自身专业优势，能够充分利用现有师资力量的课程思政中心建设模式与路径。同时，产教融合和课程思政教育理念都是当下较受重视的教育方向。[9]课程思政中心建设是高校人才培养领域新的尝试，也应该要回馈社会、服务社会。课程思政本质上是教育者以思政课以外的专业课和通识课为载体，充分挖掘各类课程的育人元素和资源，遵循教育教学规律而实现立德树人的教育实践活动。[10]因此，高校课程思政中心建设绝不能闭门造车，课程思政中心建设务必要落地生根，充分接地气。参与课程思政中心建设的各类院系必须结合专业特色，走出课堂、走出校园，走向社会、走向实际，积极与校外企事业单位及社会团体开展合作，以多种形式创建课程思政中心实习实训基地，彰显省属高校课程思政中心面向地方、服务地方的本色。

（四）师生参与课程思政中心活动的积极性

高校课程思政中心建设是为学生服务的，归根结底，学生是高校课程思政中心建设的最大受益者。与此同时，高校课程思政中心建设的实施主体主要是高校教师，课程思政注重隐性思想政治功能和潜移默化的作用[11]，高校课程思政中心建设的质量依赖于高校教师。在省属高校课程思政中心建设的众多参与主体中，教师和学生的地位尤为突出，为保障课程思政中心建设的实际效果，必须充分调动省属高校师生参与的积极性。总体而言，就是要引导与规范相结合，鼓励与约束相配合，奖励与惩罚相契合，以促使省属高校师生积极参与课程思政中心建设。

参考文献

［1］何红娟. "思政课程"到"课程思政"发展的内在逻辑及建构策略［J］. 思想政治教育研究，2017（05）：60 - 64.

［2］吴晶，胡浩. 把思想政治工作贯穿教育教学全过程 开创我国高等教育事业发展新局面［N］. 光明日报，2016 - 12 - 09.

［3］曾茜，喻浩. 从习近平系列讲话发掘高校课程思政教学育人元素［J］. 黑龙江教育（理论与实践），2021（03）：24 - 26.

［4］李忠军，钟启东. 落实立德树人根本任务，必须抓住理想信念铸魂这个关键［N］. 人民日报，2018 - 05 - 31.

［5］桂理昕. 做好意识形态这项党的极端重要工作——学习贯彻习近平总书记在全国宣传思想工作会议上的重要讲话精神［N］. 广西日报，2013 - 09 - 10.

［6］王家倩. 基于习近平新时代思政课重要论述推进课程育人的思考［J］. 产业与科技论坛，2023（01）：183 - 184.

［7］李蓉. 山东省属高校课程思政管理问题研究［D］. 济南：山东大学，2022.

［8］申子嫣，李方俊，于洪杰，杨卫民. 新时代高校工程训练课程思政实践探索研究［J］. 中国教育技术装备，2023（03）：72 - 75.

［9］宋莹莹，王宏民. 粤港澳大湾区建设驱动下基于产教融合的课程思政建设路径探究［J］. 大学，2023（05）：34 - 37.

［10］王郢，方癸椒，朱小君. 高校课程思政共同体构建的教育学逻辑［J］. 河南工业大学学报（社会科学版），2022（04）：16 - 23.

［11］张秀芳，宋洁，施新华. 工程训练中心课程思政教学探索［J］. 教育教学论坛，2022（04）：105 - 108.

高校专业教师课程思政能力研究*

一支对课程思政育人理念有充分认知并能有效实施课程思政教学的专业教师队伍，是推进课程思政建设的基本保证。课程思政认知、思政知识素养、思政教学素养、思政发展素养共同构成高校专业教师的课程思政能力要素。根据目前我国高校专业教师课程思政能力的不足，提升专业教师的课程思政能力，关键是从四个方面入手，即强化协同育人的教育理念、广泛涉猎思政知识、提高挖掘和融入思政元素的能力、提升创新教学方式方法的能力。

一、引　　言

"课程思政，即将思想政治教育元素，包括思想政治教育的理论知识、价值理念以及精神追求等融入各门课程中去，潜移默化地对学生的思想意识、行为举止产生影响。"[1] 在 2016 年召开的全国高校思想政治工作会议上，习近平总书记明确提出："把思想政治工作贯穿教育教学全过程，实现全程育人、全方位育人。"[2] 此后，课程思政成为高校贯彻总书记重要讲话精神、进一步推动高校思想政治教育工作的重大课题。当前，各高校正对课程思政进行深入的理论探讨和广泛的实践摸索，课程思政已成为我国

＊　基金项目：湖北工程学院教研项目"课程思政融入经管类专业课教学的探索研究"。
＊＊　作者简介：石清华，男，博士，湖北工程学院经济与管理学院教授，湖北小微企业发展研究中心研究员。

高等教育理论界和实践界的一个热点问题。

专业课本身所潜藏的文化基因和价值范式，决定了对专业课程进行思政建设具有重要意义。而专业教师作为课程思政的实施者，在课程思政建设中必然发挥关键作用[3]，因此，高校在实施课程思政过程中，建设一支对课程思政育人理念有充分认知，并能有效实施课程思政教学的专业教师队伍，是课程思政建设的核心。以课程思政为抓手，实现思政课程和课程思政协同育人的思政教育格局，前提是需要一支具备课程思政能力的专业教师队伍。鉴于此，对高校专业教师课程思政能力进行研究，构建课程思政能力模型，并进一步提出提升专业教师课程思政能力的建议，对促进高校课程思政建设有积极意义。

二、课程思政能力及其生成基础

（一）课程思政能力内涵

"能力是指人们完成一项目标或任务所体现出来的综合素质"[4]，"而教学能力是教师在特定教学情境中展现出来的知识、技能和态度"[5]，专业教师"课程思政能力不同于一般意思上的教学能力，它既包括了一般意义上的教学能力，同时又包括了专业教师所具备的特殊教学能力，即'立德树人'的能力"[6]。因此，课程思政能力具有一般教学能力的内涵，同时又要遵循课程思政的内在要求，是一种综合能力的体现。结合课程思政和教学能力的内涵，可将专业教师的课程思政能力描述为：专业教师在专业课教学中挖掘专业课程内外蕴含的思政元素，并以适当的方式融入专业课程教学中，发挥专业课程隐形教育功能，实现知识传授、技能提升和价值塑造内在统一的综合能力。

（二）课程思政能力的生成基础

课程思政能力是专业教师在专业课教学过程中进行思政教育所表现出

来的综合素质。这种综合素质的生成是一个不断发展、螺旋上升的动态过程。在课程思政能力的生成过程中，专业教师的政治意识、广博知识、跨域融合、创新精神、科研素养等对课程思政能力的生成具有基础性作用，是课程思政能力的生成基础。

1. 政治意识

推进课程思政建设，旨在回答"培养什么人"这一教育的根本问题。课程思政肩负着"为国育才"的使命，培育能够担当社会主义现代化建设的"时代新人"。[7]通过课程思政教学，在传授专业知识的同时，增强学生的政治认同，落实"立德树人"的育人目标。因此，课程思政的功能定位决定了专业教师必须具有坚定的政治意识。专业教师坚定的政治意识体现在两个方面：一是政治信仰。专业教师"要对马克思主义有坚定信仰，对中国特色社会主义事业有坚定信念，对中华民族伟大复兴有坚定信心"[8]，"始终在政治立场、政治方向、政治原则上与党中央保持高度一致"[8]，对课程思政传授的内容有高度的认同。二是政治责任。专业教师必须以培养能够担当时代重任的社会主义建设者的视角，对"立德树人"有高度认同和深刻认知，以站在"为国育人"的高度去践行课程思政。

2. 广博知识

对高校专业教师来说，课程思政下专业教师不仅需要对本专业的知识进行梳理和加工处理，了解专业知识的历史与逻辑，还要加强对马克思主义及其中国化相关理论和中国优秀传统文化等的了解，深度挖掘本专业中蕴含的思政元素。思政元素涉及的领域广泛、内容众多，要求专业教师要有渊博的知识和深厚的理论素养。首先，高校专业教师需要系统学习思想政治相关理论。其次，人文社科类专业教师需要广泛了解中华优秀传统文化；理工科专业教师需要了解我国重大科技成就背后的故事，了解科学家们以身许国、无私奉献的爱国精神。此外，专业教师需要密切关注国内外时事热点问题，特别需要关注与专业课程内容密切相关的时事热点问题，从国内外时事热点问题中吸取课程思政教学资源。

3. 跨域融合

课程思政是在专业课教学中进行思政教育，因此，课程思政需要将专业教育与思政教育进行有机融合。对高校专业教师来说，这种跨域融合性体现在两个方面：一是知识的融合。专业教师既要拥有深厚的学科专业知识，又要掌握马克思主义理论和马克思主义中国化最新成果，也要广泛涉猎人文社会科学和自然科学等其他学科知识，并进一步实现专业知识与思政知识的融会贯通，使专业知识与思政知识有机融合，把思政知识融入专业知识中。二是实践的融合，即专业教学与思政教学的融合。以往，专业教学主要强调专业知识的传授和专业技能的培养，思想政治教育主要由思政教学承担，思政教学与专业教学是"两张皮"。在课程思政下，专业教师需要将思政教学有机融合于专业教学中，形成一体，专业教学与思政教学需要在教学目标、教学大纲、教案课件以及课堂授课等教学各环节相融合，以实现专业课程与思政课程同向同行，形成协同效应。

4. 创新精神

课程思政教学与传统的专业教学有较大不同，需要专业教师具备良好的创新性，这种创新性主要表现在教学的转变上。课程教学由传统专业课教学模式向融入思想政治教育的课程思政转变，需要专业教师在继承传统专业课教学的基础上进行大量的创新，展现出与传统专业课教学的不同。通过教学的创新，既能展现对学生思想政治进行针对性引导，又能够继承传统专业课程教学对学生专业知识和专业技能的培育，这种教学的转变需要专业教师在教学各方面、各环节进行大量的创新，对教学内容进行深入解读、重新建构，要求专业教师审时度势，面对新的教学情境不断地调整教学环节，主动创新，实现对学生价值的引领、知识的传授和技能的培养。

5. 科研素养

课程思政需要专业教师具有较好的科研素养，即具有对课程思政理论和实践进行深入研究的素养。课程思政的理论研究包括对课程思政的内涵、特征、原则、规律等的研究。课程思政的实践研究包括对课程思政的教学设计、思政元素的挖掘和融入、教学方法的选择等教学实践进行研究，以及对教学效果进行反思和评价的研究。专业教师积极从事课程思政理论和实践的研究，能极大地提升教师的课程思政理论水平和实践能力，促进专业教师课程思政教学质量的提高。

三、课程思政能力模型的构建

专业教师的课程思政能力是专业教师在专业课程教学过程中进行思政教育的能力，课程思政能力在结构上是教师一般教学能力和思政教学能力相互融合的结果。基于对课程思政教学实践活动特点的逻辑分析，结合课程思政能力的生成基础，专业教师课程思政能力结构由以下四个维度构成：思政认知、思政知识素养、思政教学素养、思政发展素养。

（一）思政认知

对课程思政有正确的认知，是高校专业教师开展课程思政的基础，只有对课程思政有正确的认知、坚定的认同，才会在日常教学活动中对课程思政理念贯彻执行。基于课程思政的要求，专业教师课程思政的认知应包括三个方面：一是认同课程思政的内容。课程思政的内容决定了向学生传递什么样的价值观，涉及"培养什么样的人"的问题，是课程思政的根本性问题。课程思政的内容广泛，包括马克思主义及其中国化的相关理论、高尚的伦理道德情操、先进文化和科学精神、社会规范等。作为专业教师，内心深处高度认同课程思政的内容，才会有意识地将其融入日常教学实践中，也只有认同了课程思政的内容，才会有意识地发展自身的课程思政能力。二是认同高校"立德树人"育人本质。我国高校的性质和使命决定了我国高校的职责不仅是向学生传授知识和培养技能，还要塑造学生的价值观、形成学生良好的行为规范、培养学生健全的人格。[9]专业教师只有充分认同高校"立德树人"的育人本质，才能有效推进课程思政建设。三是认同各门课程协同育人的教育理念。认同专业课程与思政课程协同育人效应，是专业教师开展课程思政的内驱力。

（二）思政知识素养

根据课程思政能力所需知识的构成，思政知识素养包括两个方面：一是学科知识。高校专业教师育人能力的根基在于传授专业知识和培养专业技能，这要求专业教师具备扎实的专业知识。大学生思维活跃，易于接受新事物，高校专业教师不能满足于专业教材的知识范围，需要充分把握当代学生特点，不断丰富专业课程的学科知识和教学内容。二是思政知识。课程思政要求专业教师把握专业课程中蕴含的隐性思政元素，将社会主义核心价值观、社会责任、道德品质、科学精神、中国传统文化以及人格发展等思政元素有机融入专业课程教学中。因此，在课程思政背景下，高校专业教师需要具备广博的思政知识，对党的基本理论、社会主义核心价值观、人文社会科学、自然科学、国家和社会发展、国内和国际时事等都有比较全面深入的了解和掌握，从各种知识中吸取思政元素。

（三）思政教学素养

专业教师思政教学素养体现为如下几个方面的能力：第一，思政目标设计能力。思政目标设计，主要是从课程、单元、课时来整合设计思政教育目标，使思政教育目标成为促进学生发展的整体指向，克服思政教育碎片化的现象。[10]思政目标设计分为课程思政目标设计、单元思政目标设计、教学课时思政目标设计。通过思政目标设计，实现了思政教育嵌入教学过程中，是专业教师开展课程思政的必要技能。第二，思政元素挖掘能力。所谓思政元素挖掘，是指专业教师根据课程思政教育目标和要求，将隐含的思政元素从专业课程的知识中提炼和梳理出来，将隐性的思政元素显性化。思政元素是开展课程思政的物质基础，而专业课程中思政元素一般是隐性的、潜在的，专业教师只有将隐含在专业课程中的思政元素挖掘出来，才能以一定的教学形式实现课程思政，这就需要专业教师具备挖掘思政元素的能力。第三，思政元素融入能力。思政元素挖掘出来后，需要找准切入点和突破口，将思政元素与专业知识自然融合，让学生在学习专业知识和技能的同时塑造正确的价值观，而不是思政元素与专业知识"两张皮"。在思政元素融入专业课程教学中要做到融入形式自然、时间恰当，而且针对不同课程的特点有差别性融入。第四，创新教学方式方法的能力。课程思政需要专业教师在专业教育中融入思政教育，要求专业教师在教学设计、教学方法、教学内容以及教学实施等各方面都要在传统专业课程教学基础上进行创新。另外，为了提高课程思政的教学效果，专业教师需要通过师生的良性互动，营造民主、平等和相互尊重的教学氛围，以促进学生对思政内容的认同，真正实现课程思政的初衷。因此，在课程思政教学过程中，需要专业教师具备创新教学方式方法的能力。

（四）思政发展素养

发展素养是指专业教师"使自身课程思政能力不断得以提升、持续发展所体现出来的特征"[11]。发展要素之所以作为课程思政能力的重要成分，是因为教师课程思政能力的生成具有动态发展特征，只有把发展素养视为其重要成分，才能更有效地促进课程思政能力的发展。思政发展素养有利于进一步完善课程思政教学，提升专业教师的课程思政能力。发展素养主要体现在两个方面：一是思政效果的评价和反思能力。课程思政效果的评价和反思是指专业教师对教学过程中各环节、各方面的效果进行评价和反思，并研究改进的策略。思政效果评价和反思是对实施效果的审视，通过评价和反思，找出课程思政实施过程中存在的问题，并进行有效改进，直接促进专业教师课程思政能力的提高。二是课程思政的研究能力。课程思政的研究能力体现在对课程思政理论和实践的研究上。通过对课程思政的研究，把握课程思政的内在规律，用课程思政理论指导课程思政实践，并将实践进一步上升为理论，促进专业教师课程思政理论水平和实践能力的提升。

根据上述理论分析，可构建高校专业教师课程思政能力模型，如图1所示。

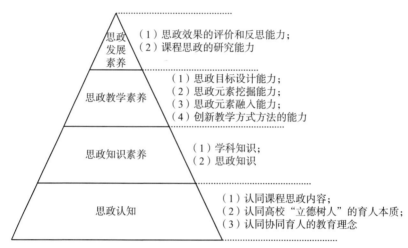

图1　高校专业教师课程思政能力模型

四、提升课程思政能力的建议

课程思政建设对高校专业教师的课程思政能力提出了要求。本文基于课程思政能力的生成基础和课程思政教学活动的特征，尝试构建了高校专业教师课程思政能力模型，为当前高校提升专业教师的课程思政能力提供了依据。根据目前我国高校专业教师课程思政能力的不足，提升专业教师的课程思政能力，关键是从以下四个方面入手：

一是强化协同育人的教育理念。长期以来，由于认知的偏差，许多专业教师片面认为教授专业知识和专业技能就行了，育人是思政教师的责任，没有形成协同育人的教育理念。在认知上着力破除思政教育和专业教育"两张皮"的痛点，需要强化专业教师协同育人的教育理念。为此，需要引导专业教师认知到专业教育和思政教育之间的相互促进关系，消除专业课程与思政教育无关的认知误区，认知到专业知识传授、专业能力培养和思政价值引领的辩证统一关系，增强专业教师协同育人的积极性。

二是广泛涉猎思政知识。思政知识是专业教师进行课程思政的基础，专业教师需要从多方面入手，广泛摄入各种思政知识。为此，首先，专业教师需要学习马克思主义及其中国化的相关理论，加强自身的思想政治修养；其次，广泛涉猎人文和社会科学知识、自然科学知识，了解我国优秀传统文化；最后，关注国内外热点问题，吸取思政元素，提升学生的自信心和自豪感，坚定对我国当前政治制度的认同和社会主义发展道路的自信。

三是提高挖掘和融入思政元素的能力。挖掘思政元素，需要从两个方面入手：首先是挖掘课程内思政元素。最直接的方式是从各门课程内容中挖掘具有思想政治教育价值的元素。此外，可结合课程知识演进的历史，从课程知识的历史变迁中挖掘思政元素。其次是挖掘课程外思政元素。专业教师除了从课程内挖掘思政元素外，还需要挖掘与课程密切相关的课程外的思政元素，比如从行业入手，专业教师在平时教学过程中关注本行业的现状及发展趋势，引导学生树立良好的职业观；又如从文化入手，专业教师在平时教学过程中引导学生了解我国优秀的传统文化，培养学生的文化自信。提升挖掘思政元素的能力，对专业教师来说，需要善于多维度、从不同视角挖掘思政元素。同时需要依据教学规律的要求挖掘思政元素。还要充分考虑学生的成长需求，挖掘适合学生心理、思维特点的思政元素。挖掘出思政元素后，需要将其融入专业知识教学中。提升融入思政元素的能力，对专业教师来说，需要找准切入点，使融入自然、合理，同时需要融入的时长恰当，达到有效地实现课程思政的教学目标。

四是提升创新教学方式方法的能力。课程思政是育人和育才的统一，专业教师要在润物无声中实施思政教育，学生在无形中接受价值观塑造，为此，专业教师需要对传统的专业课程教学进行改革创新。在日常教学中，贴近学生思想实际，紧扣时代发展要求，引导学生进入教学过程中，避免使用单一的注入式教学方式，针对育人和育才的要求，灵活采用启发式、探讨式、互动和参与式等教学方法，激发学生的学习热情和学习兴趣，以提升课程思政的教学效果。此外，要充分利用新媒体技术，将教学过程生动化和形象化，实现课程思政教学与时俱进，以学生喜闻乐见的方式呈现教学的过程，增强教学的感染力，提升课程思政教学的有效性。

参考文献

［1］王学俭，石岩．新时代课程思政的内涵、特点、难点及应对策略［J］．新疆师范大学学报（哲学社会科学版），2020，41（02）：50－58.

［2］教育部．全国高校思想政治工作会议［EB/OL］．http：//www. moe. gov. cn/jyb ＿ xwfb/s6319/zb ＿ 2016n/2016 ＿ zb08/201612/t20161208 ＿ 291276. html.

［3］张大良．课程思政：新时期立德树人的根本遵循［J］．中国高教研究，2021（01）：5－9.

［4］岳宏杰．高校专业课教师课程思政能力建设研究［J］．现代教育管理，2011（11）：66－71.

［5］高玉垒，张智义．大学英语教师课程思政教学能力的结构模型建构［J］．外语电化教学，2022（01）：8－13.

［6］邓丽娜．新时代高校教师提升"课程思政"能力研究［J］．思想政治教育研究，2021（06）：83－87.

［7］付文军．"课程思政"的学术探索：一项研究论述［J］．兰州学刊，2022（03）：30－39.

［8］张姝，邓淑予．高校思政课教师教学核心能力结构模型建构［J］．四川师范大学学报（社会科学版），2021，48（06）：11－20.

［9］尤芳舟. 新时代高校专业教师的育人能力建设［J］. 现代教育管理，2021（03）：60－67.

［10］赵学琴. 对教师课程思政能力及其提升策略的学理分析［J］. 中学政治教学参考，2022（06）：10－13.

［11］韦斯林，王巧丽. 教师学科教学能力模型的建构［J］. 教师教育研究，2017（04）：84－91.

OBE 视角下《金融工程概论》
课程思政教学探讨*

刘姣华　朱　姝**

OBE 理念是一种"以生为本"的教育哲学，一切教育活动、教育过程和课程设计都是围绕实现预期的学习结果，OBE 理念适应了社会，特别是企业界对人才的需求。实施 OBE 理念分为四个步骤：定义学习产出、实现学习产出、评价学习产出和使用学习产出。根据专业培养方案确定《金融工程概论》课程思政教学目标，通过构建课程体系和确定教学策略实现学习产出，多元化评价方式进行评价，围绕应用型人才培养目标和时代发展需要，在教学中持续完善课程思政建设。

一、OBE 课程思政教学设计理念

习近平总书记在全国教育大会中指出：要努力构建德智体美劳全面发展的教育体系，形成高水平的人才培养体系。[1]高等教育应形成高水平的人才培养体系，人才培养体系必须立足于培养什么人、怎样培养人这个根本问题来建设。[2]

---

* 基金项目：湖北本科高校省级教学改革研究项目（2022417）（2023463）；湖北工程学院教研项目（202221）。

** 作者简介：刘姣华，女，博士，湖北工程学院经济与管理学院副教授，湖北小微企业发展研究中心研究员；朱姝，女，湖北工程学院经济与管理学院讲师，湖北小微企业发展研究中心研究员。

OBE 是以"以学生为本"的成果导向哲学,聚焦于学生受教育后获得什么能力和能够做什么的培养模式[3],现已成为很多国家教育改革的主流理念。OBE 理念认为一切教育活动、教育过程和课程设计都是围绕实现预期的学习结果,OBE 理念适应了社会,特别是企业界对人才的需求。

实施 OBE 理念分为四个步骤:定义学习产出(defining)、实现学习产出(realizing)、评价学习产出(assessing)和使用学习产出(using)(见图 1)。

图 1 OBE 理念的实施步骤

二、《金融工程概论》课程特点及课程思政教学目标

(一)课程特点

培养"德才兼备"的高素质金融人才是实施新时代人才强国战略的重要手段。《金融工程概论》主要介绍金融工程学基本理论和基本知识。金融工程的发展历史虽然不长,但由于其将工程思维引入金融科学的研究,融现代金融学、信息技术与工程方法于一体,因而迅速发展成为一门新兴的交叉性学科,在把金融科学的研究推进到一个新的发展阶段的同时,对金融产业乃至整个经济领域产生了极其深远的影响。[4]

(二)课程思政教学目标

《金融工程概论》是金融工程专业的专业核心课和学位课,根据金融工程专业人才培养方案要求,通过《金融工程概论》课程的学习,能够达到如下目标：

第一，具有较强的道德意识和法律意识，具有爱国情怀和使命担当，遵纪守法；具备良好的金融职业道德和行为规范。

第二，掌握经济学、金融学的基本原理，以及金融工程专业基础知识与基本理论，熟悉金融机构和金融市场活动的基本业务与流程，掌握各种金融工具的基本特点与运用技术。

第三，能运用所学专业知识对各种国内外的金融信息和金融数据加以甄别、整理和分析，能运用所学专业知识对金融市场工具进行模拟操作，能识别金融市场风险并运用金融工具进行合理规避，能尝试运用专业理论知识和现代经济学研究方法解决现实经济、金融问题。

第四，有较强的创新创业意识和能力，具备良好的沟通、协调、合作能力和团队协作精神。通过对金融工程理论和实践最新发展动态的了解和掌握，锻炼创新性思维和探索能力。

三、《金融工程概论》课程思政教学目标实现路径

实现学习产出包括构建课程体系和确定教学策略两个方面。[5] 以课程思政教学目标为导向，反向进行课程与教学设计，构建人才培养课程体系，创新人才培养策略，最终实现专业人才培养目标。

（一）课程体系

《金融工程概论》课程内容可以分成三大课程模块，引入 OBE 理念，以提高学生应用能力为目标组织课程教学（见图 2）。

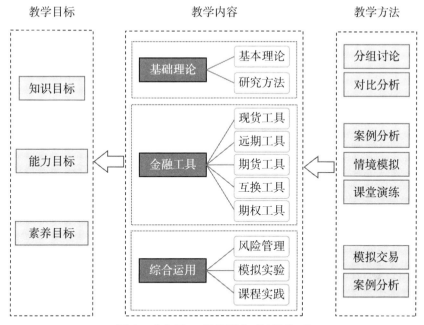

图 2　《金融工程概论》课程体系

1. 基础理论模块

介绍金融工程的基本理论和主要研究方法，通过分组讨论、对比分析等方法，帮助学生建立金融工程学的基本逻辑框架，掌握金融工程基本分析方法，明确学习目标和要求。

2. 金融工具模块

介绍现货市场、远期市场、期货市场、互换市场、期权市场中的主要金融工具及其特点，通过案例教学、情境模拟、课堂演练等方法，培养学生运用这些工具解决金融问题的能力。

3. 综合运用模块

强调金融工程基础理论和金融工具在实际中的操作与运用，通过模拟交易、案例分析结合实务案例和监管实际，精准识别和管理风险，并能进行金融工易模拟交易，掌握实践技能。

（二）教学策略

《金融工程概论》借助"学习通"等智慧教学工具，对课程内容和教学方法进行了一系列改革创新。

1. 强化课程思政育人引领

牢记为党育人、为国育才使命，对课程内容进行全方面设计，将思政元素巧妙地渗透到每个知识单元，引领学生坚定理想信念和金融报国情怀，增强法律法规意识和风险意识，形成正确的金融职业道德素养。

2. 紧跟专业前沿与时代发展

引入前沿理论与实践发展成果，有机融入信息技术、金融科技等多学科理论，根据金融工程复合性学科特点，实时更新教学内容，

3. 增加专业实验实践内容

优化课程体系，把课程内容分成基础理论、金融工具和综合运用三大模块，强化金融工具的实际操作与实践应用。

4. 注重金融职业能力培养

组织并指导学生参加与课程内容紧密关联的金融从业资格考试、金融投资模拟大赛，深入企业和金融机构调研，提升金融职业能力和素养。

四、《金融工程概论》课程思政教学评价方式及效果

（一）评价方式

在课程成绩评定上，采用多元化评价方式，注重过程评价与诊断评价相统一。过程评价是对学生平时表现的评价，主要包括课堂表现和课程实践两个部分。课堂表现包括考勤签到、课堂互动、分组活动、章节练习等，均直接通过"学习通"记载，学生可以实时了解课堂表现的积分。课程实践考核主要包括模拟交易实验报告、团队综合实践项目、课外实践成果等，通过小组互评、比赛证书等实践成果形式，用明细化的量表来评

价。诊断评价主要是期末考核，通过不同题型综合考核学生的知识掌握及运用情况，从平时训练积累的"学习通"题库中随机调用。课程评价公开、公平、公正，贯穿于课程学习全过程，具有可视化、可测度的特点（见图3）。

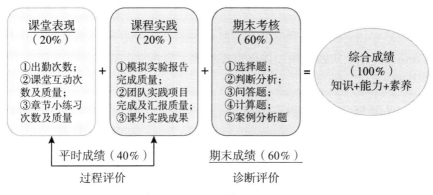

图3　《金融工程概论》课程考核方式

（二）教学效果

《金融工程概论》课程教学效果比较显著，学生课堂参与度高、抬头率高，课堂教学满意度高。课程团队成员在学校各类教学比赛中获奖，多次在全校、全院举行公开示范课，课程教学方法及育人理念在学校和社会取得了较好反响。

课程负责人及团队基于多年的教学改革实践，申请并获批了多项省级和校级教研课题等教学项目，出版教材、案例集多部，发表思政及教研论文数篇。在课程实践中加强了与地方政府和地方企业的联系，合作开展了多项课题研究。

学生是课程改革的最大受益人。从知识目标来看，近年来的课堂练习及考核优良率均在90%以上，学生对理论知识的掌握情况比较理想；从能力目标看，学生熟练使用交易软件，积极参加各项学科竞赛，取得了国家级、省级奖项；多人获得金融从业资格证。从素质目标看，实践活动提升了学生对金融行业的了解，培养了学生的金融素养，用人单位反馈良好。

五、OBE 视角下《金融工程概论》课程思政持续改进计划

（一）教学内容与时俱进

围绕应用型人才培养目标和时代发展需要，持续完善课程思政内容，引入最新理论及实践成果，强化实践教学，培养学生的实践能力和应用能力。按新文科建设要求，进一步优化课程内容，加大与工科、农科、理科等的交叉融合，探索金融科技赋能金融工具，拓展金融工具在大数据管理、商业智能、农业发展等领域的运用，提升课程的高阶性和应用性。

（二）教学资源持续完善

完成课程教材出版，目前，配套教材已编写完成并安排出版。进一步完善线上资料库建设，除持续更新和丰富"学习通"教学资源外，引进大学慕课等优质教学资源，完善线上线下混合教学资源，探索虚拟与沉浸式教学环境创建，提高课程实施的信息化水平。继续加大与金融机构和地方企业合作，完善实践平台，引入行业导师，加强产教深度融合。

（三）教学方法持续创新

课程教学中将不断学习优秀教学方法，不断吸收新的教育理念和教学模式，探索基于科技创新和信息技术时代的教学技术，保持课程的积极生命力，真正做到"以学生为中心"，教学相长。[6]

（四）教学成果加大转化

进一步将教学成果转化成高质量的教研、教改项目和教学成果，以项目促进课程教学内容的不断改进和优化。进一步加强与地方政府和企业合作，探索订单式人才培养方式，提升学生实践能力和应用水平。进一步挖

掘课程思政元素，探索课程思政新思路、新方法，勇于实践，将"教书育人"落到实处。

参考文献

［1］中华人民共和国中央人民政府．习近平出席全国教育大会并发表重要讲话［EB/OL］.https：//www.gov.cn/2018－09－10.

［2］中华人民共和国教育部．教育部关于印发《高等学校课程思政建设指导纲要》的通知［EB/OL］.http：//www.moe.gov.cn/2020－06－01.

［3］Spady，W.D.Outcome－Based Education：Critical Issues And Answers.Arlington，VA：American Association of school Administrators.1994：1－10.

［4］叶永刚，郑康彬．金融工程概论［M］.武汉：武汉大学出版社，2021.

［5］周光霞．基于OBE理念的金融专业人才培养模式探讨［J］.黑龙江教育（高教研究与评估），2021（04）：64－67.

［6］周丽云．金融工程课程教学改革研究［J］.高教学刊，2021，15（07）：121－124.

大学专业课程与课程思政融合设计与探索

——以《经济史》为例*

熊　鹏**

针对当前国内"经济史"类课程思政教学案例和课堂教学环节存在的配套课程思政案例较少和基于案例特点的教学方法规范性不足等问题，本研究以中国式现代化为思想主线，构建与"马工程"指定教材相配套的课程思政教学案例集，并深入剖析"中国式现代化"的思想内涵，探析其与《经济史》课程教学内容的契合点。通过师生全员参与的方式，构建"经济史"课程思政教学案例库。本研究有助于促进思政元素与课程专业知识的有机融合，以"润物细无声"的方式达成课程思政的教学目的，与此同时促进教师和学生的共同成长。

一、引　　言

当前，我国正处于建设"中国式现代化"的重大机遇期，在这一总结过去、继往开来的关键时间节点上，提升经济学专业课程的思政育人功能显得尤为重要。《经济史》课程不仅包括经济学的历史与演变，更融入了

---

　*　基金项目：2023年度湖北工程学院教学改革研究项目（2023025）《中国式现代化进程下经济史课程思政比较式教学方法研究》；湖北本科高校省级教学改革研究项目（2023463）《省属本科院校"新商科"人才培养模式实践研究》。
　**　作者简介：熊鹏，男，博士，湖北工程学院经济与管理学院教师，高级经济师，研究方向：创新与创业管理。

大量社会和政治类知识，这也就决定了这门课程具有显著的思想教育作用。特别是面对我国当前复杂的内外部环境，通过《经济史》课程的学习，纠正学生已有的一些错误认识，以辩证唯物主义的历史观重新审视我国历史上的辉煌成就与近代的落后挨打，重新审视当前我国发展遇到的阶段性问题是该门课程教学的核心任务。作为含有丰富历史性政治社会经济背景知识的学科，当前国内高校的《经济史》课程教学存在一定的西方化和抽象化的趋势，即学生倾向于直接利用西方经济学的抽象理论来分析相关问题，而忽视了问题产生的政治和经济背景。同时，《经济史》课程的思政教育和专业知识教学环节存在一定程度的分离，体现在思政元素的植入痕迹比较明显。《经济史》课程设置的普遍性决定了其在中国式现代化进程中思政育人的重要性，因此积极探索适应时代发展的思政教育方式方法显得尤为必要。本研究立足于课堂教学主渠道，力图通过《经济史》课程教学方式方法的改进，提升思想政治教育的亲和力和针对性，满足学生成长发展需求和国家对新时期青年的期待。

二、已有研究回顾

"经济史"类课程作为一门理论性和实用性都很强的基础课程，被国外高校普遍设置为专业必修课程，同时在教学方式方法上也开展了大量研究和实践。斯坦福大学的马塞洛（Marcelo）教授早在 1994 年就在具体教学过程中采取了经济类课程的四步教学法。[1]祖安（Juan）教授在此基础上指出教师应更多地将团队合作精神传递给学生[2]，托马斯（Thomas）教授强调应动态地调整教学的方式方法以让不同学习程度的学生都能最大限度地理解教学的内容[3]。另一类得到广泛应用的是实验教学法，通过精心设计的课堂实验，增强学生之间的合作和互动，调动学生在课堂上的积极性。[4]最后也是应用最为广泛的当属案例教学法。学者强调在比较教育和教学过程中应该充分运用社会科学方法中的量化分析法，并按照提出假说、数量测定、参照研究和理论分析的流程开展教学设计。[5]-[7] 国内学者对"经济史"类课程的教学研究主要集中在思政元素的融入路径和跨学科的教学方法应用两个维度。在思政元素维度，学者们普遍认为国内高校经济学专业的思政教育亟须提升，特别是应加强学生价值观的培养和引领。[8]-[9] 但尤为需要强调的是，优化教学内容的前提是促使教师改变教学理念，教师应从传统的专业知识传输者的角色自觉转变为思政育人的指导者。[10] 在教学方法上，应特别注意考查学生是否具备正确的价值观评判能力，其道德水平是否有一定程度的提升等。[11] 在跨学科教学方法的研究上，基于《经济史》课程的科学性和人文精神特征，以党史、新中国史、改革开放史和社会主义发展史为切入点，克服当前普遍存在的侧重抽象的理论分析而脱离具体的历史情境的不足。[12]

　　总的来看，国外学者和高校对"经济史"类课程的研究和教学目标的设定上日益偏向塑造和强化学生研究性思辨的能力，强调要培养学生"像经济学家一样思考"。在具体教学方法上，强调根据学生具体情况综合运用多种教学方法，特别是近年来，基于案例开展量化比较式教学已得到越来越广泛的应用，并且已经形成了科学化和规范化的教学设计方案。国内学者对"经济史"类课程立德树人的重要作用已有了充分认识，在具体的思政教育融入点、案例选取和评价机制优化方面有了一定的研究成果，但总体上仍然处于研究的起步阶段。特别是在"马工程"教材的对应案例设计和基于案例特点的比较式教学方法研究这两个方面存在明显的不足。

三、中国式现代化理论内涵及与经济史知识点的耦合设计

　　将中国式现代化理论内嵌到《经济史》课程讲授过程中的核心就是恰当地选择教学内容的"比较点"。本研究深入分析了中国式现代化的五大特征及其与经济史知识点的耦合性，拟将思政元素的嵌入点设置为四个维度，如图 1 所示。

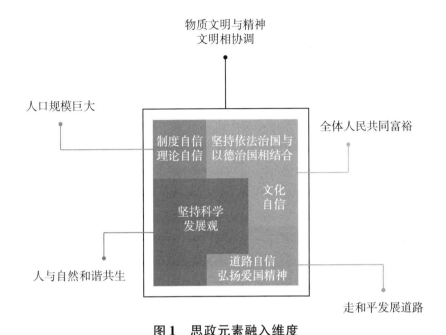

图1　思政元素融入维度

维度1：坚定"四个自信"。

坚定"四个自信"是建设中国式现代化的必备条件和重要基石。道路自信是指中国共产党领导下的中国社会，必须坚持中国特色社会主义经济、政治、文化和社会建设等方面的融合发展。理论自信是指中国共产党在长期实践中形成的具有中国特色、科学、先进、开放的理论体系，是对中国特色社会主义理论体系的正确认识和坚定信仰。制度自信是指坚持和完善中国特色社会主义制度，包括政治制度、经济制度、文化制度等方面的创新和发展。文化自信是指坚持弘扬中华优秀传统文化，增强中华民族的自尊心、自信心和自豪感。

维度2：弘扬爱国精神。

在《经济史》课程中，可以重点讲授中国近现代历史中的经济成就和贡献，包括古代中国的丝绸之路、四大发明，以及现代中国的改革开放、经济特区建设、高铁技术等。这些成就和贡献不仅是中国人民的骄傲，也是中华民族的自豪。特别是需要将《经济史》课程与以改革创新为核心的时代精神教育结合起来，引导学生了解中国改革开放以来在经济、科技、文化等方面取得的巨大进步和成就，同时也要引导学生认识到这些成就背后的艰辛和付出，激励学生发扬创新精神，为实现中华民族伟大复兴而努力奋斗。

维度3：牢固科学发展。

通过对我国经济历史进程中各种相互关系，如对人与自然、社会与经济以及科技与经济之间关系的认识和理解，教育学生更加全面地认识到科学发展观的重要性，更加深刻地认识到科学发展观的本质是强调人与自然的和谐共生，即社会经济的发展不应也不能以牺牲自然环境为代价。

维度4：坚持依法治国和以德治国相结合。

中国社会经济发展历史中，有"一条鞭法""摊丁入亩"等变法事件，对当时的经济体制和国家治理都起到了一定的积极作用。可以充分借鉴这些案例，引导学生认识到依法治国和以德治国的必要性，以及两者有机融合、不可偏废的现实意义。

四、基于比较式教学法的课程思政案例研究

在应用比较法开展课程思政案例的讲授过程中，最为关键的就是比较点的选择。合适的比较点能够涵盖课程知识的重难点，特别是需要涉及学生较易混淆和形成错误观点的部分内容。另外，合适的比较点应易于理解，符合公众的传统认知。本研究结合教材和教学特点，整体拟定的思政元素融入点如表1所示。

表1　　　　　　　　　课程思政元素融入点

编号	教学内容	思政要素切入点	育人目标
1	第二章——古代社会的财政与金融	通过中国的第一次大统一的形成融入爱国教育的内容	培育学生的民族自豪感和家国情怀，认识到早日实现国家统一是民心所向

续表

编号	教学内容	思政要素切入点	育人目标
2	第三章——古代社会工商业的发展	明清以来的海禁政策，导致了长期的经济封闭，是近代中国落后于世界的重要原因	从古今的对比中，认识到国家保持对外开放的重要性，坚定对改革开放这一国策的支持和维护
3	第四章——古代社会手工业的发展	唐宋期间已经设立了专门的对外贸易管理机构，并确立了数百个长期贸易伙伴	使学生进一步认识到对外贸易是保持国家经济持续发展的关键
4	第五章——古代社会经济发展的特征与成就	介绍古代中国经济发展的辉煌成就，分析古代中国在世界经济中长时期保持领先地位和地理大发现后中国经济明显滞后的深层次原因	以古代中国在世界经济中长时期保持领先地位的历史增强学生的民族认同感；分析近代中国经济发展明显滞后的原因，帮助学生树立正确的世界观和价值观
5	第六章——世界市场的扩张与中国经济近代化的起步	以中国古代光辉灿烂的历史文明激发学生的民族自豪感和文化自信	通过东西方在不同历史时期的对比，培养学生更全面、客观、深刻地看待近代以来东西方力量对比的改变
6	第九章——近代工业的发展	近代工矿业发展过程中造成了严重的环境污染，以此培养学生保护环境的意识	让学生充分认识到人与自然是生命共同体，人类必须尊重、顺应和保护自然环境
7	第十一章——近代中国在世界经济中的地位	近代中国的商品经济和工农业虽然有了一定的发展，但为什么没有走上工业强国的道路	帮助学生厘清国家经济从农业化走向工业化的一些关键条件，并以此对近代中国的不足做进一步的分析

续表

编号	教学内容	思政要素切入点	育人目标
8	第十二章——当代中国经济发展的起点与制度选择	通过对中国独特国情的分析引入中国特色社会主义制度	使学生在逻辑上充分认识到中国坚持社会主义制度的必然性和科学性，增强学生的制度自信
9	第十四章——当代中国工业的发展	通过对1978年前后工业增长与波动进行对比性分析，理解改革开放的必要性和取得的突出成就	引导学生充分认识到改革开放的本质是开拓创新、勇于担当的精神品格
10	第十六章——当代中国经济发展的成就与进入中国特色社会主义新时代	通过从城乡分割到统筹发展的前后对比，深入学习科学发展观的重要性	通过讲授使学生认识科学发展观在区域经济协调发展中的基本内涵和关键要求，在实际学习中能够自觉贯彻落实科学发展观

五、总结与展望

当前《经济史》教学过程中思政教育与课程教学的分离倾向日益严重，教学过程思政元素的植入痕迹大多较明显，思政教学的效果亟待提升。本研究基于中国式现代化的内涵探究了大学本科专业《经济史》课程教学的思政元素，构建经济知识、中国式现代化和思政教育三大模块互为映射式的教学案例库，弥补了这一领域理论研究和教学实践的不足，有助于加深师生对中国式现代化和社会主义核心价值观的理解。针对当前学生在分析经济问题时偏向于直接应用西方经济学中的抽象理论而不考虑当时的社会经济和技术背景，本研究提出了全流程量化比较式的课堂教学方法，通过准确的历史事实和全面的比较分析澄清学生认知中的错误概念。为进一步提升《经济史》课程思政的教学效果，下一阶段还可以从以下方面开展学术研究和教学实践。

　　首先，高校的管理者和专任教师都需要认识到思政教育与课程教学是密不可分的。尤其是《经济史》作为一门综合性学科，其知识体系中蕴含了丰富的人文精神、科学思维、价值判断等方面的内容。在传授知识的同时，教师也应该注重培养学生的思想道德素质，引导学生树立正确的价值观念和人生观念。在具体执行层面，高校教师要加深对思政教育的认识深度，杜绝机械记忆、灌输式等传统教学方式。其次，在教学目标的设置上需要注重科学性、思想性和知识性的有机统一，在教学内容上注重案例的选取和应用。《经济史》教学应该选取具有代表性的案例进行深入剖析，通过比较、分析和讨论等方式引导学生深入思考历史事件背后的深层次原因和影响。同时，教师还应该注重案例的多样性、现实性和时代性，将思政元素融入案例中，使学生在学习中自然而然地接受思政教育。最后，在教学实践上注重将理论和实践相结合，在教学方法上注重启发式、互动式和情境式教学。通过组织学生进行社会调查、实践操作等方式培养学生的实际操作能力和应用能力。同时，教师还应该注重将思政元素融入实践活动中，引导学生树立正确的价值观念和人生观念，提高其道德素质和社会责任感。

　　总之，经济史教学中的思政教育与课程教学是密不可分的。在未来的研究中，需要进一步优化思政元素的课程教学契合点，将科学性、思想性和知识性有机融入对案例的比较、分析和讨论过程中，以更加自然地融入思政元素，更好地完成立德树人的目标！

参考文献

［1］Clerici – Arias M. An integral approach to teaching economics ［J］. *Internetten*，1994：19 – 26.

［2］Juan Camilo Cárdenas. On the Methods for Teaching Economics ［EB/OL］. 2013 – 02 – 15. http：//vox. lacea. org /?q = teaching_economics.

［3］Thomas S. The Development of Interactive Classroom Activities to

Teach Economic Freedom to Students of Various Learning Styles ［J］. *Teaching Economics*：*Perspectives on Innovative Economics Education*，2019：1 – 7.

　　［4］Smith G. A Classroom Experiment：The Redistribution of Quiz Scores ［J］. *Teaching Economics*：*Perspectives on Innovative Economics Education*，2019：97 – 103.

　　［5］Morreale J C，Shostya A. Teaching an economics capstone course with a policy focus ［J］. *The Journal of Economic Education*，2021（13）：1 – 12.

　　［6］王艳萍，朱红恒. 美国高校经济学教学方法及其启示 ［J］. 长春大学学报，2020，30（10）：114 – 118.

　　［7］Richardson R. A conceptual framework for comparative studies of higher education policy ［J］. *The Journal of Economic Education*，2022（16）：81 – 92.

　　［8］孙辛勤，施建军，张台秋. 西方经济学教学中的价值观引导问题 ［J］. 高等教育研究，2007（03）：82 – 86.

　　［9］马艳艳，任曙明. "经济学原理" 课程思政教育实现路径探索 ［J］. 黑龙江教育（高教研究与评估），2019（08）：1 – 3.

　　［10］王万光. 西方经济学课程思政建设问题初探——西方经济学课程教学中的价值观导向问题及其课程思政教学设计 ［J］. 大学教育，2019（08）：138 – 140.

　　［11］陈新岗，张秀耍. 经济学专业 "课程思政" 建设的实现路径研究：以《经济史》为例 ［J］. 思想政治课研究，2019（06）：96 – 102.

　　［12］崔佳宁. "四史" 教育指引下的《经济史》通识课 ［J］. 商业经济，2021（03）：192 – 196.

"课程思政"背景下高校学风建设现状
与对策研究

——以某省属地市州本科高校为例*

陈永平　　魏伶俐**

优良的学风，是大学精神和办学理念的集中体现，是高等学校高质量、高水平办学的一项重要指标。加强学风建设，是培养优秀人才的根本保证，是学校教育教学工作的永恒主题，也是落实"严起来、难起来、实起来、忙起来"、提高本科教育质量的重要举措。学风建设要以调动学生的学习积极性、主动性和学习的内生动力，帮助学生树立正确的学习目标，培养良好的学习习惯为主，在此过程中，需要充分调查了解学生学习现状，分析出现问题的原因，找准切入点，强化学风建设，努力培养社会和家庭满意的应用型本科人才。

一、高校学风建设的相关研究

学风建设是高校"立德树人"目标实现的重要途径，正如习近平总书记指出，一所高校的校风和学风，犹如阳光和空气决定万物生长一样，直接影响着学生学习成长。好的校风和学风，能够为学生学习成长营造

　* 基金项目：本文系湖北省高校学生工作（班主任工作）精品项目《"LOVE 文化"理念在高校班级学风建设中的应用和创新研究》（项目编号2019XGJPB3003）研究成果之一。

　** 作者简介：陈永平，男，硕士，湖北工程学院讲师，研究方向：思想政治教育；魏伶俐，女，硕士，湖北工程学院讲师，研究方向：高等教育管理与研究。

好气候、创造好生态，思想政治工作就能润物无声给学生以人生启迪、智慧光芒、精神力量。[1]高校学风建设研究由来已久，高校学者和专家从不同层面、不同内容、不同方法对高校学风建设进行了深入的思考、研究和总结。目前关于学风建设的研究呈现出覆盖面广、内容全面等特点。

研究的视角不断拓宽。一是从学生角度出发，认为学生是学风建设的主体，发挥他们的积极性、主动性及参与性非常重要，应深入学生心理、态度、价值观层面，从而激发学生内在学习动力。[2]二是从教师角度出发，认为教师应该从师德师风、个人修养及专业认知角度，辅导员应该从思想态度、班级管理等角度进行学风管理。[3]三是从学校角度出发，认为应当重视校园文化建设，重视学校管理，强化外在动力系统向内在动力系统的转化、德育工作强化内在学习动力系统、加强职业生涯规划教育，提高学风建设成效。[4]

研究的内容全面深入。近几年，学者在已有的研究基础上，一方面进行对策建议深入研讨：研究的面更广，关注了地方高校在教学学风建设、互联网背景下高校学风优化管理等方面现状分析及对策建议。另一方面运用更多的理论对学风建设进行实践探索：有学者运用榜样教育与朋辈教育理论，论述了如何促进新时代高校学风建设内涵式发展；有学者从"三全育人"、课程思政视域出发，提出了加强高校学风建设的若干建议；有学者基于目标导向和过程管理的理论，构建了高校考研指引体系；有学者运用管理学的原理，基于矩阵式组织结构理论，讨论了建立合理、规范、激励有效的组织机构是决定学风建设成效的关键性因素。

研究的方法不断完善和拓展。在研究方法中，除了运用调研分析法，问题、原因、对策讨论法等之外，还运用了质性研究法、回归分析法、定量分析法等方法探讨加强学风建设。运用质性研究方法，得出发挥学生主体性作用、提高教师综合素质、营造健康学校文化、强化社会舆论正确导向是良好学风建设的重要保障。[5]通过多元回归分析建立高校班级学风建设与大学生就业质量相关性模型，剖析高校班级学风建设与大学生就业率、读研率、签约率三个方面的相关性，得出其能够促使大学生增强对高校班级学风建设重要性的认同感的结论，为教育管理者指出了学风建设的工作重心。[6]运用定量分析法，量化十类考核指标作为开展学风建设的指导，定量评价学风建设情况，认为开展学生风纪管理考核评价是加强学风建设的重要途径和手段。[7]

二、某省属地市州本科高校学风建设的情况

（一）调研的基本情况

调研分别采取教学学院自查、问卷调查、集中座谈和一线走访四种形式进行。其中学院自查由 17 个教学学院的副书记牵头，形成本院学风建设调研自查报告；问卷调查面向全校 17 个教学学院发放 510 份问卷，回收有效问卷 468 份，有效率为 91.76%；集中座谈定向召集部分学院代表和师生代表参加；一线走访深入学生班级、寝室、图书馆了解学风情况。调研组对学院自查、集中座谈和一线走访所收集的信息进行定性分析，对调查问卷所获数据进行定量分析，以此形成定性和定量分析相结合的学风建设调研报告。

（二）学风建设总体情况

通过调查，我们发现大学生对学风问题普遍关注，学风状况总体较好。数据显示，18.16% 的同学认为学风状况很好，53.63% 的同学认为较好，认为"差"和"一般"的仅有 4.06%（见表 1）。

表 1 　　　　　　学生对"学校学风现状"的总体评价

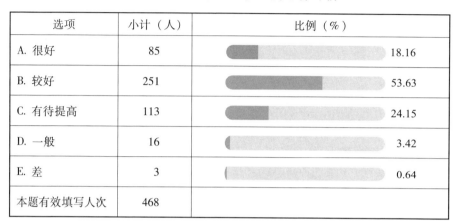

选项	小计（人）	比例（%）
A. 很好	85	18.16
B. 较好	251	53.63
C. 有待提高	113	24.15
D. 一般	16	3.42
E. 差	3	0.64
本题有效填写人次	468	

通过调研分析，学校的学风建设颇有成效，大部分学生能够感受到较为浓厚的学习氛围，具体表现如下：

（1）学生到课率较高，自觉参与课堂学习。利用周日点评、晚自习时段进行工作抽查，形成了一周一汇总、两周一通报的学风督查制度，及时将学风建设中存在的问题向各学院反馈，并限时整改到位。抽查数据显示，有晚自习年级的学生，自习到课率达93%。

（2）辅导员、班主任普遍认识到学风建设的重要性，把学风建设常规化。辅导员在制定每周点评工作内容时，将学风建设作为重要内容凸显，要求班主任对上周学风情况进行小结，点评优秀与不足，加强学习引导。

（3）坚持开展学风建设月活动，学风建设有成效。学生主动学习蔚然成风，出现了"泡馆达人""借阅达人""竞赛达人"，以及获得"最牛毕业班""学霸寝室"等各类"学习达人"和优秀集体。近年来，该校每年在全国、全省各类学科竞赛中获奖近400项。

（4）学生对教师的课堂教学工作比较认可。89.53%的学生认为任课教师备课比较充分，上课态度积极认真；76.06%的学生认为所在班级课堂教学纪律较好，教师比较严格。

（三）学风建设中存在的问题

根据调研和问卷数据情况，学风建设也存在一定方面的问题。

（1）学习目标不明确，主动学习动力不足。通过学生座谈会交流发现，少数学生处于迷茫状态，厌学、迷恋网络虚拟空间，认为上不上课无所谓，大学不挂科就行，学习随大流，没有为自己量身制定学习目标和规划，被动学习。"自我控制能力差、时间分配与利用不合理"是所有学生存在的共性突出问题。值得注意的是，"缺乏学习动力"在大二和大四比较显著，尤其是大四阶段，成为学生学习上的首要问题（见表2）。

表2　不同年级在"你认为当前学生在学习上面临的主要问题"选项对比

选项	小计（人）	比例（％）
A. 缺乏学习动力，不重视、不想学	131	27.99
B. 没有学习氛围，将主要精力用在其他事情上	91	19.44
C. 学习纪律差，上课不认真听讲	27	5.77
D. 自我控制能力差，时间安排和利用不合理	191	40.81
E. 其他	28	5.98
本题有效填写人次	468	

（2）学生到课率较高，但教室听课率偏低，课前预习、课后复习不够。调查数据反馈，95.08％的学生认为应该按时上课学习，但普遍反映课堂的学习效率不高，"刷屏党""低头族"等在课堂上屡见不鲜，学生主动在课前预习、课后复习的不多。

（3）师生课堂、课后交流互动少。调查发现，师生课堂互动较少，教师准点上下课，与学生的课后交流辅导较少。数据显示，不到50%的学生与教师有一定交流。任课教师一个学期下来不能完整地认识班上同学，任课教师参与课堂和课后育人工作不足，对学生的关心关怀不够，一定程度上存在"教书重于育人"甚至"只教书不育人"的问题，教书和育人没有很好的结合起来。

（4）课余时间学习氛围不浓厚，学习功利性和突击性较强。根据调研数据可知，图书馆、专门自习室等学习场所，平时就座学习率不到50%，期末复习考试阶段却出现供不应求的局面，学习的功利性和突击性较强。

以上问题也会因年级、专业等不同呈现出不同状态。不同专业类别学生在大学学习目标、学习自觉性、师生互动等方面存在显著差异。

通过数据对比、日常走访、座谈可知，在大学学习目标方面，艺体类学科98.07%的学生、文科和理科90%左右的学生选择了"完善自我，实现理想和抱负""掌握专业知识，为就业或深造打基础"（见表3）。在自觉性自我感知方面，从高到低依次是工科、艺体、理科、文科；在师生互动方面，艺体最好，工科其次，文科、理科差异不大。

表3　　不同专业类别在"你大学的学习目标"选项对比

选项	小计（人）	比例（%）
A. 完善自我，实现理想和抱负	258	55.13
B. 掌握专业知识为就业打好基础	158	33.76
C. 获得文凭，顺利毕业	41	8.76
D. 获得奖学金	11	2.35
本题有效填写人次	468	

（四）存在问题的原因分析

（1）立德树人、以生为本的思想意识不够鲜明，思想自觉还不够深化深刻。一是少数任课教师在观念上存在"重教学、轻育人"的思想倾向，关注自己的教学而忽视学生的学习和成长，没有做到以学生学习和发展为中心，对学生缺乏专业引导和系统指导；二是部分班主任、辅导员疲于应付日常学生管理事务，缺乏对学风建设的整体思考和系统推进，忽视了对学生学习方向和发展规划的系统全面指导。

（2）教学学院缺乏对学生的专业教育和专业引导，导致一定程度上学生对专业的认识不清，没有建立起清晰的学习发展规划，努力方向不明、学习动机不强。尤其是当前信息化社会资源丰富，充斥在学生学习生活的方方面面，给学生带来便利的同时，也不可避免地影响了学生的学习投入程度。如果没有清晰的发展规划和强烈的学习动机，学生必然会缺乏学习的积极性和主动性。

（3）学风建设制度保障不够健全，涵养优良学风的保障条件不足。我们常讲以教风建设带学风建设，但学校教风建设的抓手不够，目前主要以正面典型宣传、师德标兵评选等方式，推进方式较为单一；对师德师风的考核指标难以量化，监督形式不够完善，都使得师德师风建设无法向纵深发展。另外，学校各类讲座、沙龙、竞赛等学术活动不够丰富完善，因此营造的学习氛围不够浓厚，没有发挥隐性课程对学风潜移默化的作用。

（4）信息化、网络化飞速发展，影响学风建设的氛围。当今，校园网校内全覆盖，4G、5G网络网速更快，智能终端随身携带。小视频、网游、社交通信、阅读购物等软件，在为学生学习生活提供便利的同时，也时刻影响着学生自主学习习惯的养成。大学生在校园内学习生活相对自由，无拘无束，近两年，受新冠疫情影响，常态化的学习形式、学习环境等受到一些冲击，学生课余时间活动内容单一，学科竞赛、文化活动等减少，学生更加依赖网络、依赖手机，对自控能力不强的大学生来说，更容易造成学习目标和奋斗方向的迷失。

三、改进学风建设的对策和建议

以科学的理念指导学风建设，牢固树立"育人为本、德育为先"的理念，践行校训精神，将教书与育人、管理与育人、服务与育人有机结合起来，强化所有课程发挥教书育人功能，提升学风建设实效。

（一）完善制度建设，严格教育教学管理

强化学校学风建设工作的总体部署和政策制定、落实，从提高人才培养方案、教学过程和教学考核等方面的质量要求出发，科学修订培养方案，合理设置学分总量和课程数量，增加学生投入学习的时间，提高自主学习时间比例，提高晚自习的学习质量。引导学生多读书、深思考、善提问、勤实践，严把考试和毕业关，倒逼学生认真学习、深度学习。进一步加强考试管理，取消毕业前补考等"清考"行为。科学合理制定毕业设计（论文）要求，健全学位管理制度、建立科学的学生评优评先制度、学科竞赛奖励制度、宿舍管理制度、本科生导师制度等，以制度建设为抓手，把学校学风建设的指导、组织、监督等日常工作落到实处。

（二）强化专业教育，帮助学生制定清晰的自我发展规划

重视做好学生的入学教育、专业教育和毕业生教育，把好入口和出口关，并做好过程管理，扎实开展校纪校规教育、养成教育、诚信教育、就业创业择业教育、爱校荣校教育等。新生入学后，以专业人才培养方案构建体系的宣传和教育为主，让学生知晓并理解人才培养方案的构建体系，提高学生的专业认同感和专业学习兴趣；在大学学习期间，辅导员、班主任重视建立学生大学学习规划档案，并加强对学生学习规划的跟踪、交流和指导，持续深入地促进每一位学生不断调整、完善自己的学习规划，引导其朝着自己的目标努力前进；以学生高质量就业为指引，将就业教育前

移并贯穿到学生在校学习的全过程，制定职业发展计划，引导学生提高综合素质，提升学生就业能力。

（三）加强师资队伍建设，推动形成"三全育人"工作格局

一是加强学生管理队伍建设，让辅导员、班主任真正成为学生成长的"引路人"。强化辅导员、班主任队伍的培训、指导和督促，开展学生工作经验研讨总结，积极申报省高校学生工作精品项目，提升学生管理队伍管理能力和管理水平。二是加强专业教师队伍建设，提高专业教师教学水平和教学质量，让专业教师成为学生专业发展的引路人。重视课程思政建设，把每一堂课当成对学生专业学习、职业规划、人生理想的引导，从课上延伸到课下，从知识学习贯穿到能力和素质培养，激发学生学习兴趣，帮助学生养成良好的学习习惯、掌握适合自己的学习方法，做学生专业发展的"引路人"。三是加强教辅人员队伍建设，增强服务保障能力，成为学生为人处世的"引路人"。教辅人员以身作则，以自身的言行做好学生的榜样和示范；热情周到，服务好学生与家长；规范严谨，做好本职工作；严守纪律，坚守并强化师德底线。

（四）丰富各项课外活动，强化隐性课程在育人工作上的积极作用

一是进一步加强班级文化和宿舍文化建设，以班级、寝室为载体开展丰富多彩的文化活动，营造健康积极向上的文化氛围，开展学习型班级和寝室评比活动，营造良好的班风和宿舍文化氛围。积极组织学生参加社会调查、生产劳动、志愿服务、公益活动、科技发明和勤工助学等实践活动。合理增加学生阅读量和体育锻炼时间，积极研究以适当方式纳入学分。[8]二是开展学风宣讲活动。组织专家、学者定期开展学风建设宣讲，分校级、院级、班级不同层次、不同专业，使广大学生充分认识到学风建设的重要意义，并积极、自觉地参与学风建设活动。三是加强学风建设典型的宣传报道。在学生中大力宣传表彰"泡馆达人""借阅达人""最牛考

研班级""考研寝室"等典型，引导广大学生向身边的先进典型学习，激发学生学习内生动力，形成浓厚的学习风气。

总之，高校学风建设是一项系统性、长期性、复杂性的工程，优良的学风建设不仅是高校安身立命的根本，还是培养担当民族复兴大任的高质量人才的基础保证，需要学校师生同心协力，积极行动，形成合力。学校要牢记"为党育人、为国育才"的初心使命，教师应不断提高育人意识和锤炼承担育人的职责，大学生要以实现中华民族伟大复兴为己任，不负时代，不负韶华！

参考文献

［1］习近平首次点评"95 后"大学生［N］.人民日报，2017 - 01 - 03（02）.

［2］刘亚琴，陈明，丁勤德.大学生学习动机的现状及激励模式初探［J］.中国电力教育，2009（01）：2.

［3］黄毅军.专业教师在高校学风建设中的作用探析［J］.宿州教育学院学报，2009（01）：3.

［4］秦韶华.高校管理与大学生主动向学的内在动力系统研究［J］.当代教育论坛：校长教育研究，2008（08）：3.

［5］苗洪霞，王志华，刘群.高校学风建设影响因素研究［J］.教育研究，2016，37（09）：8.

［6］杨乾坤.高校班级学风建设与大学生就业质量回归分析研究［J］.山东社会科学，2016（S1）：2.

［7］白云龙，陆莹，石亚平.以"十率"为载体促进高校学风建设［J］.思想政治教育研究，2015（03）：4.

［8］教育部关于深化本科教育教学改革全面提高人才培养质量的意见［J］.中华人民共和国国务院公报，2020（02）：78 - 82.

青年红色文化认同现状与培育策略[*]

熊燕华　王　亮　杨振坤　程　雄^{**}

红色文化是中华优秀传统文化的重要组成部分，对青年的文化认同和政治认同具有重要的影响。通过对中国青年红色文化认同现状的调查与分析，总结梳理红色基因传承的经验做法，深入挖掘红色基因融入青年教育蕴含的时代内涵与特征，提出培育青年红色文化认同的相关策略，包括充分挖掘红色资源、营造崇尚红色文化的社会环境、建设多元的红色文化认同教育机制等，以提高青年对红色文化的认知与认同，增强民族自豪感与爱国情怀。

一、青年红色文化认同的时代价值

（一）红色文化认同的内涵与外延

红色文化是中国共产党在马克思列宁主义科学理论指导下，带领全国各族人民在革命、建设和改革的波澜壮阔历史征程中，通过不断整合、吸

＊ 资金项目：本文系湖北省教育科学规划重点课题"新时代高校思想政治教育提升主流意识形态引导力的机制构建研究"（2020GA058）、孝感市哲学社会科学研究课题"基层意识形态工作现状与对策研究"（xgskkt2023001）、大学生创新创业项目"青年红色文化认同现状与提升策略"（202210528002）、湖北工程学院教学研究项目"红色文化与大中小学思政课一体化建设研究"的阶段性成果。

＊＊ 作者简介：熊燕华，女，博士，湖北工程学院马克思主义学院教师；王亮，男，本科，湖北工程学院马克思主义学院学生；杨振坤，男，本科，湖北工程学院马克思主义学院学生；程雄，男，本科，湖北工程学院马克思主义学院学生。

收、优化古今中外文明成果而诞生的一种先进文化，是具有马克思主义属性和中国特色的一种文化瑰宝。"红色文化主要包括红色物质文化、红色精神文化和红色制度文化三个方面。"[1]红色物质文化主要指革命事件纪念馆、革命老区旧址遗迹、革命委员会文物、革命烈士故居旧址、革命烈士遗物、革命烈士纪念标志等，是红色文化的物质遗存载体；红色精神文化是指共产党人在革命、建设和改革实践中形成的崇高的革命品质与高尚的情操等，即我们通常所说的"遗传基因"，是红色文化的核心与灵魂；红色制度文化指中国共产党人在革命、建设和改革的伟大实践中形成的优良传统和制度规范，如"三大法宝"、人民民主集中制等，是红色文化得以延续的制度保障。

红色文化认同是指作为认同主体的个人或群体根据自身需求，对作为客体的红色物质文化、红色精神文化、红色制度文化所蕴含的价值取向的理解、认可、接纳和赞同，并将其内化为心理归属、价值理念、理性共识，外化为行为选择，逐渐形成具有社会群体心理基础的共同信仰。在中国特色社会主义文化中，红色文化是其重要组成部分，是中华民族的文化瑰宝，是文化自信的重要源泉，是构成我们文化认同和政治认同的前提。

（二）当代青年红色文化认同的价值意蕴

第一，红色文化认同有利于滋养青年形成正确的"三观"。作为马克思主义中国化、时代化的显著成果，红色文化蕴含着马克思主义的理论特质和品格，具备马克思主义的科学性和先进性，有助于青年群体树立正确的世界观、人生观和价值观。红色文化所体现的实事求是、独立自主、团结群众、严守纪律、忠心报国的革命精神与艰苦奋斗、不骄不躁、乐于助人、坚持不懈的优良作风，契合当下立德树人的素质教育，能够有效引导广大青年养成克己修身、崇德向善、爱国敬业、务实进取、敢为人先的政治品格和价值观念，进而培育他们形成高尚的人格和树立远大的志向。红色文化所蕴含的不忘初心的追求，有利于勉励青年将个人梦想与国家前途命运紧密联系起来，激励一代代青年人前仆后继、英勇奋斗；红色文化所蕴含牢记使命的决心，有益于推动青年将青春热血和人生价值播撒在我们的民族复兴和强国建设中，激励一代代青年人自觉坚守使命、担当使命；红色文化所蕴含的政治认同的信念，有助于鼓舞青年争做新时代的模范新人，激励一代代青年人认同中华民族优秀文化，弘扬和践行社会主义核心价值观。

第二，红色文化认同有利于引导青年坚定"四个自信"。红色文化凝结了中国共产党艰苦卓绝的奋斗历程与宝贵经验，诠释着中国特色社会主义道路是历史的选择、人民的选择，而苦难光辉的历程是道路自信的实践基础，为建设新时代中国特色社会主义继续奋勇前进、培育青年坚定道路自信提供坚实的信任基础。红色文化熔铸了马克思列宁主义的真理内核与理论精髓，是马克思主义中国化、时代化最鲜明的价值底色，在中华民族伟大复兴的奋斗史中不断演进、丰富、创新，是我们党每一次取得重大成就的光辉指引，印证了我们党对中国不同阶段国情的准确把握。因此，培育青年对红色文化的认同，有利于最大限度地调动青年的理论自觉与实践自觉。红色文化传播着中国特色社会主义制度的使命担当和远大追求，"是坚定制度自信的强大精神动力，红色文化作为党领导人民在不懈奋斗中生成的文化，也包含中国特色社会主义制度形成和发展的丰富内涵"[2]，蕴含着强大的信仰力量。因此，培育青年对红色文化的认同，有利于青年坚定制度自信。红色文化展现出科学性与实践性、时代性与民族性的合一，是中华优秀文化在当代的创新性发展，蕴含着中国共产党人和广大人民群众的优良政治品格、价值追求、精神风范。因此，培育青年对红色文化的认同有利于青年坚定文化自信。

第三，新时代的红色文化认同有利于增进青年的"五个认同"。作为具备爱国主义情感的红色文化，其本身继承了光辉灿烂的中华优秀传统文化，昭示着中国共产党领导全国各族人民争取国家富强、民族振兴和人民幸福的艰苦奋斗历程。因此，红色文化能够有效感化广大青年养成心系国家前途命运、树立国家民族利益至上的意识，增强他们对伟大祖国的充分信任与忠诚，传播中国精神，提升青年的中华民族共同体意识。红色文化也能够加深青年对中华民族大家庭的归属感与自豪感，提升青年在多元文化碰撞中的自觉识别和高度鉴赏能力，推动青年积极寻觅中华文化蕴含的智慧光辉与精神追求。此外，红色文化还能够帮助青年深刻领悟中国共产党的崇高精神与使命担当，深化青年对中国特色社会主义道路的信念支持。因此，培育青年对红色文化的认同能鼓舞其献身于社会主义现代化建设，坚定青年对伟大祖国、中华民族、中华文化、中国共产党、中国特色社会主义的认同。

二、青年红色文化认同的现状

新时代，党和国家十分注重青年的红色文化教育，各红色教育基地纷纷成立，并积极通过新媒体等信息技术推广红色文化，红色文化的社会存在感与日俱增，青年越来越容易接触到红色文化，青年红色文化认同在总体上呈现螺旋式上升态势。"新时代的中国青年，更加自信自强、富于思辨精神，同时也面临各种社会思潮的现实影响，不可避免会在理想和现实、利己和利他、小我和大我、民族和世界等方面遇到思想困惑。"[3] 通过对青年大学生的问卷调查和个别访谈，我们发现当代青年对红色文化的认同存在一些不容忽视的问题。

（一）青年对红色文化认同缺乏认知兴趣

青年红色文化认同的必要条件是红色文化需要被青年理解、消化，其关键点是青年需要从被动学习到自发学习。当代青年富有个性、崇尚自由、讲究实际，习惯于关注眼前的现实问题或者虚拟的网络世界，比如自身学业问题、网络游戏、影视剧、人间美食、美容美发、服饰搭配、娱乐圈事件、二次元人物等。这些鲜活而明快的内容，很容易吸引青年人的眼球和心思，一定程度上降低了青年人对红色文化的学习动力和认知深度，致使青年人常常对学校、社区等各种单位提供的红色文化教育资源兴趣不高，对红色文化教育辨识模糊、理解肤浅，简单敷衍之后转而沉迷于自己的小世界里。究其原因，主要存在以下三点：

第一，青年群体所在的学校等单位对红色文化的重视程度还不够、教育能力还不足。没有充分做好红色文化教育引导工作，红色文化教育在实际实施过程中有时被认为是可以流于形式、应付了事的辅助教育，造成红色文化教育资源的传播方式和活动形式较为单一枯燥，未能以丰富多彩的方式向青年展现红色文化的丰厚历史内容，未能以青年喜闻乐见的语言阐明和宣扬红色文化的精神价值，未能以深入人心的情感表达将红色文化注入青年的心灵归属。

第二，线上红色文化的内容整合和形式优化的能力有待提高。处于"信息茧房"中的青年，在信息领域容易习惯性地被感兴趣的内容所吸引，从而难以主动吸取红色文化的滋养，不容易汇集对红色文化的关注热度和获取认知资源。随着网络虚拟世界的迅猛发展，大部分青年从早到晚都离不开手机、平板电脑、计算机等电子产品，青年群体接触的信息错综复杂、良莠不齐，更加分散和降低了他们对红色文化的注意力和兴趣度。青年群体在使用电子产品时，首先接触到的是各种运营商带来的社交软件、视频软件、音乐软件、游戏软件等，这些软件提供的内容更注重娱乐、消遣，极大程度地吸引了青年的兴趣，从而进一步压缩了红色文化的网络生存空间，使其在争夺网络传播制高点的过程中落入了下风。

第三，青年对红色文化的认知和理解往往基于个人经验和社会环境的影响。即使在社交媒体中接触一些红色文化，往往也是碎片化的、浅显的、片面的内容，缺乏对红色文化深入的解读和分析。在娱乐占据主导的网络环境下，青年表现出"浮躁"的上网状态，可能会在社交媒体上看到一些有关红色文化的图片和视频，但这经常是一晃而过的表面观看和"快餐"评价，青年往往不会去深入分析这些零零散散的图片和视频所反映的历史事件和文化意义，从而难以深入了解红色文化的内涵与价值，也就模糊了青年对红色文化的认知兴趣。

（二）青年对红色文化认同存在情感障碍

受各种社会思潮、价值观念交流与碰撞的影响，我国部分青年的价值理念和精神追求出现多元化需求。一方面，随着文化商业化现象的加剧，文化的经济价值被过度挖掘，导致大部分青年学生认为红色文化与其他感兴趣的文化内容相比具有年代感和距离感，与当今时代和自身利益相差甚远，认为红色文化教育是形式主义，存在情感缺陷；另一方面，"现有红色资源开发手段单一，没能充分利用红色资源。除此之外，日常有关红色文化的宣传仅仅局限于征文朗诵比赛、烈士陵园扫墓、组织出游参观以及传播宣传片等"[4]。再者，自改革开放以来，随着我国经济的繁荣和对外交往的频繁，对思想领域的影响也是有利有弊。在当下青年多为独生子女的社会大背景下，不少青年作为家庭唯一的希望，受到父母长辈们的溺爱，极容易产生个人主义、利己主义、享乐主义、拜金主义等不良思想，与红色文化精神背道而驰。而青年学生的心智尚未成熟，在面对当下西方多元错杂的文化输入时，大多无法分辨，或走向歧途，或崇洋媚外，使青年对红色文化的认同进一步削弱。

（三）青年对红色文化认同存在认识偏差

随着时代的进步，新媒体与互联网的高速发展、普及与创新，正在深刻改变着人们的生活方式、价值观念和价值取向，尤其是易接受新鲜事物的青年群体的思想观念和行为方式。面对各种社会思潮的涌现，微博、抖音、快手等新媒体平台以短小而杂乱的碎片化信息占据着青年的大部分空闲时间，这在一定程度上歪曲了青年人的人生观、价值观和社会历史观，使他们缺少从积极的角度对红色文化和革命文化精神进行解读，以至于对红色文化产生误解，进一步出现了许多思想上随波逐流、停滞不前，缺乏深度思考和人生追求的青年群体。另外，随着当前市场经济的迅速发展，享乐主义、个人主义、金钱至上等观念层出不穷，而青年群体还没有从真正意义上深入踏进社会，心智不太成熟、判断力不够清晰、认识能力不足甚至存在偏差，难以深刻了解红色文化教育对自身发展的重要作用。此外，不合理的教育资源的分配和不平等的教育条件，也在一定程度上使青年大学生无法保持理性精神。这些现状必然会导致青年群体对问题的过度分析，从而缺乏对红色文化的思考和理解，造成青年群体对红色文化不相信、不认同和不了解的情况，从而无法更好地发挥青年群体的创造力，无法为红色文化的继承和发展注入新的活力。比如在红色文化的学习和传播方面，表现为部分青年"被动参与多于主动组织、'喊口号'多于具体落实，对红色文化的行为认同停留在表面上，存在着知行脱节现象"[4]。主观意愿不强，甚至在一些错误观点的引导下，抛弃奉献精神和集体主义思想，只追求个人利益，部分学生为了更好地适应"维分数论"的教学模式，一味地追求更高、更优异的分数，缺少对红色文化的真正思考与理解，出现使命感和责任感的模糊与淡化。

三、青年红色文化认同的培育策略

（一）发掘丰富的红色文化资源

第一，宣扬红色基因，加强基地建设。立足红色教育资源的发展现状，积极促进红色基因融入思政课。用好红色基因，让其充分发挥应有作用，除了依托教材、相关影片视频、图片及深度挖掘本土红色基因等方式之外，还可以立足本地实际，建设具有本地特色的红色教育基地，定期适时地组织师生共同前往实地参观学习。红色教育基地的不断建设将有助于思政课实践平台的不断完善，切实增强青年学生对红色基因的理解。积极开发和发掘本土红色基因资源，坚持理论联系实际，只有在生活中得以实践，教育才能具备真正的力量和意义，有了本土红色基因可以使学生更近距离地体验老一辈革命家当时所处的境地，更能深刻体会他们的伟大，思想更能受到启迪，在平时的学习和生活中积极进取，坚定不移感党恩、听党话、跟党走，争做有为青年。譬如，学校可以定期组织师生一同前往基地参观学习，让学生尝试着去做讲解员，结束之后让学生提交参观学习的心得体会，将其内化于心、外化于行，尽可能身临其境地去感受革命家当时所处的艰难处境，感受革命家具备的优良品质，并在今后的学习和生活中发扬其精神风貌。

第二，弘扬时代精神，加强媒体传播。随着现代信息技术和电子科技的快速发展，我们能够更快、更好地从社会生活中捕捉具有红色基因的资源，挖掘鲜活的、感人的事例，通过大数据与新媒体运营矩阵，赋予其红色文化话语，赓续红色血脉。当今社会，为了公共利益而牺牲个人利益的人民警察、人民医生、人民教师、村官、公务员、消防战士，虽职业不一，但他们的崇高精神在本质上是一致的，都是为了人民的利益而勇于奉献，对比"革命时代红色文化所展现的'艰苦、奋斗、英勇、牺牲'，随着新时代社会主要矛盾的变化，更多地升华为'责任、担当、奋斗、奉献'，这与社会主义核心价值观具有高度契合性和内在同一性"[4]，以现实事例辅助传播红色文化，让红色文化更具有时代感染力，更容易激发青年的情感共鸣与价值认同，实现红色文化话语体系的时代延续。

第三，强化创新意识，增强文化认同。创造性地将红色文化寓于游戏、创作歌曲等现代化载体当中，以形成对红色文化行为认同的有效补充。整合历史学、艺术学、文学知识、计算机与信息技术，将红色文化植入游戏软件。开创网络听歌 App，通过情景再现、分设任务、带动场域氛围等方式，增加青年学生对红色文化的摄入和关注，引导青年学生主动探索和挖掘红色游戏、红色歌曲背后的历史文化和精神内涵，有效引导红色文化意识链，增强红色文化认同在青年群体中的影响力。

（二）营造崇尚红色文化的社会环境

第一，形成廉洁的社会风气。要充分发挥社会主义核心价值观在当前社会中的主导作用，弘扬爱国主义精神，发挥红色革命人物和时代英雄的榜样作用，使红色传统更加具体化、现实化、通俗化，有效地激发受教育者的情感共鸣和思想共鸣，使青年学生更加积极主动地参与传承红色传统，引导青年学生理性对待西方文化，推动红色传统推陈出新，展现新的时代精神和活力。

第二，发挥大众传媒的教育引导作用。强化红色文化网络平台管理，不仅利用报纸、杂志、书籍、电影、电视、广播等传统媒体和手机应用，还利用微博、微信公众号平台、QQ 等新兴媒体传播红色文化知识。在红色文化舆论传播过程中，不能局限于红色文化的政治意识形态属性，在表达上既要与时代潮流相结合，又要与青年的日常生活相联系，同时也要注重传播手段的多样性，从而增强红色文化的吸引力和拓展传播的范围，让青年大学生在潜移默化中接受和认同红色文化。

第三，重视红色文化资源的开发与保护。政府应以长远的眼光对红色文化资源进行整体性规划开发，建立公益性调查基地，重视周边交通基础设施建设，制定相关法规、合理控制票价，对红色文化资源进行严格的监督、管理、保护；提高相关人员的综合素质和业务能力，为红色文化资源的深入开发、高效利用、广泛传播提供保障。

（三）构建多元的红色文化认同教育机制

第一，正确把握"课程思政"与思政课程的关系。以思想政治教育为切入点，完善信息化红色文化教育体系。"将互联网优质教学资源纳入学校教育培养机制，使思政教育形成红色教育信息化发展基础平台。"[5]在学校专业课和通识课中，注重教师队伍红色文化教学应用，采用思政教学对接模式，通过其所蕴含的思想道德追求、爱国情怀、优秀传统文化、人格培养等内容，发挥思想价值引领作用，增进红色文化认同感，为红色文化教育实践提供必要支持。

第二，开设特色教育课程和社会实践。问卷调查结果显示，同学们更希望通过电影、纪录片、短视频等媒体和实地参观红色革命基地等方式了解、接触和学习红色文化。因此要注重将红色电影、红色专题讲座等作为学校开展红色文化教育的重要形式，增强青年接受红色文化熏陶的兴趣。近几年为人们所熟知的《觉醒年代》《湄公河行动》《战狼2》《红海行动》等优秀影片，其传递的价值观成功吸引了不少观众的关注与赞赏。社交媒体传播的便捷性、及时性及内容的丰富性，不断拓宽青年群体的视野。我们要乘势而上，充分利用互联网与社交媒体的积极作用，以青年群体喜闻乐见的语言和传播方式去阐明、宣扬红色文化。还要将红色话剧演出、红色主题社会实践、"青年红色筑梦之旅"类学科竞赛等第二课堂，积极作为支撑红色文化教育的建设方式。

参考文献

[1] 吴少丹. 红色文化融入高校思政课教学研究——以"思想道德与法治"课为例 [J]. 文教资料，2022（08）：95 – 98.

[2] 汪季石，陈永典. 大别山精神对"四个自信"的彰显和促进 [J]. 黄冈师范学院学报，2021，41（01）：24 – 27.

[3] 王妍卓，李思琪. 当前青年群体党史学习的新趋势与新特点 [J]. 人民论坛，2022（16）：22 – 25.

[4] 宗惠，罗鸣令. 新时代大学生红色文化认同现状及对策研究 [J]. 黄冈师范学院学报，2021，41（05）：97 – 101 + 106.

[5] 姜海东. 新时代大学生红色文化认同现状与培育路径探索 [J]. 成才之路，2022（28）：17 – 20.

红色文化融入高校理想信念教育的
时代价值与路径探析[*]

熊燕华　周子烟　王　亮[**]

红色文化主要是中国共产党带领广大人民群众在革命时期所创造的一种优秀文化，是中国特色社会主义文化的重要组成部分。理想信念教育在思想政治工作中扮演着核心和灵魂的角色，更决定着思想政治工作的性质，是中国式现代化顺利进行的可靠保证。习近平总书记曾指出："青年强，则国家强。……立志做有理想、敢担当、能吃苦、肯奋斗的新时代好青年，让青春在全面建设社会主义现代化国家的火热实践中绽放绚丽之花。"[1]社会主义现代化建设、中华民族伟大复兴的巨大重任落在青年一代身上，青年政治素养如何关系着社会主义现代化建设，关系着国家前途命运。因此，加强高校大学生理想信念教育是国民教育中不可或缺的一环。这也表明，要充分发挥红色文化独特的精神价值和时代教育价值，更好地赋能高校的理想信念教育和落实立德树人的根本任务。

　＊　基金项目：本文系湖北省教育科学规划重点课题"新时代高校思想政治教育提升主流意识形态引导力的机制构建研究"（2020GA058）、孝感市哲学社会科学研究课题"基层意识形态工作现状与对策研究"（xgskkt2023001）、大学生创新创业项目"青年红色文化认同现状与提升策略"（202210528002）、湖北工程学院教学研究项目"红色文化与大中小学思政课一体化建设研究"的阶段性成果。
　＊＊　作者简介：熊燕华，女，博士，湖北工程学院马克思主义学院教师；周子烟，女，本科，湖北工程学院马克思主义学院学生；王亮，男，本科，湖北工程学院马克思主义学院学生。

一、红色文化的基本内容和主要特征

（一）红色文化的基本内容

广义上讲，红色文化是在马克思主义的指导下，由中国共产党带领广大人民群众在中国革命、建设、改革的实践中逐渐形成的，并通过不断地整合、吸收、优化古今中外的先进文化成果而诞生的一种具有中国特色的先进文化。红色文化在形式与内容上都有着特定而又丰富的精神内涵。红色文化作为一种重要资源，有物质文化和非物质文化两个方面，是物质文化和精神文化的有机统一体。其中，物质资源表现为遗物、遗址等革命历史遗存与纪念场所；非物质资源表现为革命时期形成的政治制度（如革命理论、纲领、路线、方针、政策）、革命精神（井冈山精神、长征精神、延安精神）等。物质文化与精神文化相辅相成，共同锻造为红色文化这一主体。其中，红色文化的载体是物质文化，而精神文化则是红色文化的核心与灵魂。一些我们耳熟能详的词语，如长征、抗战、延安、井冈山、革命等，均代表着同一种颜色——红色。新时代，红色文化的精神力量不仅日益强大，而且吸引越来越多的人学习与了解。

（二）红色文化的主要特征

1. 科学性

红色文化是科学的。它"是反对一切封建思想和迷信思想，主张实事求是，主张客观真理，主张理论和实践一致的"[2]文化。红色文化的科学性不仅包括整个理论体系的科学性，也在于指导实践的科学性，更在于它符合人类社会发展的基本规律，并从根本上符合广大人民群众的利益。这种科学文化，为我们打破沉重的精神枷锁，改造旧社会提供思想先导。它是"客观反映人类社会文明进程的优秀文化和文明成果，是人类共同创造和共同享有的精神财富"[3]。新时代，红色文化应当与时代共同进步，努力开拓创新，始终保持蓬勃的生命力，不断给人以思想启迪和推动实践发展。

2. 民族性

红色文化具有鲜明的民族性。首先，红色文化充分彰显中华民族精神。"民族精神是一个民族赖以生存和发展的精神支撑。一个民族，没有振奋的精神和高尚的品格，不可能自立于世界民族之林。"[4]红色文化中的"井冈山精神""长征精神""延安精神""西柏坡精神"[5]等，构成了时代精神的主旋律，组成了中华民族精神的主要内容。其次，红色文化丰富了中华民族的传统文化。中华民族传统文化是红色文化中那些顽强坚韧、自强不屈的革命精神的源泉，同时红色文化独特的内涵也继承、弘扬、发展、丰富了中华优秀传统文化。所以，从这个角度讲，红色文化是中华民族自强不息的奋斗史的再现和革命历史的重要载体。

3. 大众性

红色文化的大众性是指其能被人民群众广泛认识、了解、接受，并且能够运用，还能对实践产生积极指导作用。众所周知，人民群众是历史的主体，人民群众创造了历史，也创造了红色文化。中国红色文化是在实现民族独立、人民幸福的斗争实践中形成的，它从产生的那一刻起，就代表着广大人民群众的根本利益，体现着为广大人民群众服务的根本宗旨。因此，新时代，红色文化要继续面向广大人民群众，要以人民群众喜闻乐见的方式进行大众传播，要将红色文化融入人民群众的血液里，让那些红色资源不断丰富人们的精神生活和提高其精神境界。

可见，红色文化是统一结合了民族性、科学性、大众性的文化，这些是红色文化的本质属性，也是新时期红色文化传播的导向、动力和实践基础。"文化是民族凝聚力和创造力的源泉，文化也越来越成为人民精神生活的重要支撑。"[6]红色文化能潜移默化地影响着每个人的思想，随着社会的发展，红色文化必将凭借自己独特的魅力与价值，为培育社会主义核心价值观和加强理想信念教育贡献自己的力量。

二、红色文化对高校理想信念教育的时代价值

（一）当代理想信念教育的困境

1. 国际形势复杂，国内错误思潮冲击

世界百年未有之大变局加速演进，国际形势不确定因素明显增加，霸权主义、强权政治仍然存在，以美国为首的西方国家加紧了对中国意识形态的隐形渗透。在经济全球化、世界多极化、文化多元化的冲击下，西方的"人权主义""自由主义""普世价值观"等思潮在中国不断此起彼伏地出现，对中国人民特别是高校学生产生了重大影响。最典型的是在2019年末，香港发生暴乱，两个多月以来，一些年轻人甚至是高校学生无视法律与道德，挑战"一国两制"的底线。高校学生本是受教育的高级知识分子，却做出让人痛心疾首的事情，让党和国家寒心，让人民愤慨，这值得我们警醒和深刻反思。警惕我们要加强高校大学生理想信念教育，只有大学生树立坚定的中国特色社会主义理想和共产主义信念，才能在面对西方各种意识形态的渗透与错误思潮传播时，保持清醒而又坚定的政治立场。

2. 国内教育形式化，缺乏指向性

古人云："敬教劝学，建国之大本；兴贤育才，为政之先务。"[7]由此看来，从古至今，教育都是公认的民族振兴、社会进步的重要基石。当前，国内理想信念教育尚存在形式化突出、教育方式单一、重理论轻实践、只看重结果不注重过程的问题。传统的教学模式侧重单向灌输，老师是教育的主体，学生参与度比较低，这导致学生学习的积极性不高，也影响了学生对理想信念教育的理解，经常出现老师讲课"激情澎湃"，学生听课"无动于衷"的现象。还有部分老师并没有落实好引导学生树立正确的理想信念和"三观"的培育。有些高校开展理想信念教育活动重形式轻内涵，只走流程不看效果，不是口头宣传，就是频繁举办各种华而不实的活动，既浪费了人力物力，又没有太多实质性的作用，因此，学生和老师

都苦不堪言，更不要说理想信念的教育效果。

3. 新媒体发展层出不穷，学生认识能力缺乏

进入21世纪，新媒体的高速发展、网络的普及与创新，给社会生活的各个领域带来了深远的影响，正悄然改变人们尤其是青年的价值观念和生活方式。微博、抖音、快手等新媒体充斥着大量短小而杂乱的信息，日益碎片化的网络信息占据着大学生的空闲时间，许多大学生沉迷于碎片化信息消遣，变得随波逐流、停滞不前，没有深度思考和人生追求。随着市场经济的发展，各种享乐主义、个人主义、金钱至上等价值取向层出不穷。由于大学生没有真正踏入社会，还不太成熟，判断力不强，认识能力不够，没有深刻了解理想信念教育对自身发展和中国特色社会主义发展的重要作用，容易在一些错误的观点引导下，误入歧途。如有些大学生只追求个人利益，没有奉献精神，缺乏集体主义思想；也有的"一心只读圣贤书"，为了应付考试而学习，缺少思考和理解，对自身理想境界的重视度不高，没有真正地了解树立正确的理想信念的重要性。

习近平总书记曾在全国教育大会上强调，"坚持改革创新，以凝聚人心、完善人格、开发人力、培育人才、造福人民为工作目标，培养德智体美劳全面发展的社会主义建设者和接班人，加快推进教育现代化、建设教育强国、办好人民满意的教育"[8]。面对高校理想信念教育的种种困境，亟待寻找更好的发展方法，把红色文化有机融入高校理想信念教育，无疑是破解当前教育困境的一剂良方。

（二）红色文化对高校理想信念教育的时代价值

众所周知，红色文化有一种独特的性质，那就是"中国红"，无论是从其色彩还是内涵来讲，它都是独特的。中国人的红色情结是与生俱来的，也是具有传承性与流动性的，在民族的血脉里，在中华民族的基因中，处处都有它的影子。红色文化资源丰富且分布较广，大部分地区都有一些红色遗址和革命旧址场馆，这些红色文化资源是高校思想政治教育的

优秀载体，高校要充分利用红色文化资源进行爱国主义教育或是理想信念教育。

文化作为一种精神力量，在人们认识世界和改造世界的过程中能够转化为巨大的物质力量，对社会发展产生深刻的影响。这种影响，可以表现在个人的成长历程中，也可以表现在民族和国家的发展中。众所周知，文化是被人创造的，人类与文化之间是相互影响的，马克思曾在书中说过，"人创造环境，同样环境也创造人"[9]。如果一个高校处处充斥着浓厚的红色文化氛围和深受红色精神的熏陶，学生会在潜移默化中被这种环境与氛围所影响，思考自己的人生价值和理想。红色文化是一种具有中国特色的政治文化，包含着党的政治意识形态，红色文化与中国特色社会主义文化、社会主义核心价值体系、中华民族精神有着天然的内在关联，对培育大学生爱国主义情感，树立中国特色社会主义共同理想，增强他们的政治认同和文化自信，均有着巨大的现实意义。

三、红色文化融入高校理想信念教育的路径探析

（一）加大国家政策指引和扶持

我国针对当今红色文化发展的必要性与理想信念教育的现状，做过很多相关的倡导与研究。早在邓小平管理高校教育事业时就指出，"我们一定要教育我们的人民，尤其是我们的青年，为什么我们在过去能在非常困难的情况下奋斗出来，战胜千难万险，使革命胜利？因为我们有理想，有马克思主义共同的信仰"[10]。这给了红色文化一个很高的历史地位，既说明了理想信念教育的重要性，也点明了红色文化教育的不可忽视性。再到近几年，随着红色文化相关工作如火如荼地展开，国家对其融入理想信念教育有了更为具体的指引。习近平总书记强调，"中国革命历史是最好的营养剂，多重温我们党领导人民进行革命的伟大历史，心中就会增添很多正能量"[11]。这就对红色文化融入理想信念教育做了更为精确的指引。当

代大学生更应当吸取经验，认真贯彻落实党的先进指引，通过重温历史、缅怀先烈，在前进的同时培养爱国主义精神和民族气节。

（二）要做到高校课堂理论与实践活动的高效结合

应当充分发挥教学的主渠道作用，以思想政治理论课堂为主，其他课堂为辅，创新性地发挥课堂教书育人功能。红色文化是思想政治理论课堂的重要资源，对于教师来说，不论是线上教学还是线下教学，都应当有针对性地选取红色文化教育资源，对学生进行深入浅出、循序渐进的讲述，使学生更加直观地了解红色文化。同时在大数据信息化迅速发展的时代背景下，应综合运用图片、文字、音乐等实景实物来进行红色文化教育教学，增加课堂的生动性与趣味性，让学生更好地接纳吸收红色文化内涵。当然，高校也要注重理论教育与实践教育的结合，激发学生学习的兴趣，让同学们做到知行合一，加强其对红色文化的理解。当然，融入性教育也不能只停留在理论层面，为了真切地感受红色文化在实践活动中的具体体现，高校可以通过开设相关的社团与活动，为学生自我交流与学习提供平台；通过积极举办相关活动，如合唱比赛、作品探讨会等，提高学生的参与率；通过修建红色文化长廊或者开展研学旅行、组织学生去烈士陵园祭奠扫墓、参观红色革命纪念馆等活动，将过去的历史真切地呈现在学生眼前，提升和增强学生的视觉体验与精神感受，以便学生更好地理解与接受红色文化，推进红色文化融入高校理想信念教育的进程。

（三）充分利用新媒体等网络平台，加大传播力度

随着当今互联网行业的迅速发展，网络作为新媒体已经超越原本的传统媒体，成为受众最多、应用最广的传播渠道。而互联网、移动媒体以及变革后的平面媒体更是占据了新媒体的很大一部分。高校作为人才培育的重要基地，更应当注重网络这个新阵地，通过加强红色网络平台建设，最大限度发挥网络育人功能。首先，高校应建设属于自己的专门的红色教育

网站，并开设红色文化专栏，做好文章内容与语言风格上的雕琢，让学生们在平时浏览网站时容易接触到红色文化，并对其产生阅读的兴致，在潜移默化中提高自身学识与政治素养。其次，也可以通过青年大学习或公众号等，做好院系的内部宣传，利用其便捷性和灵活性，定期推送优质原创文章，向广大学生做好宣传与普及，实现广覆盖、高传播，在教育的目光所及之处，做好红色文化与理想信念教育的互动融合。

四、结　　语

总之，红色文化融入高校理想信念教育已然成为一种时代潮流。红色文化与理想信念教育能互通有无、相得益彰，红色文化为理想信念教育提供了丰富且厚重的教学资源，同时理想信念教育也为红色文化的传承提供了平台。国家政策的正确指引可以给两者融入指定方向，合理的教育方式能为我国培养更多具有中国特色社会主义理想信念的人才，具有高效传播率的新媒体可以将这种时代潮流进行到底。当代大学生的理想信念如何，关系着国家的前途命运，中国特色社会主义的共同理想和共产主义的远大理想将在当代大学生手中发扬光大，应当"有理想、有担当"。所谓"功崇惟志，业广惟勤"，要坚定崇高的理想信念追求，跟着党和国家的脚步走，为实现中华民族的伟大复兴而奋斗。

参考文献

［1］习近平．高举中国特色社会主义伟大旗帜为全面建设社会主义现代化国家而团结奋斗：在中国共产党第二十次全国代表大会上的报告［M］．北京：人民出版社，2022．

［2］毛泽东选集．第二版，第二卷［M］．北京：人民出版社，1991．

［3］熊永兰．论"民族的科学的大众的社会主义文化"之特色［J］．贵州民族研究，90（02）：2002．

［4］江泽民．党的十六大报告——《全面建设小康社会，开创中国特色社会主义事业新局面》［N］．人民日报，2002 - 11.

［5］毛泽东．在中国共产党七届二中全会上的讲话［N］.1949（03）.

［6］胡锦涛．在中国共产党第十七次全国代表大会的报告——高举中国特色社会主义伟大旗帜 为夺取全面建设小康社会新胜利而奋斗［EB/OL］．中国新闻网，2007 - 10 - 24，https：//www. chinanews. com/gn/news/2007/10 - 24/1058426. shtml.

［7］罗容海．敬教劝学，建国之大本［N］．光明日报，2020 - 9 - 10.

［8］习近平．在全国教育大会上的讲话［N］．山东教育报，2018 - 09 - 17.

［9］马克思恩格斯选集．第一卷［M］．北京：人民出版社，1995.

［10］邓小平文选．第一版．第三卷［M］．北京：人民出版社，1993.

［11］习近平在河北省调研指导党的群众路线教育实践活动［EB/OL］．新华网，2013 - 07 - 12，http：//www. xinhuanet. com//politics/2013 - 07/12/c_116518771_2. htm.

"以美化人、以美育人"

——述《软陶艺术》课程思政育人教学创新实践

杜　靓　李松林*

本文介绍了《软陶艺术》课程的内容与特色，重点阐述课程德育目标、思政融合点，并详细介绍了《软陶艺术》课程"以美化人、以美育人"教学实践创新过程。并运用教学案例进一步阐明课程团队如何利用教学设计带领学生探寻软陶艺术创作之美，由此贯穿课程思政内涵，达成课程教学目标。

一、《软陶艺术》课程思政育人的前提与背景

（一）《软陶艺术》课程思政育人遵循国家政策导向

2019 年，中共中央、国务院办公厅印发《关于深化新时代学校思想政治理论课改革创新的若干意见》；2020 年，中央宣传部、教育部制定《新时代学校思想政治理论课改革创新实施方案》。这两个重要文件均指出高校思政教育的重要意义。高校是培育社会主义建设者及接班人的重要摇篮，高校本科学习阶段则是学生价值观、人生观形成的重要阶段，因此"思政育人"尤为重要；同时湖北工程学院美术学专业学生主要就业岗位以中小学教师为主，因此美术学专业的课程思政意义就更为凸显。在此前

---

* 作者简介：杜靓，女，湖北工程学院美术与设计学院教授，研究方向：传统手工技艺的跨界赋能；李松林，男，湖北工程学院美术与设计学院副教授，研究方向：视觉图式语言。

提之下，《软陶艺术》课程团队在近年教学实践当中深入思考如何结合课程特色融入思政内涵，并进行了相应的教学创新实践。

(二)《软陶艺术》课程思政育人前提

1. 课程教学内容与特点

《软陶艺术》是一门趣味性较强、兼具审美教育与劳动技能教学的课程，作为湖北工程学院美术学专业必修课程，在教学内容的设置上主要包括软陶艺术作品创作理论知识、方法及软陶手工制作技能两个部分，该课程教学能够通过可视的艺术作品造型、色彩体现学生个人价值观与精神情感，在思政育人方面具有较明显的美术学专业课程优势。课程团队经过近年教学实践摸索，逐步形成"以技塑形，以艺创新"的教学特色。

2. 课程开设基本情况

《软陶艺术》课程是湖北工程学院美术学专业必修课程，于2018年纳入该专业核心课程，针对美术学大二学生授课，截至目前开设5个期次，累计授课人数350人。该课程团队在2020年自建在线开放课程资源"软陶设计与制作"并上线"智慧树"平台与优课联盟，由此课程团队运用自建开放课程资源进行该课程线上线下混同教学创新实践。同时该课程的在线开放课程资源在外部应用方面获得好评，如前所述，该课程内容包含了趣味性手工技能教学内容，因此作为美育类在线开放课程受到许多高校学生的欢迎与喜爱，包括部分幼儿示范类专业学生。截至目前，"智慧树"平台选课人数累计达1443人，共享课选课高校累计13所，翻转课堂引用4所。优课联盟选课人数累计达1084人，累计选课院校数10所，累计互动数23930人，参与互动占比72.79%。

3. 课程教学团队构成

课程教学团队构成是该课程教学实现思政育人的重要保障，教学团队以老带新的形式组合，包括课程负责人在内的4位教师思想端正、学术态度严谨，分别为1名教授、1名副教授、2名助教，职称比例由初级到高级呈现阶梯式递进。且四位教师专业方向各有所长，包括雕塑基础课程主讲教师、民族特色饰品设计课程主讲教师，在师资构成上考量了该课程前面承接课程及后续应用课程的连续性，利于教学的承前启后，设置较为合理。

二、《软陶艺术》课程思政育人纲要

针对课程特色及本院美术学专业培养要求，近年来课程团队明确了相应的课程思政要领，首先通过软陶艺术创作的理论知识传授引导学生树立正确审美观、创作观；其次通过软陶手工制作技能传授引领学生养成工匠精神；最终学生能够通过软陶艺术创作弘扬社会主义核心价值观，践行文化自信。课程团队在具体的教学实践中贯穿"以美育人、以美化人"的思政内涵，带领学生感受软陶艺术之美，引导学生创造软陶艺术之美，提升学生学习兴趣、调动学生的创作热情同时达成思政教育目标。设置课程思政育人纲要如下：

（1）通过课程学习学生掌握软陶艺术创作的理论知识与技术手段，灵活运用现代雕塑手法与传统手工捏塑、陶艺技法进行软陶艺术创作，养成工匠精神，培养其创意设计能力，"以美化人"；

（2）通过课程学习学生具备软陶艺术创作实践能力，熟悉软陶的材料特性，并能运用传统手工技艺与现代雕塑手法进行软陶艺术作品的创作，培养学生创造美的能力，树立正确的审美观、创作观，实现"以美育人"的价值引领；

（3）通过课程学习学生能够感知软陶材料之美并能够运用软陶材料塑造美，针对个人特色创作出符合时代审美需求的软陶艺术作品，并能以软陶为载体创造出具有文化归属感的艺术作品，传扬社会主义核心价值观，践行文化自信。

三、《软陶艺术》课程思政育人在教学中的融合点

（1）课程理论教学突出软陶艺术作品风格多样性，通过多元风格的软陶艺术作品创作实例解析促使学生感受软陶创作之美，实现"以美化人"；

（2）课程实践教学灵活巧妙融合传统泥性材料的手工造型制作技艺与现代雕塑手法，引导学生在创作中融入本土传统文化元素，树立正确的审美观与创作观，达成"以美育人"；

（3）线下课堂要求学生通过自己的原创作品创造软陶艺术之美，更加深入地传扬社会主义核心价值观，由此践行文化自信。

四、《软陶艺术》课程思政育人教学创新实践

课程团队在教学创新实践中保持"以技塑形，以艺创新"的教学特色，通过教学融入传统泥塑技法带领学生重拾工匠精神，讲求原创设计能力的培养，提升学生软陶材料塑造技能及艺术作品创新能力，促使学生能够做到"眼高手也高"。在教学过程中通过探寻软陶创作之美塑造正确情感态度，最终达到"以美育人、以美化人"的教学目的。

（一）《软陶艺术》课程思政育人教学创新实践思路

（1）教学当中主要突出"理、实"一体化的线上线下混同教学方法，将"以美育人、以美化人"的课程思政特色贯穿于理论与实践教学当中。

（2）采用翻转课堂引用自建开放课程资源完成知识讲授环节，包括理论知识与技能操作的知识要点，保证每一个手工实践技能要点都有相应的可引用的视频课程资源支撑，促使理论与实践教学无缝衔接。

（3）利用翻转课堂灵活串联线上线下教学模块，强调理论与实践的融合，如在翻转课堂的线上互动讨论区发布讨论主题，要求学生参与讨论，

探讨软陶创作之美，并将讨论重点延伸至线下课堂，加强师生、生生互动。

（4）线下利用课堂实践教学进一步加强实践技能学习，在课堂教学互动中贯穿思政教育，有目的地强化学生主动学习的意识。

（二）《软陶艺术》课程思政育人教学创新实践案例

（1）课程授课学时：4 学时。

（2）课程学情分析。

学生喜模仿少创新，爱动手缺动脑，即学生对软陶材料的兴趣浓厚，却对软陶艺术创作方法尚不熟悉，尤其对其创意的形成途径认识不足，在创作上缺乏深度与思想内涵，在进行软陶艺术创作时常常限于模仿已有的作品，缺乏主动思考的能力。

（3）课程思政育人目标。

通过多视角的灵感来源分析引导学生树立正确的软陶艺术审美观、创作观，实现"以美育人"的价值引领；

通过不同风格软陶艺术创作实例分析促使学生感受软陶创作之美，"以美化人"，培养其创意设计能力；

通过软陶艺术作品的创作实践引导学生以软陶为载体创造出具有文化归属感的艺术作品，以软陶创作之美传扬社会主义核心价值观，同时践行"文化自信"。

（4）课程思政教学融合要点。

提出软陶艺术作品创意灵感的多样性，包括中国传统视觉造型艺术中丰富的资源，如国画、剪纸、民间年画等，如图 1 所示，由此引导学生树立正确的审美观与创作观；

通过对以不同灵感创意创作的软陶艺术作品实例分析促使学生领悟软陶创作之美的多样性；

线下课堂学生通过软陶创作实践进一步体验到软陶创作之美，并通过自己的原创作品创造软陶之美，如图 2 所示，更加深入地传扬社会主义核心价值观，并践行文化自信。

图 1　线上教学资源截图

图 2　线下课堂实践创作

（5）教学方法与安排。

教学当中主要突出"理、实"一体化的线上线下混同教学方法，将"以美育人、以美化人"的课程思政特色贯穿于理论与实践教学当中：

利用翻转课堂灵活串联线上线下教学模块，强调理论与实践的融合。

采用翻转课堂引用自建开放课程资源完成知识讲授环节，学习内容包括理论知识与技能操作，理论知识点包括软陶艺术创作灵感来源有哪些、如何获取创作灵感并转换成软陶艺术作品等，引导学生体会软陶创作之美以及如何从各种视觉造型艺术中汲取创作灵感，树立正确的审美观和创作观。

教师在慕课平台的互动讨论区发布讨论主题，要求学生参与讨论，探讨不同的灵感来源形成的软陶艺术创作之美，并将讨论重点延伸至线下课堂，加强师生、生生互动；同时发布课堂及课后练习，要求学生按时完成创作方案的绘制并上传至翻转课堂的作业模块，教师及时进行点评反馈，提升教学效率。

线下课堂利用课堂讨论、互动以及实践创作进一步激发软陶艺术创作灵感，在课堂教学互动中贯穿思政教育，有目的地强化学生主动学习意识，安排如下教学活动：

线下课堂活动一：回顾线上学习内容，包括两个环节——教师提问，学生回答；学生提问，教师答疑；

线下课堂活动二：师生共同探讨创意设计方案，并提出修改意见；

线下课堂活动三：根据设计方案实现软陶艺术作品的创作。

五、《软陶艺术》课程思政育人教学创新实践成效

课程团队通过近年来思政育人教学创新实践强化了学生主动学习意识，学生学习效率大幅提升，能力培养取得成果，在相关学科竞赛中获得系列奖项，真正的让学生具备用软陶创造美的设计与实践能力，形成了正确的审美及创作观，同时提升学生在软陶艺术创作上的深度与思想内涵，能够用软陶艺术作品弘扬社会主义核心价值观，践行文化自信。可以说通过该课程思政育人教学创新实践，更加充分地实现了该课程思政教育目标，同时更好地培育了兼具工匠精神与创意设计能力的时代新人。2023 年课程教学案例《以美育人、以美化人——探寻软陶艺术创作之美的灵感来源》获得第三届"智慧树杯"课程思政示范案例教学大赛二等奖。

思政元素融合下的社会实践类课程
教学设计与实施

——以《孝文化视觉创新设计》课程为例

周　玲[*]

2014 年，习近平总书记在第二十三次全国高等学校党的建设工作会议上强调，"办好中国特色社会主义大学，要坚持立德树人，把培育和践行社会主义核心价值观融入教书育人全过程"。[①] 2019 年 3 月 18 日，习近平总书记主持召开学校思想政治理论课教师座谈会并发表重要讲话，他强调，推动思想政治理论课改革创新，要不断增强思想政治理论课的思想性、理论性和亲和力、针对性，并提出"八个统一"[②] 的具体要求，为思想政治理念课的改革创新指明了方向。[③] 随着学科交叉与融合的不断深入发展，思政理念深入人心，从组织领导、课程体系、教学实施、教师队伍建设等方面，不断革新育人理念，创新教育模式，将知识传授与价值引领相结合，在社会实践中开展情景式教学，培养真学、真懂、真信、真用的专业人才。结合湖北工程学院应用型本科院校特点，《孝文化视觉创新设计》课程将特色专业课与课程思政相结合，立足地方，将

---

　　* 作者简介：周玲，女，博士，湖北工程学院美术与设计学院副教授，研究方向：品牌设计。

　　① 曲冬梅. 高校要坚持立德树人的思想引领［N］. 光明日报，2014 – 12 – 31（02）.
　　② 主要内容坚持政治性和学理性相统一；价值性和知识性相统一；建设性和批判性相统一；理论性和实践性相统一；统一性和多样性相统一；主导性和主体性相统一；灌输性和启发性相统一；显性教育和隐性教育相统一。
　　③ 徐成芳，孙芩. 办好思想政治理论课关键在教师［N］. 光明日报，2019 – 03 – 27（06）.

设计实践与案例分析相结合，培养专业上成才、思想上成人的应用型人才。

近年来，以政、校、企为主体的产教融合社会实践类课程越来越受到社会关注，为跟上国家新文科建设步伐，以课程思政理念为导向，构建"价值引领、知识探究、能力建设、人格养成"四位于一体的课程体系，加快社会实践类课程的深度合作，实现校企深度融合、创新驱动的活化人才培养目标。本文以《孝文化视觉创新设计》课程为例，通过分析思政融入下社会实践类人才培养定位、目标、方案及课程体系与内容，优化教学方法，提升课程思政水平，培养设计服务地方经济发展的具有新文科内涵的专业设计人才。

一、《孝文化视觉创新设计》课程思政的
必要性与可行性

2017 年 8 月，中共中央办公厅、国务院办公厅印发《关于深化教育体制机制改革的意见》，指出要健全立德树人系统落实机制，对健全全员育人、全过程育人、全方位育人的体制机制，充分发掘各门课程中的德育内涵，加强德育课程、思政课程建设等提出明确要求。因此，立足专业课程教学，弘扬孝文化并开展设计服务地方课程思政活动，是时代所需、社会所需。

《孝文化视觉创新设计》立足湖北工程学院"建强工科、厚实农师、发展医科、多元协同"的学科发展格局，以"经、法、教、文、理、工、农、医、管、艺等 10 大学科交叉融合"为目标，是视觉传达专业开设的一门重要的必修集中综合实践课程，课程中包含着大量优秀传统文化、孝德情怀等思想政治教育内容，尤其是视觉设计这一内容，通过专业训练强化学生爱国情怀、社会责任、设计精神、品德修养等，都有不可估量的作用。课程在价值目标塑造上，引领学生以可持续发展为出发点，关注孝文

化及传统手工艺发展，创新引领帮助学生重塑职业理想，通过孝文化实践、设计创作等提升设计服务地方的能力。在知识能力目标上，归纳了孝文化设计元素，通过学科交叉实践项目的设计训练，培养学生具备扎实的设计基础及交叉融合能力。在专业技能目标上，通过以赛代练的实践方式，培养学生利用企业新技术、新材料、新工艺、新设备提升设计服务地方的能力与水平。

二、《孝文化视觉创新设计》课程融入思政教育的具体措施

（一）提炼思政元素，践行思政理念

课程思政包括爱国主义教育、社会主义核心价值观教育、法治教育、职业道德教育、创新创业教育五大内容。在提炼思政元素上，围绕社会实践课程要求，提炼爱国主义、社会责任、人文精神、文化传承等思政目标，结合《孝文化视觉创新设计》课程内容，激发学生责任感和使命感，为实现中华民族伟大复兴的中国梦共同奋斗。在教学过程中，把握孝文化价值观这一核心要素，厚植学生家国情怀，围绕设计主题要求，结合当下青年学生应该承担的社会责任，启发学生思考，用好的设计作品服务地方经济文化。比如在以葫芦非遗为设计主题的课程中，与孝感市孝南区政府合作开放具有孝文化特色的葫芦作品，引导学生以董永与七仙女的传说为设计元素，提炼董永、七仙女、高铁等元素，AI设计制图，并与实践基地合作采用立体雕刻技术制作完成。课程一方面立足孝感地域特色，弘扬孝文化；另一方面以设计驱动创新，引导青年学生勇于担民族复兴大任，助力乡村振兴发展。

（二）"协同育人 + 实践育人"模式，提升思政课程质效

多方拓展思政教学阵地，践行"课程思政，强化立德树人"的理念，以学科顶层设计为基础，从理论演绎、内容分析、案例研究、问卷调查、

数据分析出发，将教学目标聚焦设计成果产出，将课程目标设置与实践平台对接，将学习内容与方法整合教学评价，转化教学成果，达到专业协同育人的目的。具体流程如图1所示。

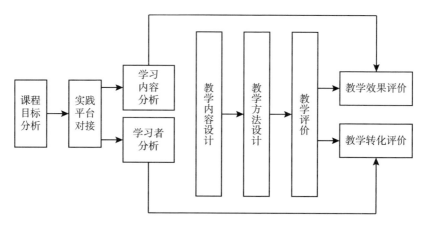

图1　课程思政教学模式设计

首先，抓好实践课程导论与规划。在课程导论环节，课程以设计实践为导向，做好项目发布、项目解析、项目设计、项目落地、项目评价规划，打造集产品设计、产品展示、销售于一体的产教深度融合课程实践模式。"孝文化视觉创新设计"课程在教学模式设置上，借鉴了德国产业学院的"双元制"、英国产业学院的 NVQ 模式、澳大利亚产业学院的 TAFE 模式特点，制定了孝文化视觉创新设计课程大纲，在"一校一企"合作模式下，"协同育人 + 实践育人"模式全面提升了实践课程实效。

其次，充分利用实践教学环节。课程在双课堂协同育人环境下，主要围绕"人才培育、资源共享、技术共创、社会服务"四个功能定位，逐步推进"组织建设—机制建设—队伍建设—环境建设—软件建设—文化建设"，以孝文化 + 视觉设计 + 文化创意为核心，以培养学生社会实践能力为导向开展教学设计，第一，孝文化展示中心体验学习。参观国家级非物质文化遗产——剪纸传承中心，由非遗传承人讲述二十四孝的创作灵感与表现方法，激发学生孝文化情感体验式学习热情。第二，由企业发布命题，结合企业三个实践项目——鎏金画、玉雕画、实物画进行设计调研。本次课程调研门店为湖北省武汉市汉正街咏景家居装饰画公司，选取了月销售额 30 万元的产品进行调研分析。第三，创作实践与制作。在实践内容上，选择企业热销的鎏金画为项目切入点，理论上系统讲解了鎏金画概念及制作工艺，结合 2021 年流行色，指导学生完成画芯设计＋打印出图＋画芯装裱＋手工鎏金＋鎏金成形清理＋装裱加工＋产品成型＋展厅展示。

最后，有效利用实践育人资源。前期在企业带领下进行充分的市场调研，然后由企业设计师全程跟进教学过程，实时进行作业指导，后期由高校与企业共同验收作业，对有望进入市场的设计作品进行奖励。例如，湖北之海文化传播有限公司进行的鎏金装饰画系列作品设计，其中一个教学点是鎏金画和实物画图案设计，设计内容与教学大纲中的平面构成及立体构成内容十分相似，以装饰画设计为项目切入点，进行构成设计的训练十分有意义。本课程共 48 个学时，分为线上线下混合式教学课程，由企业设计师和任课教师共同制定课程合作方案。第一周为市场考察周，由企业发布设计主题，教师理论授课，根据设计主题做设计元素的抽取与重组。第二周为草图实践周，由企业设计师通过对现代浮雕画、玉石雕刻艺术、汉绣、晶瓷画、鎏金画等案例的讲解，根据设计主题，指导学生完成设计构思及草图部分。第三周为产品设计流程及市场推广周，采取在线教学及实践基地实训模式，专业设计师讲授设计→模型→彩绘→粘贴→组装→成品的制作过程，结合近几年的成功案例，分析市场设计方向，指导完成设计方案。第四周为方案完善周，由任课教师和企业共同指导学生完成设计图及成品制作，完成作业互评。通过分析失败案例与成功案例，让学生直观地明白设计产出与市场销售的结合点，从而更有效地助力学生的设计实践成果产出。

（三）量化评价检验课程思政实施效果

在课程量化评价机制上，以双课堂人才培养机制、双导师教学主导机制、双身份角色担当机制为目标，让学生在企业实习实践阶段，实现管理主体、实习场景、实习任务的合力。坚持 O（Outcomes）、B（Based）、E（Education）成果导向教育思路，将教学目标、课程、教材、评价均聚焦成果，强调从学习开始就有明确目标和预期结果，学生在学习过程中清楚所期待的学习内涵，教师更清楚如何协助学生学习。OBE 考核指标主要分为教学效果、优化课程体系、明确教学目标、创新教学手段、成果导向评价。在稳定了课程教学方案后，进一步思考并研发一套适应视觉设计专业的教学体系，按照 OBE 成果导向教育思路，一改传统教育的学科导向教学模式，通过教学设计与教学实施，强调学习效果，以成果导向为评价标准，调动学生的积极性与主动性。第一，在人才培养目标上，在湖北工程学院校企合作项目中，一直以培养高素质技术型人才为共同目标，打通教育链、人才链、产业链、创新链全过程，建立孝文化情感价值观体系，将专业教育与德育教育有效链接，实现创新设计的价值塑造。第二，在环境目标上，依托创意园区建立之海文化艺术装饰设计研发中心，共建艺术装饰设计创新平台，培育高端艺术设计人才。该中心包括艺术装饰原创设计中心、艺术装饰设计展示中心、艺术装饰销售中心、艺术装饰设计专家工作站，以专家交流互鉴和学生就业为导向，建立健全艺术装饰设计实习实训和创新创业服务体系；采取开放互动式教学方式，定期开展政校互动、校企互动、名人讲堂、装饰设计实训、专题研讨、考察交流等活动。第三，在载体目标上，校企双方共同举办之海杯大学生创新创意比赛，企业现场实习面试及答辩，不仅激发了学生的创作热情，还提升了学生的思想素养。

三、《孝文化视觉创新设计》课程融入思政理念的创新成效

（一）课程建设载体提升成效

经过多年的课程合作建设，10% 的学生进入湖北之海文化公司工作，

一些优秀的毕业生已成为企业骨干，通过设计创新实现价值塑造。学生经过"3＋1"项目式教学——校企项目开发＋学科竞赛＋孝文化展示中心体验＋作业点评模式，围绕视觉设计＋文化创意方向，加强与企业的深度合作，参与企业设计考察、产品开发与业务培训，真正融入企业，2021年3件学生设计作品参加义乌装饰画新品展销会，意向购买统计突破10000万元。2021年学生客厅系列作品18幅进入全国销售市场，餐厅、玄关作品3件进入孝感简上家居旗舰店。

（二）课程师资建设成效

湖北工程学院以产业学院为依托，带动了校企合作项目的深入研究与师资队伍建设。之海文化艺术装饰设计研发中心的设立，一方面培养了具有实战经验的专业带头人，2021年《孝文化视觉创新设计》课程被评为省一流课程，进一步推动了校企合作育人的有效发展；另一方面课程拓展响应国家乡村振兴战略，项目在孵化过程中得到了社会各界的广泛关注，特别是安陆盛世闻樱产品展览及直播、第二届武汉文化旅游博览会文创产品展示活动，得到了《湖北日报》、荆楚网、《孝感日报》等多家权威媒体的报道。同时，双师型教学团队参与孝昌白沙镇品牌形象设计项目、乡村茶叶品牌视觉形象设计项目、红色文化设计项目等，助力乡村振兴的同时也提升了师资团队的专业能力与水平。

（三）课程方法协同发展成效

人才培养带动了学科与企业的联动发展，在2020年举办的之海杯大学生创新创意比赛中，学生荣获最具市场奖、最优工艺奖、最佳创意奖。2021年视觉设计专业的杨卓松同学获批国家级大学生创新创业训练计划项目，多位同学在设计实践上能力突出，在全国大广赛、金犊奖、互联网＋挑战赛获得省级奖项20多项，2021年产教融合成果入选全国艺术设计产教融合成果系列展。近年来，学校每年为企业提供设计智力支持与项目培训，形成了教师下企业锻炼和企业员工来校兼职授课等制度，拓展了国际化人才培养新途径，实现了校企共赢式发展。

四、结　语

思政元素融合下的社会实践类课程教学改革是一项系统且长期的过程，总体来说需要构建思政引领化、实践平台化、课程模块化、考评多元化教学体系，加强视觉设计专业集群建设。在课程建设上，以模块化、项目化为核心，基于孝感地域文化特色及孝文化内涵，持续、深入做好视觉创新设计研究。在课程考评上，持续深入推进 OBE 教育评价机制，围绕课程培养方案，以学生为中心、设计产出为考核标准，扩大产业集群化发展模式，将人才培养目标纳入政府与企业的产业发展需要方面，同时建立起具有实践教学特色的课程体系，将热门产品、热门产业融入课程教学，政、校、企多方合作，打造具有现代产业学院特色的协同育人体系。在专业课程建设上，以"三融合"模式为基础，制定视觉专业课程群建设行动计划，加强人才培养顶层设计，实施课程模块化建设，实现从产业学院集群发展到课程内涵建设的转变，进一步探索大思政格局下的协同融合育人模式，提升课程建设整体水平。

参考文献

[1] 王磊. 基于产业发展理论的高职产业学院发展策略研究 [J]. 成才之路，2021（08）：8－9.

[2] 刘周海. 基于产业学院"双协同"目标驱动育人机制建构研究 [J]. 高教学刊，2021（04）：193－196.

[3] 赵新宽. 扩招背景下产业学院差异化柔性人才培养模式构建研究 [J]. 机械职业教育，2021（02）：14－17＋53.

[4] 彭琼尹，张小冰，刘玉耀. 地方产业学院建设的实践与探索——

以浙江东方职业技术学院产业学院为例 [J]. 消费导刊, 2021 (11): 60 - 63.

[5] 季伟, 范慧. 新工科背景下应用型本科院校现代产业学院的建设路径研究 [J]. 南北桥, 2021 (02): 134.

[6] 杜娟, 李婷. "一带一路" 背景下新疆艺术学院服务新疆文化产业路径研究 [J]. 戏剧之家, 2021 (03): 197 - 198.

[7] 汪俏黎. 基于协同育人的 "Workshop" 教学实践——以视觉传达设计专业为例 [J]. 大众文艺, 2019 (16): 232 - 233.

[8] 周华杰, 陆颖, 唐玥译. 项目式教学: 为学生创造沉浸式学习体验 [M]. 北京: 中国人民大学出版社, 2020.

[9] 洪明. 英国终身学习的新变革—— "产业大学" 的理念与实践 [J]. 比较教育研究, 2001 (04): 18 - 22.

[10] 刘国买, 何谐, 李宁, 等. 基于 "三元融合" 培养应用型人才: 新型产业学院的建设路径 [J]. 高等工程教育研究, 2019 (01): 62 - 66.

[11] 王广峰. 德国 "双元制" 模式对我国职业教育发展的启示与思考 [J]. 南京理工大学学报 (社会科学版), 2008 (03): 93 - 97.

[12] Wang Hongxia. Application of Computer Technology in Early Education Courses of Higher Vocational Schools [J]. *Journal of Physics*: *Conference Series*, 2021, 1992 (03).

[13] Jin Z, Jia S. Reflection and Implementation Path of School Enterprise Cooperation in Vocational Education under the Background of the New Era [J]. Vocational and Technical Education, 2018 (34): 54.

[14] Kong S. The Causes and Management of School Enterprise Cooperation in Pluralistic Co Governance Vocational Education [J]. *Laboratory Research and Exploration*, 2020, 39 (02): 265.

初探产教融合视域下课程思政
虚拟教研室建设

——以湖北工程学院服装专业为例*

徐天宇　吴淑君　付　曦　孙　远**

　　早期的虚拟教研室是指不打乱原来的教研室格局，不影响原有的教学团队和教研室成员，在此基础上，若干教研室在统一的方面较为擅长，或为解决某一问题有共同意愿的教师组成虚拟的教研室。其目的主要是为追求共同的科研课题、学术前沿而在一起共同商讨和活动，形式上如同一个教研室。随着时代的发展，虚拟教研室成为利用"互联网＋智慧教育"的先进手段开展线上线下、虚实结合的教学研究活动及课堂教学实践的新型基层教学组织。[1]虚拟教研室以现代信息技术为依托，可跨系室、跨学院、跨校际开展虚实结合的教研活动。[2]在高校设置的众多专业中，服装专业兼具应用性、技能性、艺术性三种性质，这与国家教育改革和发展规划方向一致，因此高校服装专业的人才培养应与时俱进，不断开拓创新，在不断完善专业课程培养方案的同时，优化教学资源配置，通过校企协

　　* 基金项目：校级教学研究项目"产教融合视域下课程思政虚拟教研室建设研究——以艺术类专业为例"（项目编号2023020）、校级教学研究项目"服装与服饰设计专业课程思政育人路径与教学改革研究"（项目编号202164）、国家级大学生创新创业项目"可持续时尚设计理念下的服装设计研究"。

　　** 作者简介：徐天宇，湖北工程学院美术与设计学院讲师，专业领域为服装与服饰设计、服装材料、服装品牌与营销等；吴淑君，湖北工程学院美术与设计学院讲师，专业领域为服装与服饰设计、服装结构工艺，服装营销策划；付曦，湖北工程学院美术与设计学院讲师，专业领域为服装与服饰设计、图案设计；孙远，湖北工程学院美术与设计学院讲师，专业领域为服装与服饰设计、服装结构工艺。

同育人实现深度产教融合。与此同时，强化"培养什么样人、如何培养人、为谁培养人"这一教育初心在教学过程中的重要作用，通过课程思政与思政课程同向同行并形成合力，培养具有较高职业素养与专业能力的服装人才。

湖北工程学院作为孝感地区唯一一所省属高等院校，应根据湖北省现代产业体系部署，深化产教融合背景下的专业建设，而在此过程中，对于课程思政在学生思想引领方面的重要作用不容小觑。

一、课程思政与艺术类专业产教融合的关系

在高等教育阶段，专业课所占比例较高，主要是为学生专业知识水平与能力培养打下基础，而"课程思政"不是一门或一类特定的课程，而是一种教育教学理念。[3]大学所有课程都具有传授知识和培养能力及思想政治教育的双重功能，承载着培养大学生世界观、人生观、价值观的作用。

1. 课程思政的基本概念和要求

以习近平新时代中国特色社会主义思想为指导，坚持知识传授与价值引领相结合，运用可以培养大学生理想信念、价值取向、政治信仰、社会责任的题材与内容，全面提高大学生缘事析理、明辨是非的能力，让学生成为德才兼备、全面发展的人才。[4]

与此同时"课程思政"也是一种思维方式，在教学过程中要有意、有机、有效地对学生进行思想政治教育；体现在教学的顶层设计上要把人的思想政治培养作为课程教学的目标放在首位，并与专业发展教育相结合。

2. 艺术类专业产教融合的重要性和挑战

以培养学生实践创新能力、岗位适应能力为目标，创建资源共享、协调发展的产教融合、协同育人环境[5]，建立学生全面发展与企业需求相适

应的课程思政教学体系。引进、培养、聘任相结合的"服装云端虚拟教研室"进行教学团队组建，融合校内外专业教师、企业导师、思政课程教师等，构建优质资源共享、教学科研与企业需求紧密结合、校企协同育人以提升学生职业能力的资源平台，同时注重完善服装专业课程思政教育体系。

教育部高教司 2021 年 7 月 12 日发布的《教育部高等教育司关于开展虚拟教研室试点建设工作的通知》中对于国家级虚拟教研室建设提出了"国标"级别的建设要求，对于湖北工程学院服装专业这一年轻的专业而言，这其中有"高山仰止"的崇敬与望而却步。现阶段整合有效教学资源后发现，该通知还是为专业建设与发展指明了方向。依托在前期发展过程中与企业建立的校企合作以及聘请外校外专业导师加入专业课程建设与教学讨论中，对于专业的具体课程的教学内容设置与安排具有重要的意义。

3. 课程思政与艺术类专业产教融合的关联分析

创新，是党的二十大报告中出现的高频词。创新是第一动力，服装产业的发展与进步，离不开创新。纺织服装产业是国际化、全球性竞争的行业，面临发达国家"高端回流"和发展中国家"中低端分流"的双重挤压，没有创新，就没有产业的未来。只有创新，才能不断开辟发展新领域新赛道，不断塑造发展新动能新优势。只有不断推动产业管理创新、模式创新、科技创新、设计创新、营销创新，才能使产业在国际竞争中立于不败之地。传统服装制造业已经不能再依靠动密集型生产优势，而需借助数字化、智能化设备和人才进行转型升级。[6] 在这一过程中专业人才必然是核心竞争力之一。为了适应时代变迁所带来的转变，采用校企协同育人的模式并融入课程思政，可以从最大限度上减少高等教育与企业需求脱节的问题，培养适应社会需求与企业发展需要的服装专业人才，同时在错综复杂的局势变化中，培养能够坚守职业初心与准则的人才愈发重要。[7]

现阶段，我国产教融合、校企合作平台与西方一些发达国家相比，合作模式较为单一，正处于初级发展阶段。[8]服装行业作为我国传统的支柱产业之一，关联服装专业的教育教学方向应放在有信仰、高素质、创新型人才的培养上，提高服装专业学生社会实践能力与创新能力，加强服装专业学生职业能力培养的同时，强化专业课程思政体系建设，利用产教融合、校企合作专业课程平台的优势，将能力培养与思想引领同步起来，如此一来构建课程专业支撑体系显得尤为重要且必要。

二、基于产教融合的课程思政虚拟教研室建设内容

1. 建设思路

加强服装专业、纺织服装产业和服装行业领域发展趋势与人才需求研究，根据国家和区域经济社会发展需求，通过实地走访和在线研讨以及用人单位遵循学校人才培养目标、规格和标准，共同研究专业建设规划，制定和完善与服装专业发展、生产实践、社会发展需要相适应的人才培养方案和专业课程体系，定期对人才培养方案进行修订，围绕湖北地区，特别是孝感本地文化内涵开展具有地方特色专业建设。专业课程作为人才培养目标实现的重要途径之一，建立符合服装专业发展的课程体系，组织制定并规范课程建设规划、教学大纲和课程标准，教学团队及时更新课程内容，将最新的学科前沿、产业发展、科（教）研成果融入课堂教学，生动挖掘"课程思政"元素并融入教学设计。逐步推动现代信息技术和教育教学的深度融合，推进在线开放课程、慕课的开发与应用，打造"金课"。选用或编写高水平优质教材及教学参考资料，开展教材、教辅资料、课件、题库、资源库、开放课程等多种形式的教学资源高水平建设。虚拟教研室架构设置如图 1 所示。

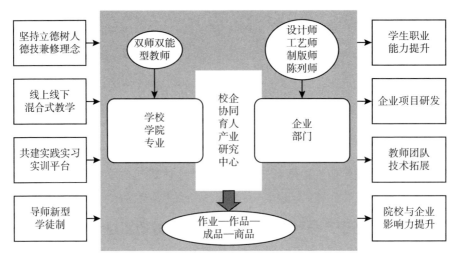

图1 虚拟教研室架构设置

2. 艺术类专业课程思想虚拟教研室建设的关键要素

虚拟教研室是指利用现代信息技术手段搭建起来的虚拟学习和研究平台，通过网络等方式实现教师之间的交流、协作和资源共享，提升教师的教学水平和科研能力。虚拟教研室的建设涉及多个方面，以下是其中的三个关键要素：技术支持和平台建设、师资队伍建设和培训以及资源整合和共享机制。

（1）技术支持和平台建设。

技术支持是虚拟教研室建设的基础，其中包括硬件设备的采购和网络基础设施的建设。为了保证虚拟教研室的顺利运行，需要营造稳定的网络环境和建立高效的服务器系统，以满足虚拟教研室的多样化功能需求。同时，还需要提供便捷的用户界面和友好的操作平台，使教师能够轻松地参与到虚拟教研室的活动中。此外，还应该提供技术支持团队，为教师提供及时的技术支持和维护服务，解决故障和问题，确保虚拟教研室的正常运行。目前，国家高等教育智慧教育平台（https：//www. chinaooc. com. cn/home）以及虚拟教研室（https：//vtrs. hep. com. cn/）从国家层面为教师提供专业平台与技术支持，国家现代产业学院建设也进一步深化，为校企合作协同育人构建桥梁。

（2）师资队伍建设和培训。

基于产教融合视域下建设课程思政虚拟教研室的有效运作离不开教师的积极参与和专业支持。因此，师资队伍建设和培训是关键要素之一。首先，需要建立一支专业化、高素质、跨学科的师资队伍，包括拥有教学经验和教科研背景的教师，还需要进一步加强跨专业课程思政交叉建设。除此之外，还需要培养一批专门从事虚拟教研室建设和管理的专职人员，负责平台的维护和运营。其次，针对不同层次和领域的教师，提供相关的培训和指导，包括虚拟教研室的操作技能、网络资源的利用、教学设计和评价等方面的知识和技能。通过培训，提升教师的教学能力和科研水平，推动虚拟教研室的发展。

（3）资源整合和共享机制。

资源整合和共享机制是产教融合视域下课程思政虚拟教研室建设的核心要素之一。思政教师与专业教师、企业导师在教学和科研过程中需要使用到各种资源，包括教材、课件、案例、教学视频等，需要通过多种形式进行整合与协调。虚拟教研室提供一个统一的平台，将这些资源进行整合和管理，方便教师的获取和利用。同时，还应该建立资源共享机制，鼓励教师将自己的优质教学资源上传到平台上，供其他教师参考和使用。通过资源整合和共享，教师可以共同提高教学水平，节约教学成本，促进教学改革。

简言之，基于课程思政建设与产教融合教育背景下的虚拟教研室建设关键要素包括技术支持和平台建设、师资队伍建设和培训以及资源整合和共享机制。只有在这些要素的支持下，虚拟教研室才能够有效发挥作用，提升教师的教学水平和科研能力，实现教育教学的创新和发展。

3. 基于产教融合的课程思政虚拟教研室的运营模式

（1）虚拟教研室的运作机制和管理方式。

虚拟教研室是指通过互联网等信息技术平台搭建起来的教研活动场

所，它不受地域限制，可以实现线上教师和学生之间的交流与合作。在虚拟教研室中，需要有一个完善的运作机制和管理方式来确保它的正常运转。

首先，虚拟教研室需要有一个明确的组织架构和管理层级。可以设立一个教研室负责人，负责整体的运营和管理工作，同时可以设置若干个教研小组，每个小组由一个组长带领，负责具体的教研活动。

其次，虚拟教研室需要有一个完善的信息交流平台。可以利用在线教育平台、教育管理系统等工具，为教师和学生之间的在线交流和合作提供服务，包括文字交流、语音交流、视频交流等。同时，还可以设置在线文件共享和编辑功能，方便教师和学生进行教学资源的共享和协作。

再次，虚拟教研室还需要有一个明确的任务分配和进度管理机制。教研负责人可以根据教研计划和目标，将任务合理分配给各个教研小组，每个小组再将任务分配给具体的教师和学生。同时，需要设立一个进度管理系统，监控教师和学生的任务完成情况，及时进行反馈和指导。

最后，虚拟教研室还需要有一个完善的数据统计和分析系统。通过对教研活动的数据进行统计和分析，可以及时评估教研室的运作效果，并有针对性地提供改进建议。可以利用学习管理系统和数据分析工具来实现数据的收集、整理和分析。

（2）教师与学生在虚拟教研室中的角色定位和互动模式。

在虚拟教研室中，教师和学生扮演不同的角色，他们之间的互动模式需要根据教研目标和任务进行合理设计。

教师在虚拟教研室中的角色是教研负责人、教学资源提供者和指导者。教师需要制定教研计划和目标，负责教研活动的组织和管理工作。同时，教师还需要提供教学资源，包括课件、教案、习题等，供学生参考和使用。此外，教师还需要对学生的学习过程进行指导和辅导，解答他们的问题，促进他们的学习和成长。

学生在虚拟教研室中的角色是参与者和合作者。学生需要积极参与教研活动，完成教师布置的任务，参与讨论和交流。学生可以通过虚拟教研室与教师和其他学生进行互动，分享自己的观点和经验，获得他人的反馈和建议。通过与他人的合作和互动，学生可以提高自己的学习能力和解决问题的能力。

教师和学生之间的互动模式可以是双向的。教师可以发布教学任务和要求，学生可以根据教师的指导和要求完成任务，并向教师提交作品或报告。教师可以对学生的作品进行评价和指导，学生接受教师的评价和指导，并据此进行修改和完善。此外，教师和学生还可以进行在线讨论和交流，共同探讨问题，分享经验。

（3）虚拟教研室的评价和持续改进。

虚拟教研室的评价和持续改进是保证其运营质量和效果的重要环节。评价可以从多个角度进行，包括教研成果的质量、教师和学生的满意度、教研活动的效率等。

评价可以采用定量和定性相结合的方式。可以通过问卷调查、观察和访谈等方式收集教师与学生的意见和反馈，了解他们对虚拟教研室的评价和建议。同时，可以通过对教研活动的数据进行统计和分析，评估教研室的运作效果，并找出不足之处。

根据评价结果，可以进行持续改进。可以对教研计划和目标进行调整，根据教师和学生的需求重新制定任务和要求。可以优化虚拟教研室的运作机制和管理方式，提高教研活动的效率和效果。可以加强教师和学生的培训与指导，提高他们的教研能力和协作能力。

总之，虚拟教研室的运营模式需要有一个完善的运作机制和管理方式，教师和学生在其中扮演不同的角色，通过互动和合作推动教研活动的进行。通过评价和持续改进，可以不断提升虚拟教研室的运营质量和效果。

三、产教融合课程思政虚拟教研室建设阶段成果

1. 构建基于学生专业能力提升的"整体化"课程体系

为了通过校企合作、协同育人构建课程思政虚拟教研室，服装专业前期已经构建起基于学生专业能力提升的整体化课程体系。这一课程体系的建立以人才培养方案中的专业课程设置规范为基础，旨在保证课程教学的思想性、系统性、规范性、科学性、逻辑性和前瞻性。同时，为了更好地满足社会需求和企业用人实际，课程体系还将课程思政元素融入专业知识之中，以构建基于校企合作平台的专业实践与实习实训课程。在这一过程中，还导入了产业发展的最新动态，并依托企业和校内产业研究中心的支持，旨在培养学生创新创业能力。在这个基于校企合作的课程体系中，学生能够全方位地提升自己的专业能力。

首先，根据人才培养方案设定的专业课程设置规范，学生将接受系统、科学的课程教学，从而深入了解服装专业的理论与实践。课程教学注重思想性，使学生能够理解服装产业的发展趋势和社会背景，为未来的工作做好准备。同时，课程体系还强调规范性，确保学生对于服装设计、制作和营销等方面的知识都能够全面掌握。这样一来，学生不仅具备扎实的专业知识，还具备规范的工作方法和操作技巧。

其次，课程体系还注重将课程思政元素融入专业知识之中。通过将思政教育与专业课程相结合，学生能够更好地理解专业知识的意义和应用，进而培养正确的价值观和社会责任感。这有助于学生在未来的职业生涯中做出正确的决策，并为社会做出积极的贡献。为了让学生能够更好地应对未来的工作岗位，课程体系还构建了基于校企合作平台的专业实践与实习实训课程。通过与企业合作，学生将有机会参与实际项目，亲身体验服装行业的工作环境和要求。这有助于学生在实践中提升自己的专业能力，培养解决实际问题的能力，并增强团队合作和沟通协调能力。此外，学生还

可以借助企业与校内产业研究中心的支持，了解产业发展的最新动态，并将这些动态融入自己的学习和实践中。

同时通过参与相关项目，学生逐渐产生结合湖北地区、孝感本地文化等独立创新创业的想法，还有同学关注美丽乡村建设、可持续时尚设计等内容，在大学生创新创业项目中获得国家级立项 2 项、省级 2 项、校级 3 项；专业首席杜靓教授指导学生在第七届互联网 + 校赛中获得铜奖，在湖北省第七届大学生艺术节优秀艺术实践工作坊获一等奖 2 项；在各类行业比赛中取得许多优异成绩，得到校内外同行及校企合作企业、毕业生用人单位的一致好评。这些成绩的取得无不依赖于融入课程思政的校企合作过程中探索并构建的课程专业支撑体系以及校企合作共同建设相关专业课程。

2. 依托网络平台建设的多师协同校企合作课程

在大数据时代，科技飞速发展，需要充分借助互联网平台的力量。尤其就在校大学生而言，作为互联网时代的"原住民"，他们更喜欢依托网络。在这一过程中，通过跨学科、跨专业进行多师协同教学模式，利用课程思政虚拟教研室在潜移默化中通过专业知识的讲授，渗透对于学生起到思想引领作用的课程思政教学内容。

通过不断努力探索，教师团队录制并以网络平台为依托在线运行了校企合作建设的部分课程，如《服装设计方法与原理》《服装面料再造设计》《软陶设计与制作》《服装画表现技法》以及正在建设中的《服装结构与工艺》《服装图案设计》等，通过扩大网络覆盖面扩大课程影响力，扩大可以参与课程学习的人群。《服装面料再造设计》被认定为 2021 年度湖北省一流本科课程，《服装设计方法与原理》《服装画表现技法》被认定为 2022 年度校级混合式金课。2022 年 3 月，《服装设计方法与原理》《服装面料再造设计》《软陶设计与制作》《服装画表现技法》等课程有幸成为国内 20 个在线平台 5 万门课程中遴选出来的首批纳入高等教育智慧教育平台的课程。在校企共建课程的探索过程中，可以更好地利用合作优势，将课程更加具体化、实践化，通过线上线下混合式教学模式，充分发挥校内外导师协同育人的作用。

四、结　　语

　　未来可通过产教融合建设更多课程思政虚拟教研室以提供多元化的学习资源，整合各类艺术类专业的学习资源，包括课程教材、教学视频、案例分析等，丰富学生的学习内容。同时，还可以引入专业领域的专家学者进行在线讲座，拓展学生的知识面，将思政元素在润物无声中入脑入心。还可以模拟真实的艺术创作场景，为学生提供实践机会。例如，通过虚拟现实技术，学生可以在虚拟教研室中进行虚拟舞台设计、虚拟展览布置等实践活动，提升他们的实际操作能力。通过虚拟教研室可以建立师生、生生之间的互动与交流平台，促进师生、生生之间的交流和协作。学生可以在虚拟教研室中进行讨论、分享作品，并互相评价和改进，形成良好的学习氛围。虚拟教研室可以与相关行业进行对接，与企业合作开展实践项目。通过与行业合作，学生可以接触到最前沿的行业动态和技术发展，提高就业竞争力。虚拟教研室在课程思政与艺术类专业产教融合中具有广阔的发展空间。未来，随着技术的不断发展和创新，虚拟教研室将能够更好地满足学生的学习需求，提升其专业素养，培养其创新能力，并帮助学生更好地适应社会发展的需求。

参考文献

　　[1] 曾建潮，吴淑琴，张春秀.虚拟教研室：高校基层教研组织创新探索 [J].中国大学教学，2020（11）.

　　[2] 胡健，陈后金，张菁，等.依托虚拟教研室提升课程教学质量：以北京交通大学"双培计划"为例 [J].北京教育（高教），2018（05）.

　　[3] 唐淑娥.服装专业课程思政的探索 [J].西部皮革，2020（10）.

［4］王志生，边胜湖．服装设计专业课程思政育人机制研究［J］．科教文汇，2019（09）．

［5］郭凤臣．高校服装专业"课程思政"教学体系的构建［J］．白城师范学院学报，2019（04）．

［6］梁建芳．国内外服装专业课程设置的比较及启示［J］．纺织服装教育，2019（08）．

［7］罗筱妍．服装设计课程"思政"融入点初探［J］．神州，2020（01）．

［8］马艳波．基于现代学徒制的服装设计专业校企协同育人模式的实践与探索［J］．漯河职业技术学院学报，2018（11）．

课程思政背景下思政元素在景观设计课程中的应用研究[*]

李 君^{**}

生态文明遵循生态环境优先的规律，强调人与自然和谐共生，可以说生态文化是经济建设、政治建设、文化建设与社会建设的基础和前提，能够为这四项建设提供基本保障。景观设计不仅对实现生态资源节约有重要作用，而且对于人与自然的和谐共生、满足人对生态美的追求具有深远意义，是促进生态文明建设的重要力量。高校作为生态文明建设人才培育的重要阵地，更要对景观设计课程改革和建设给予高度重视。课程思政教育旨在将思政教育融入专业课程教学中，实现对大学生进行知识教育、价值培育和能力培养相统一的育人目标，与生态文明建设对人才培养提出的现实需求是高度一致的。[1]为此，从课程思政建设背景出发对思政元素在景观设计课程中的具体应用问题进行分析，探索新时期高校景观设计课程思政建设的新思路和新机制是值得广大教育工作者深入研究的新课题。

本文从课程思政建设背景下景观设计课程对思政元素的应用难题入手，对景观实践课程思政建设具体问题进行研究，并以问题为导向，在尊重高等教育教学规律和坚持思政课程教学理念指导的基础上，提出了审视教学目标、整合教学内容、创新教学方法和优化考评体系的具体策略，希

---

　* 基金项目：2022 年度湖北工程学院课程思政示范项目"景观设计方法"（项目编号：kcsz202208）。

　** 作者简介：李君，女，硕士，湖北工程学院美术与设计学院副教授，研究方向：环境艺术设计。

望能为景观设计课程思政建设的持续健康发展提供些许参考。

一、课程思政背景下思政元素应用于景观设计课程的必要性

在生态文明建设发展迅速的大背景下，景观设计专业成为热门专业，如清华大学美术学院、四川大学、重庆大学、辽宁工业大学以及云南大学等都将景观设计专业设置为重点专业。景观设计课程涉及的范围广泛，其中城市景观设计更是城市变迁和发展的见证，承载着一座城市的文化价值，充分彰显了绿色发展理念。站在课程思政大背景下研究思政元素在景观设计课程中的应用，对推进社会主义生态文明建设、弘扬中华民族优秀传统园林文化与培育高素质景观设计人才是非常必要的。

（一）有利于推进社会主义生态文明建设

党的十八大将生态文明建设放在了突出位置，并强调要将生态文明建设融入中国经济、政治、文化和社会建设全过程，全面推动形成人与自然和谐发展的现代化建设新格局。景观设计课程的实践性非常突出，而且随着人们生态环境意识的增强及人们对居住和生活环境要求的提高，景观设计工作的范围更加宽泛，既包括人们日常居住区域的景观设计，也包括所在城市整体的绿地设计及休闲旅游风景区的规划设计。此外，地域文化保护和传统村落保护也成为景观设计工作的新亮点。[2]可见，景观设计对美丽中国建设目标的实现是非常有价值的。城市景观设计是传递"绿水青山就是金山银山"生态建设理念的重要载体，能够通过景观设计充分彰显中国的绿色生态文化价值观。融入思政元素的景观设计课程能够通过价值引导培育出更多综合型高素质人才，切实推进社会主义生态文明建设。

（二）有利于弘扬中华优秀传统文化

中华民族是世界上最古老的民族之一，人与自然和谐共生的理念由来

已久。景观设计是一门应用性突出的学科，自学科建立到飞速发展时期再到现代景观设计阶段，都充分体现了传统美学与传统文化思想。例如，早在汉武帝时期就有了对仙境园林的探究，后期对于庭院、城市雕塑和园艺技术等方面的研究成果也是非常丰富的。同时，景观设计发展过程中也产生了伟大的工匠精神，以及以儒家思想为代表的"仁民爱物"的环境道德观。这些思想文化都是经历了几千年实践检验的中国优秀传统文化的重要组成部分，特别是生态伦理思想和"天人合一"的景观设计理念对于激发大学生学习兴趣、提升大学生人文素养有着重要的影响。在景观设计课程中融入思政元素，推行课程思政教育，引导相关专业学生树立文化自信，自觉承担传承和弘扬中华优秀传统文化的使命，增强审美素养和人文素养，所设计出的作品更能够体现中华优秀传统文化的内涵。

（三）有利于培育高素质的景观设计人才

全球化大背景下，环境设计专业的发展同其他学科一样面临着严峻挑战。要想成长为一名优秀的景观设计工作者，学生除了要掌握基础的专业知识和具备扎实的专业能力外，还要有突出的创新能力，具备开阔的国际视野，能够理性认识西方文化、西方景观设计理念背后的价值传导，更好地创新传承和发展中华优秀传统文化。随着国际生态文明建设和环境保护新局面的形成，景观设计工作者尊重自然、爱护自然的意识成为建设优美、宜居、绿色、生态环境的重要影响因素，以工匠精神为代表的新时代劳动精神、职业认同感和使命感教育也成为培育新时代高素质景观设计人才的重要内容。在景观设计课程中融入思政元素，教师更加重视引导学生立足时代、深入生活，帮助专业学生树立正确的设计观念和创作理念，并成长为具有远大抱负且敢于承担新时代景观设计历史使命的优秀从业者。

二、课程思政背景下思政元素应用于景观设计课程中的难题

景观设计不仅具有经济社会价值，而且具有文化生态价值，其与城市

发展、地域文化、村落保护等工作之间的联系非常紧密，在景观课程中融入思政教育具有一定的优势。但是从现实情况来看，部分景观设计专业的学生对于思政问题不关心，从长远来看对于城市建设和生态文明建设都是不利的。下面将从专业课程教学目标、教学内容、教学方法、考评体系四个方面对景观设计课程思政建设现存问题进行具体分析。

（一）课程思政教学目标科学性有待提升

景观设计是环境设计专业的核心课程之一，是学好后续专业课程的基础。在积极践行课程思政教育的实践中，景观设计课程积极寻求思政元素的合理、高效融入，但是从教学目标设置的科学性方面来看效果却并不尽如人意。一方面，教学的三维目标设置与课程思政要求相背离。知识目标的设置中较少体现对学生思政知识获得的具体要求，单纯强调对景观设计专业知识的系统学习及对相关概念的深刻理解；能力目标的设置同样忽视了思政育人的能力目标，多以景观设计实践能力为主，要求掌握景观设计基本方法及对不同设计主题的设计表达能力；情感态度价值观目标的设置则突出强调对学生美感的培育，忽视了团队合作、工匠精神、爱国情感和文化自信等的培育。另一方面，教学目标理实一体化目标难以实现。景观设计学科对学生的动手能力要求较高，教师在日常教学中往往会设计不同主题的景观科技项目让学生独立完成或者以小组合作的方式完成，为加强对学生实践能力的培养，很多理论教学也会在实践中进行。这种教学方式下，思政育人元素的渗透难以推进，思政育人作用的发挥受限。

（二）课程思政教学内容育人性有待增强

以教材为中心的相关教学资料组成是开展景观设计课程思政教学的重要依据和支撑，对课程思政建设效果有着决定性影响，但是部分高校景观设计课程思政教育的推行在教学资源的整理方面却明显存在滞后性问题。一方面，与时代发展脱节。随着全球化发展的深入、中国生态文明建设的推进和大众环境意识的觉醒，中国景观设计领域各种思想的碰撞和交流更加频繁，在传统思想和现代思想的碰撞、国内思想和国外思想的碰撞下，各种设计概念层出不穷，审美标准也发生了质的变化。景观设计课程思政应该兼收并蓄，立足时代发展对现有课程教学内容进行变革。另一方面，与大学生现实需求脱节。当代大学生生长于互联网信息化大时代，思想更加开放，对于新鲜的事物有着较为强烈的好奇心，渴望学习更多实用性的知识。但是目前，部分高校景观设计教学内容停留在对经典案例的分析上，思政教学元素的融入非常牵强，非但没有提升景观设计教学内容的科学性，反而造成了景观设计课程思政教学内容育人作用难以有效发挥。[3]

（三）课程思政教学方法创新性有待拓展

当代青年学生整体呈现出思维活跃、动手能力较强的特征，而景观设计课程是环境设计专业的基础性课程，传统教学方法多以单一的灌输式为主，很难激发他们的学习热情和兴趣，思政元素的融入也在一定程度上加剧了课程教学的刻板。一方面，忽视了大学生的主体地位。思政教育和景观设计课程教学在实践性方面具有同样的高要求。但是目前，部分高校景观设计课程延续传统，比如课堂教学以讲授式为主，突出单向理论灌输，忽视了学生的主动参与；实践活动的开展多为确定主题和具体环节的项目设计，打击了大学生的参与热情。另一方面，忽视了现代教学的发展要求。现代化教学不仅要求高校为课程开展提供现代化设备和基本的教学条件，而且要求教师确立以生为本的理念，做到因材施教。但是目前，部分教师无法全面获取学生的学习动态，对于大学生群体的思想动态缺乏应有的关注，现代化教学多停留在形式层面。

（四）课程思政考评体系系统性有待强化

完善的考评体系是景观设计课程思政教学开展的有力保障，能够从全局化和系统化的高度对课程教学进行全员、全过程、全方位的监督和指导，在提升课程思政整体效果方面具有非常重要的作用。但是目前，部分高校景观设计课程思政考评体系建设却不尽如人意。一方面，过分强调教学的"硬评价"。专业课程和思政课程融合发展的教学评价与单纯的专业课程评价是有区别的，开展课程思政的课程不能再单纯评价学生的知识学习和能力提升情况，还需要考虑学生的思想素养和道德品质等方面。但是目前，部分高校景观设计教学课程思政评价体系没有涉及对学生思政素养培育方面所要达到的目标，即使有所涉及也多为由教师做出的结果性评价。另一方面，缺乏全员、全过程、全方位的评价。景观设计本身就是一门体系庞杂的课程，实践教学占比较大，教学评价难度较高。加上课程思政建设的推行，更是加剧了教学评价的难度。目前，部分高校景观设计课程评价体系缺乏系统性，教学评价的片面性特征突出，科学性不足，评价主体、评价过程与评价指向不清晰。

三、课程思政背景下思政元素应用于景观设计课程中的策略

以往的景观设计课程思政教学受到景观设计课程实践性突出的影响，课程思政形式化问题较为突出，专业知识和技能的培养依然是教学的重点，对学生进行的工匠精神和爱国主义教育，以及优秀传统文化教育明显不足，自然无法培育出时代发展所需要的景观设计高素质人才。立足问题，从教学目标、教学内容、教学方法与考评体系出发，提出如何在课程思政背景下将思政元素切实应用于景观设计课程中的具体策略。

（一）审视教学目标，为课程思政践行助力

首先，制定"三位一体"的课程教学目标。景观设计课程思政教学目标的确定必须坚持思政育人的首要地位，突出强调知识、能力与情感态度价值观的课程性和育人性。为此，课程思政教学目标制定必须要充分考虑思政教师和景观设计专业教师团队的意见，站在当代大学生全面成长的角

度对教学目标制定进行科学评定。其次，更加重视情感态度价值观教学目标。专业课程教学对于知识和能力目标一直给予高度重视，但是情感态度价值观目标的落实情况不容易评价和衡量，且对于学生的毕业和就业影响不明显，长期没有得到重视。因此，景观设计课程要重视情感态度价值观目标的制定和落实，让学生在课程学习中潜移默化地浸润思政教育。最后，审视思政教育目标的制定。景观课程思政建设中思政育人目标必须具备科学性，培育学生的生态观念，帮助他们树立人与自然和谐共生的思想，让学生认识到专业学习和职业发展所承担的历史使命和社会责任，引导学生更自觉地投入景观设计工作第一线。同时，工匠精神、爱国精神与团结合作精神也是思政教育目标的重要内容。

（二）整合教学内容，为思政元素挖掘助力

首先，修订现有教材资料。高校应建立校本教材研究小组，在现有景观设计教材的基础上，结合新时代中国国情和国策，严格遵循高等教育教学原则，纳入更加广阔的思政元素，在突出景观课程思政教学时代性特征的同时，融合价值引导、行业发展最新成果，以确保课程知识体系的完整性和科学性。其次，丰富教师教案资料。高校应积极与其他兄弟院校或者相关行业发展优秀研究工作者保持密切联系，为景观设计教师搭建其课程思政视野下的教学资源共享网络平台。在此平台中，教师可以分享教案，发表自己对课程思政资源建设的意见和建议，以在相互交流中丰富教案资源，提升课程思政教学质量。最后，利用线上课程资源补充教学。景观设计课程思政教育教学内容较多，加上对实践锻炼能力要求较高，现有学时不足。高校可以利用景观设计和课程思政网络教学资源丰富、教学可以突破时间和空间局限性的特点，建立线上课程，将其作为线下教学的补充，比如将预习和复习集中在线上课程中，以实现提高课堂效率的目的。

（三）创新教学方法，为课程思政教学助力

首先，丰富课堂理论教学。教师应改变过去重理论传递、轻实践的课

堂理论教学方式，采用多元化教学方法，突出以探索、讨论为代表的认知活动，更突出强调对学生发现问题、提出问题、分析和解决问题能力的培育。为此，景观设计课程教师可以采用情境模拟、小组讨论与案例分析等方式，特别要注意不同课程的具体特征。其次，丰校课内实训教学。高校应积极调动校内师生力量，以实践、教育和科研三者的结合为方向，开展各种校内实训活动。比如，高校科研为景观课程教学工作者科研项目提供更多的支持，以为教师和学生提供更多创新研究的条件；高校还应该以大学生创新创业为重要契机，让大学生在实践中不断增强设计能力，接受思政育人价值的引导。最后，丰富校外实训教学。景观设计在城市飞速发展的背景下成为非常火热的行业，并且随着美丽城市建设理念的贯彻落实，环境设计项目对中华元素和人文元素等的要求更高。高校景观设计课程思政教育要重视校企合作的深化发展，在为学生拓展实践锻炼途径的同时，让大学生深刻认识到思政育人在景观设计中的重要意义。[4]

（四）优化考评体系，为学生成长成才助力

首先，评价主体的多元化。景观设计课程思政评价主体必须做到全员化。这里的"全员"既包括景观设计专业课教师、思政课程教师，也包括辅导员教师、高校学生管理工作者与大学生群体等。多元主体从不同的角度对学生进行评价，评价结果才能更加真实有效，更能满足时代发展和大学生个性化发展的现实需求。其次，评价过程的全面性。景观设计课程涵盖的范围较广，既包括线下理论教学课程、线上网络教学课程，也包括校内外的实践锻炼课程。为了全面了解学生的学习情况，高校应积极运用大数据信息技术对学生学习全过程进行把控，以及时了解不同学习阶段学生个人的知识获取、能力增强与情感态度价值观方面的波动。最后，评价方位的全局性。景观设计课程思政应该重视全方位育人思想的融入，积极利用各种教育载体，充分发挥家庭、学校与社会的育人功能，同时不忘激发大学生内在发展动力，通过内因和外因的联动使评价考核更加完善。而且全方位评价体系的搭建在激发大学生主体与教师、家长和社会导师之间的互动方面也有积极作用。

四、小　结

景观设计是建立在自然科学和人文艺术学科基础上的一门应用型学科，该专业课程的核心在于更好地协调人与自然之间的关系，促进中国生态文明建设，实现建设美丽中国目标。基于课程思政建设大背景对高校景观设计课程进行研究，有利于大学生文化涵养和工匠精神的培育，能够帮助大学生树立勇于创新和团结合作的意识，提升大学生的文化自信，为城市文明建设、美丽中国建设和生态文明建设提供强大助力。景观设计课程作为环境设计专业的基础性课程，随着人们生活水平的提升和环境意识的增强面临着不断创新发展的现实要求。要想更好地创造出兼具美感、功能性和价值导向性的景观，需要课程教学研究者在教育工作中给予景观设计课程更多的关注和支持。

参考文献

[1] 项文梅.艺术类专业实践性课程融入思政元素的方法研究——以《景观设计实务》课程思政为例 [J].张家口职业技术学院学报，2020（04）：840-842.

[2] 马艳芳.地域文化视角下城市景观设计思考与应用分析 [J].吉林农业科技学院学报，2022（03）：39-42.

[3] 孟欣慧，万春凤，宋君柳，等.三全育人视域下《园林规划设计》课程思政研究 [J].菏泽学院学报，2022（30）：126-130.

[4] 刘东兰.例析高职课程思政教育教学改革——以《园林规划设计》课程为例 [J].福建教育学院学报，2020（10）：44-46.

高校教师教育"大课程"融合的路径探索

——课程思政视角

孙　平　段　茜　卓秀明　陈　伟*

　　"大课程"是高校教师教育专业的课程体系，至少包括三个大的方面：一是高校教师教育的每一门课程，简称"门课"；二是每一门课程的每一个章节；三是每一个章节的每一个课程点，简称"课点"。高校教师教育的"大课程"思政，是指教师教育的每一门课程、每一门课程的每一个章节、每一个章节的每一个课点都要实施课程思政，体现包含知识传授、能力培养、价值引领的综合育人功能。高校教师教育课程，只有通过包括以上三个方面的"大课程"融合才能落实课程思政，才能解决当前教师教育课程中存在的片面培养"教书匠"的问题，才有可能培养师范生职业素养的"大情怀"，新时代的未来教师才有可能更多地成为"大先生"。"大课程"思政之间融合的逻辑关系是教师教育的每一门课的课程思政，到章节思政，直至课点的三元素（知识点、技能点、态度点）思政，遵从"自上而下思政目标层层分解、自下而上思政目标逐级达成"的逻辑，从而实现教师教育的各类课程的课程思政。教师教育中教师的"大课程"融合路径包括相互关联的三级课程思政：第一级是每一门课的门课思政；第二级是每一门课程的每一个章节的章节思政；第三级是每一个章节中的课点的课点思政。

---

　　* 作者简介：孙平，湖北工程学院教育与心理学院教授；段茜，三峡大学田家炳教育学院硕士研究生；卓秀明，三峡大学田家炳教育学院硕士研究生；陈伟，三峡大学田家炳教育学院硕士研究生。

一、高校教师教育"大课程"的结构与逻辑

高校教师教育课程思政的育人效果主要体现在师范生——未来的教师身上，这类学生既是现实的育人对象，更是未来的育人主体，课程思政对其产生的影响更为深远。高校教师教育专业教师要把"培养什么样的教师、怎样培养教师、为谁培养教师"这一问题视角，作为教师自己课程设计与教学的指导思想和灵魂，发现并利用课程中的思政元素，将思政内容有机融入教师教育类课程之中。

本研究认为，高校教师教育需要建立"大课程"理念与体系，才能更好地实现教师教育课程的课程思政。

本文所指称的"大课程"是高校教师教育的课程体系，至少有三个大的方面：每一门课程、每一门课程的每一个章节（或专题，或案例，或活动，或项目，下同）、每一个章节的每一个课程点，都开展课程思政，都开展包含知识传授、技能培养、价值引领三个方面内容的育人课程。

本文所指教师教育的大课程的结构包括三类课程。第一类：教师教育的各门课程；第二类：教师教育的各门课程的每一章节的章节（或专题，或项目，或活动，或案例）；第三类是每一章节的课程点。课点是课程的基本元素，由知识点（简称"K点"）、技能点（简称"S点"）、态度点（简称"A点"）共三个元素通过具有互含关系的数量、质量、序量单个点或多个点组合成课程的基本单位。课程的最小元素是"三元素"。任何一门课程都具有课点三元素，这是课点的普遍性。三元素构成课点时又受数量、质量和序量的影响，数量表现为量的多少、质量表现为难易程度、序量表现为先后顺序。数量与质量体现为空间形态，序量表现为时间顺序。数量、质量、序量构成了课点的时空观。不同教育层次、不同教育类型中的同一课点，在时空表现上具有差异性，所以数量、质量、序量使得课点又具有特殊性。三元素的普遍性与三个量的特殊性，形成了课点的哲学

视角。

"大课程"的逻辑关系是：遵从"自上而下思政培养目标层层分解、自下而上思政培养目标逐级达成"的逻辑，实现教师教育各类课程的课程思政目标。

二、高校教师教育的"大课程"对教师教育课程思政的意义

高校课程思政建设要紧紧围绕坚定学生理想信念，以爱党、爱国、爱社会主义、爱人民、爱集体为主线，围绕政治认同、家国情怀、文化素养、宪法法治意识、道德修养等重点优化课程思政内容供给，系统进行中国特色社会主义和中国梦教育、社会主义核心价值观教育、法治教育、劳动教育、心理健康教育、中华优秀传统文化教育。

教师教育类课程的课程思政建设，必须深刻了解思政的专业内涵。高师院校与一般高校不同，其主要的培养目标在于为基础教育培养合格教师。高校教师教育课程，只有通过包括以上三个方面的"大课程"才能落实课程思政，才有可能解决当前教师教育课程中存在的片面培养"教书匠"的问题，才有可能培养师范生职业素养的"大情怀"，新时代教师才有可能更多地成为"大先生"。

"大情怀"是指成为树立学为人师、行为世范的职业理想，坚守爱国守法、规范从教的职业操守，具有传道情怀、授业底蕴、解惑能力，把对家国的爱、对教育的爱、对学生的爱融为一体，自觉以德立身、以德立学、以德施教，坚定不移走中国特色社会主义教育发展道路，有理想信念、有道德情操、有扎实学识、有仁爱之心的"四有"好老师。

"大先生"是心怀国之大者。国之大者的具体内容，是作为"大先生"必须承担的历史使命。2020年，中央教育工作领导小组印发《关于深入学习宣传贯彻党的教育方针的通知》，明确提出坚持教育为人民服务、为中国共产党治国理政服务、为巩固和发展中国特色社会主义制度服务、为改

革开放和社会主义现代化建设服务。大量历史，包括教师历史地位的演变，也充分说明教师只有把自己的职业和国家的利益结合在一起，才能够获得"大先生"这样一种地位。因此，"大先生"的心怀国之大者，就是要培养学生忠诚于自己的国家，认同中华民族的文化，承担起国家与社会的责任，成为德智体美劳全面发展的社会主义的建设者和接班人。这种"国之大者"在教育中就是思想政治教育，思想政治教育是教育最根本的任务，是教育的核心，也是所有高校教师教育的灵魂与枢纽。

三、高校教师教育"大课程"的融合路径

从课程思政的方式看，课程思政不是"课程＋思政"，也不是课程"思政化"或者"去知识化"，而是对包括思政课在内的所有课程发挥育人功能。对课程来说，教师教育的每一类课程、每一类课程中的每一门课程、每一门课程的每一个章节、每一个章节的每一个课点（知识点、技能点、态度点）都要挖掘类课程的思政元素，实施课程思政，体现包含知识传授、能力培养、价值引领的综合育人功能。

（一）"大课程"的一级融合：各门课程与思政元素的融合

作为高等师范院校为培养合格的未来教师而开设的具有师范性特点的公共必修课程，教师教育类课程始终坚持落实立德树人根本任务，充分考虑师范生的知识结构、理论水平和应用能力要求，从诚信品质、职业道德、责任意识、敬业精神、社会服务等方面，全面推进课程思政建设，对学生进行中国特色社会主义和中国梦教育、社会主义核心价值观教育、法治教育、劳动教育、心理健康教育、中华优秀传统文化教育。此外，作为教师教育类课程，其思政内容不仅仅体现在理想信念等价值观教育内容上，课程团队应及时学习并将习近平关于教育思想的重要论述、全国教育大会精神、党和政府最近几年来关于教育的重要文件的精神及时融入课程

内容，做到积极学、系统融、生动现，把原理解透，把政策释好，把元素用足。

各门课程（门课程）的课程目标支撑课程体系（类课程）的专业毕业要求。每位教师须明确自己的每门课程对毕业要求的支撑点、支撑强度。面向实际教师职业的教学工作过程，对这门课程的课程结构和传统教材按照课程思政的要求进行思政改造，实现把课程思政融入培养目标、教学方案、学历方案、教学过程、实践教学、学生自主学习过程。对传统教材，把学科逻辑的章节结构的教材，按照课程思政的要求、应用逻辑与实际工作过程，重构为若干个案例、活动、项目或任务，使教学内容与教师职业技能紧密结合，同时体现课程内容与行业技能发展要求、课程思政要求基本保持同步。教师不再是教材的搬运工，课堂上不再照本宣科，而是按照实际教师职业的教学工作过程对课程内容与结构的再造，这是应用型人才培养所需要的。

每门课程组成组群，共同承担着培养未来教师的重任。教师教育类课程种类较多，课程性质和内容范围均有不同，能够结合具体课程进行的课程思政内容往往具有很大差异。如《教师职业道德》，可能更容易融入师德、师风、师爱的内容，而《中外教育史》则更容易为师范生呈现古今中外教育家献身教育、海人不倦的教育实践与精神，涵养师范生的教育情怀。为此，教师教育类课程的执教教师，必须认识与把握自身执教课程的特点，结合具体的课程，利用其中独特的课程资源，发挥课程的育人作用。具体融合路径包括：

一是依据教师教育类学科和师范专业挖掘思政元素。课程是专业的组成要素，课程育人作用的发挥要以专业建设为依托，并需要学科建设的强力支撑。高校教师教育的课程教师要结合教育学科与师范专业的形成背景、发展历程、现实状况和未来趋势，特别是所涉及的重大教育理论的产生过程或发展成果，教育家或教育模范人物事迹，教育学科专业原理、观点以及与之相关的生活实践、教师教学实践等，挖掘其中所蕴含的使命感、责任感、爱国精神、奋斗精神、开拓创新精神等思想政治教育元素，内化为师范学生的精神追求、外化为师范学生的自觉行动，自觉以德立身、以德立学、以德施教。

二是思政元素融入教学方案是关键。教学方案是教学实施的方案设计，是教师实施教学大纲的主要依据和路线图。教师把所挖掘的思想政治教育元素融入教学方案，既是对融入的内容、时点、方式、方法等根据学科知识特点、教书育人规律等进行的科学合理设计，也是对课程内容的重新梳理和再造，以确保知识教育要求与思想政治教育要求的统一，这是高校教师教育的课程教师开展课程思政的关键性准备工作。

三是思政元素融入课堂教学是重点。所有课程都有育人功能，所有课堂都是育人的主渠道。把所挖掘的思想政治教育元素融入课堂教学，是教师开展课程思政的重点，具有很强的实践性和艺术性，需要选择合适的、多元的教学方法作为辅助。教师教育可采用案例教学法、问题教学法、启发式教学法、探究式教学法、讨论式教学法、情境模拟教学法、比较教学法、项目教学法等，通过创设问题情境、价值判断情境等培养师范学生分析问题、解决问题的能力，让师范学生在解决问题的过程中，认识问题和知识背后所蕴含的理论思维、方法论和价值判断，激发师范学生的思想碰撞和情感体验，实现对师范学生传道情怀、授业底蕴、解惑能力，把对家国的爱、对教育的爱、对学生的爱融为一体的价值引领。

四是思政元素融入实践教学是重要方面。加强实践育人，对于不断增强学生服务国家、服务人民的社会责任感、勇于探索的创新精神、善于解决问题的实践能力，具有不可替代的重要作用。把所挖掘的思想政治教育元素融入教师教育的实践教学，就是要将育人目标——培养具有教育大情怀的未来合格教师，统筹到实践教学目标中去，坚持把育人要求融入实践教学工作全过程，加强对实践教学方法的改革，重点推行基于问题、基于项目、基于案例的教学方法和学习方法，在解决问题、实施项目的过程中，增强师范生作为未来教师的责任意识和创新意识，培养其热爱教师行业、艰苦奋斗、吃苦耐劳的师德师风等。例如，美术专业可以举办"溯源红色"创作活动，组织美术专业的学生到孝感附近乡村的森林公园，手绘孝感乡村的发展变化，通过艺术品创作浸润学生的孝感情、爱国心。

五是思政元素融入学生自主学习是重要拓展。教师指导学生进行自主学习时，要着力提升学生的思考能力、价值分析和价值判断能力，让师范学生在自主性学习中体悟做人做事的基本道理，引导师范生培养教师职业理想与职业操守，坚守社会主义核心价值观，坚定实现民族复兴的伟大梦想，担负起实现民族复兴的未来教师的使命和责任。

（二）"大课程"的二级融合：每个章节与思政元素的融合

每个章节的教学目标支撑并体现门课的课程目标。一是门课的教学目标或思政目标从何而来？来自教师教育专业的毕业要求。二是门课的教学内容，要根据学情、社情，用专题、案例、项目等形式，进行重塑、设计、融合。如行业的真实案例、产学研项目、知识的逻辑章节等。体现职业活动导向、工作过程导向。例如：章节一、章节二……难点是章节之间的逻辑关系，如平行、递进或包含的关系等。不同的老师对同一门课程的章节的重塑、设计是不相同的，主要体现在章节的时空观上的不同：数量（广度问题）、质量（深度问题）、序量（先后问题）。不同的逻辑关系，就实现了同课异构的可能。三是支撑章节需要哪些课点？课点是课程教学的基本单元，将每个章节解构为若干个具有相对独立内容的课点。以课点为基本单位，组成每一章节。无论是按章节还是按活动、专题、项目、案例的课程都可以分解为课点。课点的数量组成章节或活动或案例（数量），课点的质量、序量达成门课的教学目标。把态度点融入知识点、技能点之中，挖掘知识点、技能点背后蕴含的思政元素，如人文精神、科学精神、奉献精神等，实现如盐入水、润物无声的课程思政效果。（非思政课）态度目标随着知识点、技能点这两个显性目标走心入脑，使学生在做事的过程中学会做人，实现立德树人。

譬如，在教育原理的其中一个章节中，帮助学生理解"经济为教育发展提供物质基础"这一原理时，我们既可以纵向呈现中国近百年不同历史节点初等教育的入学情况，让师范生感受中国百年不同阶段的经济发展为教育提供不同水平的条件支持，同时引导他们深刻体会中国百年来巨大的教育变化，油然而生一种爱国之情；也可以将目前我国东西部不同地区初等教育的入学率、学校的硬件设施等同时呈现在学生面前，引导师范生在横向对比中理解教育原理，了解我国教育发展不均衡的现状，激发学生的使命感与责任感。可见，即便教育原理相同，但融入何种思政元素并无一定之规，教师可根据自己独特的认知与理解，将丰富的思政元素融入课程，从不同的角度实现课程思政的育人目标。

章节思政元素的挖掘路径如下：

一是结合学生未来从事工作的职业素养要求进行挖掘。职业素养是职业内在的规范和要求，是从业者在职业过程中表现出来的综合品质，包含职业道德、职业技能、职业行为、职业作风和职业意识等。良好的职业素养是每一位大学生在未来职场上取得成功的必备条件。对于学生职业素养的培养是高校人才培养的重要内容。高校教师教育专业要结合师范专业的特点以及师范生未来所从事教师工作的职业要求，重点培养师范生的职业理想和职业操守，特别是重点培育师范生对教师行业的大情怀，从教师职业素养养成的角度，有针对性地挖掘课程所蕴含的育人元素，增强课程育人的针对性和实效性，提升师范生职业发展能力。

二是结合中国特色社会主义的伟大实践进行挖掘。中国特色社会主义是改革开放以来党的全部理论和实践的主题。新中国成立70多年，特别是改革开放40多年来，中国特色社会主义的伟大实践所取得的举世瞩目的伟大成就，是对师范生进行"四个自信""两个维护"、爱国主义等教育的生动教材。教师要根据教学需要，选取改革发展稳定、内政外交国防、治党治国治军各方面取得的巨大成就，以及中国特色社会主义在本地区的实践成果进行案例教学，分析阐释蕴含其中的理论逻辑、历史逻辑和实践逻辑，激发师范生爱党、爱国、爱社会主义的情怀，增强课堂的育人效果。要特别关注中国特色社会主义取得伟大成就背后的文化优势，积极传播和弘扬中华优秀传统文化、革命文化和社会主义先进文化。

三是结合国际国内时事进行挖掘。新时代的师范生具有积极的政治参与和社会参与的热情，对国际国内时事、社会热点问题、重大事件等都特别关注，而且具有一定的独立思考能力。教师要把挖掘课程所蕴含的思想政治教育元素和所承载的思想政治教育功能放在国际国内两个大局和两种资源的背景中，挖掘有利于培养和训练师范生科学思维方法与思维能力的内容进行教学，教会师范生用正确的立场、观点和方法认识并分析问题，让师范生更深刻地认识世界、理解中国，增强民族自信心和社会责任感，例如中美贸易战、新中国成立 70 周年、抗击新冠疫情等。

（三）"大课程"的三级融合：课点与思政元素的融合

课点支撑章节的教学目标达成。课点分解为知识点、技能点、态度点，以及这三要素的有机组合（不必每个课点都三者俱全），同时，提出对应的适合本课点教学目标和教学内容的教法、学法和学习产出点、测量点的设计。每门课程的课程点（课点）支撑并体现章节的教学目标。不同的课程其三元素不同，其教法、学法也可以是不同的，即使同一门课程的不同课点，其三要素及其教法、学法也可以是不同的。同课异构才有可能。把态度点融入知识点、技能点中，即挖掘知识点、技能点背后蕴含的人文精神中的动人故事，实现如盐入水的课程思政效果。以教师为中心的教案：教学目标、教学内容（知识技能态度）、教法、学法、学习产出任务及测量标准。以学生为中心的学案：确定期望的学习效果（知识目标、技能目标、态度目标）、确定期望的证据（能观察、测量的学生学会了的学习任务）、学生如何学、教师如何教、确定教学目标的陈述。基于课点的目标—方法—评价的一体化课程设计。从实现情况看，要求做到教案与学案两者的结合。

教师教育类课程的授课内容注重关注学术前沿，吸纳最新成果，开阔学生视野，关注教育实践中所提出的新问题、新要求。课点不能只停留在讲解教师教育类的专业知识点，需要从"还原性"与"真实性"这两个方面深化，以实现课程点思政：

一方面，将教育教师专业知识点还原到教育学科知识产生的历史背景中去，从教育学科发展史的角度来看待知识点的生产价值与社会功能（还原性）。态度点在课程思政中属于隐性教学目标，讲好知识点、技能点背后的动人故事。如何讲好动人故事或挖掘思政元素？例如，在知识点、技能点的形成上，可以讲发明人或发现人的事迹史，以及教育科学原理的发明史；在知识点、技能点的应用上，可以讲教育科学在日常生活中的应用、在教师教育专业领域中的应用、在社会领域中的应用；在知识点、技能点的创新上，可以讲教师教育当前发展的程度，讲教师教育未来的发展趋势。三者的融合最终落实到形成学生的核心素养，如道德、情感、哲学思维、审美情趣、批判性思维。

另一方面，将专业知识点置于具体的教学情境之中，通过专业知识点对师范学生生活情境的适应与改造来看待专业知识点对生活、对环境的改造与优化作用（真实性）。应该说，每一项专业知识的产生都是那个时代的需要，但并不是所有的专业知识点都只是为满足社会发展过程中的积极需要。问题是学生如何判断哪些专业知识点的应用或专业技能的提升，是道德的或是不道德的？正是在这些判断过程中，既锻炼学生的道德判断能力，又切实培养师范学生的道德素养。学生习得教师教育专业知识点，并不只是看教师教育专业知识点在历史背景发挥过什么作用，更重要的是教师教育专业对现实生活的改善能够发挥什么样的作用，将与生活情境能结合的教师教育专业知识点，融入具体的生活情境之中，看如何适应并改造生活情境。同时，涉及教师教育知识点改造生活情境的成本由谁承担，被专业知识点改造后的生活情境谁更受益，专业知识点对生活情境的改造是否有利于增进社会福祉等问题，师范学生对问题的考虑与判断，体现其道德判断能力和道德引领能力，培养学生的道德判断能力和道德引领能力。

通过以上两个方面的课程教学过程，从而实现知识点、技能点、态度点的适当融合，提升课程点对师范学生的育人水平与层次，有利于教师教育立德树人根本任务的实现。

参考文献

［1］习近平在学校思想政治理论课教师座谈会上的讲话［N］.https：//baijiahao. baidu. com/s?id=1768637619958287650&wfr=spider&for=pc，2019－03－18.

［2］中华人民共和国教育部. 教育部关于印发《高等学校课程思政建设指导纲要》的通知［EB/OL］. http：//www. moe. gov. cn/srcsite/A08/s7056/202006/t20200603_462437. html?eqid=97bb09e300111a29000000056426eb6f，2020－06－01.

［3］谢维和. 教师要做社会的尊者 心怀国之大者 立德树人的能者［N］. 光明日报，2021－09－14（15）.

［4］周彬. 指向立德树人的教学论建构［J］. 湖南师范大学学报，2019，18（03）.

［5］刘春媛.FT课程开发之矩阵图法［R］.齐齐哈尔工程学院，学术报告，2023－08－09.

基于 OBE 理念的《幼儿园教育活动设计》课程思政建设[*]

刘翠霞^{**}

OBE 是 Outcome Based Education 的简称，也称为成果导向教育理念，是强调以学生为本、以成果为目标导向的理念，是目前师范专业三大认证理念，即学生中心（Student – Centered，SC）、产出导向（Outcome-based Education，OBE）、持续改进（Continuous Quality Improvement）的其中之一。师范类专业认证是贯彻落实习近平新时代中国特色社会主义思想和党的二十大精神，深化新时代教师教育改革、全面保障和提高师范类专业人才培养质量、推进师范类专业内涵式发展的重要举措。因此，本文以《幼儿园教育活动设计》课程（以下简称"本课程"）为例，将 OBE 理念（培养的结果）与课程思政（培养的方向）结合起来进行论述。

一、《幼儿园教育活动设计》课程的课程目标

OBE 的目标是学生通过教育过程最后所取得的学习成果（learning outcomes），需要回答第一个问题：我们想让学生取得的学习成果是什么？因此，在教学目标制定方面采取了横向三个维度、纵向四个水平，三个维度分别是认知目标、能力目标、情思政育人目标，如表 1 所示；四个水平是

　＊　基金项目：湖北省教育厅哲学社会科学研究项目（项目编号 21Q246）；大学生创新创业训练计划项目（项目编号 DC2023012）；湖北工程学院"课程思政"示范项目（项目编号 2020S12）。
　＊＊　作者简介：刘翠霞，女，硕士，湖北工程学院讲师。

指知、情、意、行，以能力目标为例阐述四种不同层次的达成指南，为学生发展提供了差异化的课程目标水平，如图1所示。

表1　　　　　　　　　　课程目标横向三维度

维度	内容
认知目标	系统地掌握幼儿园教育活动目标中的总目标和年龄阶段目标，形成正确的教学技能观、教学观和学习观，是从传统幼儿教师知识单向传递转变为师幼共同建构知识的过程，形成科学的幼儿教师职业理想和职业认同感，具备适应新时代幼儿教育高质量发展的核心素养
能力目标	具备幼儿园教育活动设计——写的技能、说课设计——说的技能、幼儿园教育活动实施——导的技能、幼儿园教育活动听课设计——听的技能、幼儿园教育活动评价——评的技能，在准确分析幼儿经验和学习需要等基础上形成上述五种教学和教研能力
思政育人目标	在幼儿园教育活动实践中提升自我的问题意识、反思意识，逐渐形成幼儿园教育活动反思能力、合作学习的品质和教研、科研能力

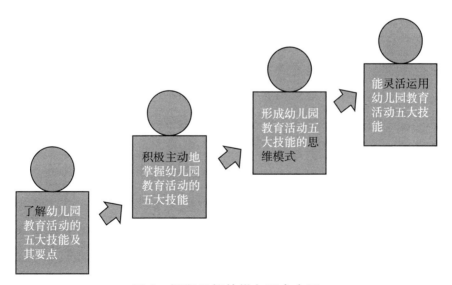

图1　课程目标的纵向四个水平

二、《幼儿园教育活动设计》课程的学情分析

OBE 理念强调以学生为本，尊重学生学习的主动性。因此，本课程的学生情况分析是实现课程目标的重要步骤之一，主要从学生学习本课程的痛点和痒点分析，痛点是指学生在学习本课程过程中表现出的困难和问题，痒点是指本课程对学生的作用或兴趣点。本课程授课对象是学前教育专业专升本大一的学生和学前教育四年制本科大二的学生，两个群体具有差异化的学习本课程经验，例如专升本学生在专科期间学习过本课程（部分学生虽未学习过本课程，但已经系统地学习过五大领域教法课程），但四年制本科班学生第一次接触本课程，因此两个群体在学习本课程过程中表现出的痛点和痒点完全不同。具体情况如表 2 所示。

表 2　　　　　　　　　　　学生的痛点和痒点

学生群体	痛点	痒点
二年制专升本学生	知其然不知其所以然，例如：活动组织能力优于活动设计能力，重表演、轻思考，学生的专业知识基础薄弱	需要重新建构本课程知识体系
四年制本科生学生	写、说、授等技能学习理论上都会，实践操作较弱，纸上谈兵	通过幼儿教师资格证书笔试和面试

三、《幼儿园教育活动设计》课程的教学设计思路

为实现 OBE 理念，需要回答第二个问题：教育者如何有效地帮助学生取得这些学习成果？为了回答好这个问题，本课程做了两方面的调整。一是整合学习内容；二是优化教学组织形式。

（一）整合学习内容

本课程整体学习内容表现在两个方面，一方面是打破《幼儿园教育活动设计》课程传统学习内容组织形式，既不与五大领域教法课程内容重复，又指导学生今后学习五大领域教法课程，本课程学习内容有六个单元，分别是：幼儿园教育活动概述、幼儿园教育活动设计——写的技能、幼儿园教育活动之说课——说的技能、幼儿园教育活动实施——授的技能、幼儿园教育活动之听课——听的技能、幼儿园教育活动评价——评的技能。另一方面在课程内容重组的基础上，把知识点分为三个板块，分别是通识板块、基础板块、提升板块，通识板块内容简单易懂，作为学生课前线上自主学习的内容，这样既帮助教师了解学生对本章内容中显性知识的了解程度，又使学生有预习的方向和目标；基础板块内容主要是指本单元重点知识，需要课上教师系统地讲述和学生积极参与互动来完成；提升板块内容将针对不同发展水平的学生提供差异化的学习内容，学生可以通过个人或小组合作探讨来完成。每单元三个板块具体内容如表3所示。

表3　　　　　　　　　每个单元知识板块分布

单元	通识板块	基础板块	提升板块
第一单元	幼儿园教育活动概述等	幼儿园教育活动特点、幼儿园教育活动分类等	幼儿园教育活动与幼儿园课程的异同点
第二单元	幼儿园教育活动设计的概念、幼儿园教育活动设计的原则、幼儿园教育活动设计的意义、我国幼儿园教育目标体系、幼儿园教育活动内容的概念、种类等	幼儿园教育活动目标确定的依据、价值取向、维度以及注意事项；幼儿园教育活动内容的价值取向、选择来源以及注意事项	幼儿园教育活动方案撰写（具体教育活动方案撰写要求、主题教育活动方案撰写要求、区角活动方案撰写要求）

单元	通识板块	基础板块	提升板块
第三单元	说课的概念、说课的类型、说课的意义、说课评价的概念、说课评价的意义、说课评价的原则等	说课设计（说课的格式、说课——"写"的策略、说课——"说"的策略）；说课评价的维度	说课稿的撰写和模拟说课
第四单元	幼儿园教育活动实施的概念、幼儿园教育活动实施的功能、幼儿园教育活动实施的原则和技能等	导入技能、过渡技能、结束技能（概念、作用、类型、注意事项）；表达技能（讲解技能、演示技能、提问技能、回应技能、体态语言）、使用多媒体技术技能、师幼互动技能（概念、特点、作用、类型、问题、策略）等	幼儿园教学活动模拟演练
第五单元	幼儿园教育活动观摩即听课，包括了听课的概念、听课的意义、听课的特点、听课的基本类型等	幼儿园教育活动观摩即听课，包括了听课的基本要求、听课的方法、听课内容等	与幼儿园教育活动设计、实施相结合
第六单元	幼儿园教育活动评价即评课，包括了评课的概念、评课的特点、评课的原则、评课的价值取向、评课的类型、评课的意义等	幼儿园教育活动评价即评课，包括了具体教育活动评价、主题教育活动评价以及区角活动评价等	与幼儿园教育活动设计、实施、观摩（听课）相结合

（二）优化教学组织形式

本课程在教学组织形式上采取了大班集中授课、小组探讨合作、个别作业。大班集中授课的内容是课程的基础内容，通过理论课时来完成，不同于传统的班级授课制的灌输式教学，在集中授课过程中不是以教师为主导的教学活动，也不是以学生为主体的学习活动，而是师生共同体的活动，这既保证了学生学习内容的完整性、系统性和科学性，又能调动学生学习的积极性和主动性。小组探讨合作的主要内容是课程的提升板块，通过实践课时来进行，以小组形式提交幼儿园教育活动教案、说课稿和说课视频、幼儿园教学活动模拟演练、听课记录表，以及评价的内容等。个别作业主要是课前线上预习以及课后的查漏补缺，个别作业不做统一要求和"一刀切"式评价。

四、《幼儿园教育活动设计》课程的课程思政总体设计

课程思政的设计把握了本课程育人的方向，即为谁培养人以及如何培养社会主义幼教事业的建设者和接班人。因此课程思政与本课程的融合主要体现在两个方面。在宏观方面表现为课程本质上立德树人、课程理念上协同育人、课程结构上立体多元；在微观方面课程思政融入在课程内容的三大板块之中，例如方针政策、辩证思维、价值取向、文化自信、家国情怀等思政元素；在课程思政融入的方式方面既有显性的专题直接融入，也有隐性的思政元素渗透式融入；宏观与微观、显性教育与隐性教育相结合，使课程思政育人效果润物细无声、思政育人目标达到最佳效果，具体思政元素和融入方式见表4。

表4　　**本课程课程思政总体设计**

教学进度	课程思政切入点	融入方式和教学方法	思政育人目标
第一单元 幼儿园教育活动特点	【方针政策】 以教育部发布《关于规范幼儿园保育教育工作防止和纠正"小学化"现象的通知》文件为切入点	隐性渗透式/案例分析法、讲授法；理论讲授国家方针政策导入	培养学生勤思好学，具有大局观意识
第一单元 幼儿园教育活动分类	【方针政策】【辩证思维】 以《幼儿园教育指导纲要（试行）》中的五大领域分类引出主题	隐性渗透式/问题讨论法、讲授法，以问题为导向，引导学生主动思考	创造条件促进学生科学的思维发展，即包括学生思维的灵活性，批判性等
第二单元 幼儿园教育活动目标的撰写	【方针政策】【价值取向】 以《幼儿园工作规程》中的保教目标进行分析	隐性渗透式/问题讨论法、讲授法；小组分工讨论，使学生自我形成认知结构的重组	培养学生实事求是分析问题的能力，坚持正确的价值取向和科学的儿童观
第二单元 幼儿园教育活动内容的选择和组织	【文化自信】【家国情怀】【身心健康】 以安吉游戏中的中国农村元素和蒙氏教育中国化的表现，幼儿园国学教育进行分析	隐性渗透式/参观讨论法、讲授法，观看三段视频——安吉游戏，对比传统蒙氏教具和现在的教具，幼儿园开展国学教育	培养学生的文化自信，善于把中华民族传统的优秀文化或具有地方特色的文化引入幼儿园教育内容的选择和组织中

续表

教学进度	课程思政切入点	融入方式和教学方法	思政育人目标
第二单元 撰写幼儿园教育活动方案	【辩证思维】【科学精神】对比幼儿园具体教育活动方案、主题教育活动方案、区角活动方案的异同点	隐性渗透式 练习法、自主学习法；根据写幼儿园教育活动方案撰写要求，自主撰写幼儿园具体教育活动方案、主题教育活动方案以及区角教育活动方案	培养学生用发展的眼光解决问题，以不变应万变
第三单元 幼儿园教育活动之说课设计和说课评价	【逻辑思辨】【方针政策】比较说课说课与幼儿园教育活动方案的格式	隐性渗透式/讲授法；观看优秀的说课视频案例	培养学生在熟知幼儿教育政策法规的前提下，能对幼儿园教育活动知其然还要知其所以然
第三单元 说课演练	【合作意识】【职业伦理】论幼儿园教师说课的内外要求	专题嵌入式/练习法、讨论法；分组合作，学生代表进行说课演练，其余小组进行点评	培养学生通过团队合作进行成果展示，并遵守幼儿教师职业伦理道德
第四单元 幼儿园教育活动实施——导入、过渡、结束技能	【创新意识】【时代精神】【职业素养】聆听"在小小的花园里，挖呀挖呀挖"	隐性渗透式/讲授法；创编手指儿歌或手指操	培养学生创新的核心素养和意识，能根据时代变化因势利导，具有较高的职业素养
第四单元 幼儿园教育活动实施——表达、使用多媒体技能和师幼互动技能	【时代精神】【职业伦理】【人文关怀】观看幼儿虐童视频	理论联系实际/讲授法、案例分析法；观看视频并进行讨论、分享感悟	作为新生代幼儿教师要具备与时俱进的学习精神，同时要遵纪守法和恪守教师职业道德，培养学生与幼儿互动要具有人文关怀意识与教养的能力

续表

教学进度	课程思政切入点	融入方式和教学方法	思政育人目标
第四单元 幼儿园教学活动模拟演练	【合作意识】【职业伦理】 邀请幼儿园教师进行现场教学示范	专题嵌入式/练习法； 分组合作，学生代表进行授课演练	培养学生通过团队合作进行成果展示，并遵守幼儿教师职业伦理道德
第五单元 幼儿园教育活动之听课设计	【职业素养】 观看全国育人楷模应彩云的《爱的抱抱》	隐性渗透式/讲授法、讨论法； 学生分享听课的技巧和心得，或者困惑	培养学生乐学会学，对幼儿，对幼儿教育，对自身具有反思能力和钻研精神
第六单元 幼儿园教育活动评价——评课设计	【职业伦理】【辩证思维】 对比具体教育活动、主题教育活动、区角教育活动评价的维度	专题嵌入式/练习法、讨论法； 针对同伴的授课进行评价	培养学生为人师表，团结同伴的职业伦理，能用一分为二的眼光评价幼儿教育活动

五、《幼儿园教育活动设计》课程的预期教学效果

为实现 OBE 理念，需要回答第三个问题：如何知道学生已经取得了这些学习成果？同时也是回答课程思政融入的预期教学效果，主要表现在三个目标，分别是短期目标：渡过期末考试的"劫"；中期目标：取得幼儿教师资格证；长期目标："长大后我就成了你"。三个目标层层递进、环环相扣，实现短期目标表明学生已经系统地掌握本课程知识和技能，完成中期目标是学生毕业后成为一名幼教工作者的充分必要条件，长期目标的实现则要求学生具有扎实的专业基础、深厚的爱幼情怀以及健康的心理素养。因此本课程的预期教学效果是立足短期目标、把握中期目标、放眼长期目标。

六、《幼儿园教育活动设计》课程的教学反思

本课程的教学反思主要有两个方面：一是通过分析学情和整合课程内容，以及以学生学习成果为导向调整考情，使课情、学情、考情之间形成紧密的关系，三者相互影响和制约；课程设计无论是课程内容还是教学方式都融入了课程思政，学情分析也尊重了学生学习主体地位和身心发展规律，注重学生价值观和家国以及教育情怀的引导，但在本课程考情方面与课程思政结合有待完善，例如国家关于师范生中小学教师资格证认定的政策，在一定程度上牵动了本课程考情的变化，今后本课程需要进一步思考考情与课程思政的融合，如图 2 所示。二是本课程如何处理好 OBE 理念与课程思政的关系，即人才培养结果和人才培养方向两者之间的关系，两者是不相矛盾的，不是此消彼长的关系，OBE 理念强调人才培养的成果导向，但也突出了学生的学习主体地位和尊重学生，课程思政的根本目的也是立德树人；如果一味追求学生培养结果，忽略学生培养方向，这与国家

办教育的目的相违背，是不符合事物发展客观规律的，因此本课程在设计和实施方面应灵活地处理好两者关系，不能完全五五分，而应是你中有我、我中有你。

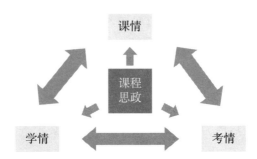

图 2　课情、学情、考情和课程思政四者之间的关系

参考文献

［1］刘爽英.OBE 教育理念与课程思政理念融合的应用型电子商务人才培养策略研究［J］.吉林工程技术师范学院学报.2023，39（06）.

［2］黄梦鸽.基于 OBE 理念的教育学专业课程规划研究［J］.黑龙江科学.2022，13（11）.

［3］梁山.基于教学质量国家标准与 OBE 理念构建应用型本科学前教育专业培养模式探索［J］.教育教学论坛，2020（34）.

［4］单振生."国考"背景下教育学课程教学内容优化策略——基于 OBE 教育理念［J］.池州学院学报.2020，34（02）.

［5］周艳玲.《幼儿园教育活动设计与指导》课程思政的教学设计与实践［J］.成才，2023（03）.

［6］刘翠萍."幼儿园教育活动设计"课程思政教学设计探究［J］.现代职业教育，2022（05）.

建筑设计理论课课程思政教学改革探究

——以《园林建筑设计原理》课程为例*

韩　璐**

为适应新时代人才培养的需要，课程思政融入课堂成为现阶段高校立德树人的重要实践，当前建筑设计类理论课程文化属性突出、实践操作性较强，但在课程设计中课程思政元素植入的方法及实践的过程仍有很多的不足。本文从课堂实践出发，具体探究课程思政融入设计理论课程的方法和策略，为落实课程思政融入课堂提供有力的参考依据。

一、建筑设计理论课课程思政融入的意义

1. 优化理论教学内容

设计理论课是所有设计实践的基础，是完善专业体系、深挖专业深度的蓝图。在教学中理论基础决定上层建筑，理论知识的广度和深度能直接影响学生的思维方式和思想动态，因此课程思政体系的建设对建立学生思想意识有着非常重要的作用。根据《高等学校课程思政建设指导纲要》，高校课程要学习和弘扬优秀传统文化，引领学生自觉传承中华美育精神，提升大学生的人文素养，增强文化自信。[1] 在这一思政背景下，建筑设计

＊ 基金项目：本文为"湖北工程学院教学研究项目"《课程思政元素在建筑类设计课程中的挖掘与实践》（立项编号：202254）阶段性成果。

＊＊ 作者介绍：韩璐，女，华中科技大学硕士，湖北工程学院建筑学院讲师，研究方向：建筑设计。

类专业要充分利用课程优势自查深挖，发掘专业课程与思政元素的联系，其中《园林建筑设计原理》课程是建筑与园林融合的典范，该课程梳理了建筑、风景、园林与园林建筑的关系，介绍了园林建造手法、园林建筑设计原则等内容。从文化角度出发，园林建筑设计蕴含了丰富的中国元素，最早的园林建筑历史可追溯到商周时代的范囿，园林的发展其实就是人与居住环境共生的成长史，在这段历史长河里我们研究的不仅是建筑和植物，更重要的是研究中国历史和中国传统文化。在学科教学中，课程强调的是自然科学、工程技术与人文艺术的融合和应用，核心在于协调人与环境的关系。思政元素的植入能帮我们更全面系统的理解中国文化与历史，升华理论学习内容，同时在专业知识学习的过程中培养学生人文素养、专业素养和文化素养，夯实专业基础、拓展专业广度，帮助学生构成扎实的业务能力及深远的思想高度。

2. 加强理论与时代的联系

《园林建筑设计原理》课程内容以理论为纲、实践应用为本，用理论联系实际的方式，在课程设计中适时加入社会热点、历史典故、专业案例、项目实例等内容，引导学生从专业角度思考社会问题，落实由理论知识到实践项目的转换。课程思政打破传统单向教学模式，以专业知识为核心、思政要点为纽带，将课堂还给学生，挖掘学生自主学习和主动思考的能力，为培养全面发展的应用型人才助力。思政要点可以分别从时事热点出发，从可持续发展战略出发，从人性需求出发，讨论时代需求与理论知识的联系，鼓励学生关心社会民生、体察社会动态、捕捉社会问题，把设计思维运用于实践项目中，通过社会调查研究、科研立项、学科竞赛、社会服务等方式贡献学科力量。设计是具有时效性的，设计的核心是为人民服务，设计的方向是以政治为导向，思政入课堂能把时代信息和策略融入现代设计中，为未来建筑类设计项目指明方向。

3. 培养学生品质心性

2016 年习近平总书记在全国高校思想政治工作会议上明确强调，"要坚持把立德树人作为中心环节，把思想政治工作贯穿教育教学全过程"[2]。习近平总书记的重要论述强调了培养学生品质心性的重要性，把"树人"放在了教育的核心位置。借鉴艾根的深度学习理论，在教学与学习过程中，将深藏于知识表层的符号和内在结构之下的道德与价值意义，与学习者的个人经验及生命体验建立深层关联，挖掘知识所凝结的思想要素与德性涵养，通过转化促进学习者个体的精神塑造。[3]因此在教学过程中我们要坚持以学生发展为中心、教育目标为导向，持续改进教学内容，洞察专业实践和学科发展所蕴含的思政价值与意义，注重学生品质心性的养成。在课堂教学设计中做到"专业突出、思政同步"，充分挖掘课程教学内容和教学方式中蕴含的思想政治教育元素，将对学生思想意识的培养和塑造贯穿教学的全方面和全过程。[4][5]

二、课程思政整体设计思路及策略

1. 深挖课程思政元素，优化完善教学内容

《园林建筑设计原理》是园林建筑设计课的理论基础，课程结构分为理论研究和实践应用两大部分，主要内容包括园林、园林建筑、园林建筑设计原理、园林建筑设计依据、园林建筑单体设计、园林建筑群体设计、园林建筑小品设计（见图1）。理论部分通过文学典籍、诗词绘画、影视作品等方式作为思政元素的导入形式，在观赏过程中提高学生人文素养并树立文化自信心和民族自豪感，理论案例的欣赏可以让学生了解东方艺术，提升美学素养，进而起到传承中国艺术与文化的作用。实践应用部分主要研究传统建造方式，共情传统工匠精神，培养学生严谨的做事态度，激励学生传承与创新，通过学习实践项目，培养学生社会责任感、使命感、价值感以及建立严纪守法的职业道德。因此课程思政元素主要以文化传承与创新以及建立职业道德、培养社会责任感为主线，通过思政元素输入，引导学生学会分析问题并通过专业手段解决问题，教学内容横向扩展、纵向

深挖，全面系统地扩大教学资源库，丰富教学内容、充实教学方式，让学生在教学过程中循序渐进、潜移默化地树立正确的人生观、世界观、价值观，从而构建良好的综合素养。

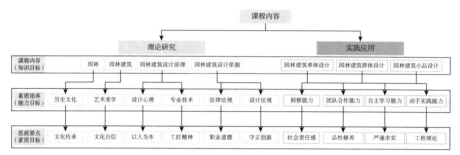

图1　课程思政体系框架

2. 课程思政培养目标"三位一体"

《园林建筑设计原理》课程内容充分地融合了艺术、文化与技术，分别从知识目标、能力目标、素质目标中培养了学生的综合能力（见图1）。

（1）知识目标：通过理论知识学习让学生了解并掌握园林建筑设计基本原理与方法，熟悉中国传统园林设计要素及设计要点，明确现代园林建筑设计过程与依据，探索传统元素现代化转译的方法与表现，让学生建立系统的理论知识体系并为园林建筑设计课程提供设计基础和依据。

（2）能力目标：通过丰富的教学环节培养学生敏锐的洞察能力；运用实践项目引导学生团队合作能力和动手实践能力；用提问互动的方式培养学生积极发现问题并能独立思考的能力；利用多层次渐进推进的课堂设计提高学生的学习兴趣从而提高学生的自驱力，经过系统学习希望能培养出素质全面的应用型人才。

（3）素质目标：利用文学、艺术故事入课堂培养学生文化素养；利用理论研究、科技创新、设计心理学等专业知识培养学生专业素养；利用可持续发展的生态观、文化发展与传承的大局观培养学生科学发展的人文素养；利用案例分析及项目实操培养学生严谨求实、自律守法的道德素养。

3. 优化课程思政融入模式，教学设计"双线共建"

习近平总书记在全国高校思想政治工作会议上明确强调，"各门课都要守好一段渠、种好责任田，使各类课程与思想政治理论课同向同行，形成协同效应"[2]。教育的意义在于引导和启发，课程内容的推进需要严谨的逻辑和自然的引导，好的引导方式不仅能提高学生的学习兴趣，也是思政融入的最佳关键点。在《园林建筑设计原理》课程设计中老师以启发式问题为导向，分别在分析讨论、实践应用、总结汇报三个环节中安排，鼓励学生自主思考、主动提问，师生在教学中共探共建思政框架。

思政元素的切入点以课程各章节的知识点为导向，通过话题导入法、问题导入法、案例导入法、讨论导入法、实践导入法等多种方法融入思政元素，以点及面地升华知识内涵。例如在第二章第二节"园林建筑特征"这一课堂中，课程设计以名著《园冶》为背景、大唐芙蓉园为案例。从《园冶》中提取"凡园圃之基，定厅堂为主，先乎取景，妙在朝南""轩楹高爽，窗户邻虚，纳千顷之汪洋，收四时之烂漫""虽有人作，宛自天开"等名句，从中分析并总结出传统园林建筑的四大特征。再从纪录片《大国建造》选段中了解大唐芙蓉园的设计方案与建造过程，通过读古研今，引导学生发掘400年前的园林建筑特征在现代园林里也有所体现。中国工程院院士孟兆祯先生曾在纪录片《大家》中说过设计园林最重要的一个原则就是"研今必习古，无古不成今"，老先生强调了习古的重要性，并提出吸收传统成就的同时还需要发展与创新，守正创新则成为现代园林传承之法则，也是我们能将中国文化传递下去的重要原则。课堂通过引用古文、视频、名人名言巧妙地将"守正创新"这一思政点融入课程体系中，触发学生思想共鸣。本课课程设计中思政元素的选择与学科内容紧密相连，设计逻辑清晰明朗，合理的教学设计让专业知识与思政观点无缝衔接，实现润物细无声的育人效果。

在教学安排中设计理论课课时较少，在现有时间内确保知识点的有效输出，这对该课课程设计提出了较大挑战。因此在教学方式上我们采用课前线上预习、课中线下引导、课后双线巩固的模式，形成线上、线下"双线共建"，从而丰富课程资源与教学方式（见图2）。线上预习主要结合课程内容需求提前选取和预播线上资源，例如针对第一章第二节基本概念这一板块，教师可以通过节选慕课视频以及观看《园林》纪录片增强学生的代入感，让学生明确知识重点、感受中国园林魅力，增强学生对传统文化的兴趣，培养学生的探索精神，从而帮助学生树立文化自信心、民族自豪感。通过课程预热给学生心里种下种子，为线下授课埋下伏笔。线下授课的方式最传统且较灵活，课上可以通过比较教学法，例如对比园林建筑与其他建筑的区别，从中总结两者的核心差异并延伸出园林建筑使用的方法与性质，通过比较引导学生发现问题、总结问题。除此以外还可以用问题教学法，通过提问引发思考，增强学生独立思考的能力。使用启发式教学法，通过课堂分析，调动学生学习的主动性和积极性。最后用案例教学法，通过案例借鉴，加强学生对知识点的理解，让学生轻松吸收思政要点。多种教学方式穿插进行，充分调动学生的学习积极性，让师生在教学模式中频繁互动。课后则通常以实践项目为核心、线上资源为辅助，引导学生自主查阅且完成课后习题或课程项目，让"双线"教学在课程设计中进行能量转换。

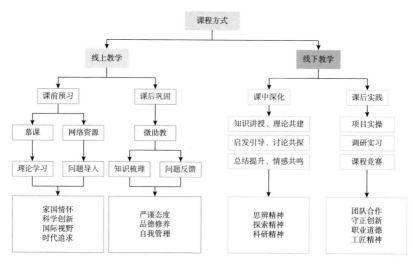

图2　课程思政教学方式框架

4. 细化课程评价体系，"四维共创"思政评价系统

专业课的评价体系是对课程教学过程及成果价值的重要判断依据，且教学评价体系也是规范教学管理、保证教学质量的重要环节。[6] 本课程重视过程性评价，强调学生在教学设计中各环节的表现，分别从专业理论、项目实操、综合素养和课程思政四个方面共创教学评价体系（见图3）。专业理论以考题形式进行评价，考题内容在知识要点的基础上延伸部分思政内容，除专业知识以外，重点考核学生对思政要点的吸收情况。项目实操重在考查学生的动手能力以及分析问题、解决问题的能力，通过实际操作评价学生对思政内容的敏感度，通过设计内容反映学生对思政内容的理解和展现。综合素养的评定主要集中在课程学习过程中，对学生学习态度、团队合作能力、创新思维能力、知识转化能力等进行综合评定，用以评促学的方式培养学生独立自强的综合素质。课程思政的评价包含所有评价环节，其综合性强、囊括范围广、评价框架更加全面。反而言之，思政教学评价的融入也提升了专业理论课评价的综合性，促进评价体系的改革与完善，激发学生的学习动力，推动课堂正能量持续发力。

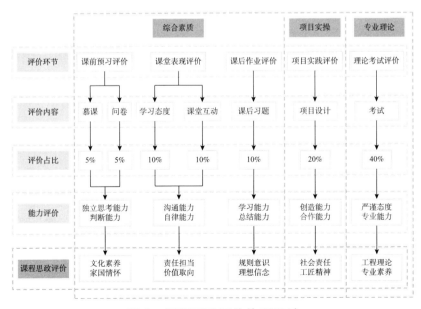

图3　课程思政评价体系设计

课程评价体系从单一的结果性评价转为集综合素养、项目实操、专业理论和课程思政共建的"四维"评价体系，强调了思政教育在教学过程中的覆盖力及影响力。建立以思政教育目标为导向的评价考核体系，授课过程中教师可以借助智慧教学模式，在网络平台上安排课前预习、课中讨论、课后练习等环节，利用大数据手段记录学生学习过程，形成日常过程化管理。考核内容从基础的客观题向多元的主观题转变，加强内容的灵活度及思维广度。实践项目的选择可以多与红色文化、传统文化、社会改革项目相关，促使学生在实践过程中提升思想认识和职业修养，同时教师可以利用课程评价体系总结教学过程中存在的问题，帮助教学改革有序推进。

三、课程思政建设的效果及反思

《园林建筑设计原理》课在课程思政改革过程中初见成效，学生上课状态、平时作业、考核评价显示，课程思政的加入大大提高了学生对课程内容的兴趣度，在教学过程中能明显感觉学生的投入度及反馈，课堂上学生能积极思考并讨论问题，平时作业完成度较高，形成优良学风。根据后续设计课程反馈，多组园林建筑设计课程作业入围国家级竞赛，在大学生创新创业项目、大学生社会实践等项目中学生都具备较强的组织能力、团队协作能力及主动思考能力，在学生的进步中深刻地反映了课程思政融入课堂的必要性，坚定了继续落实课程思政改革的决心和动力。

四、结　　语

为国家培养高质量人才是高校的职责与使命，课程思政则是将培育人才与社会未来发展相结合的重要实践。设计是为社会服务的，设计类的从业人员则更需要具备优秀的职业素养、良好的道德品行、严谨的职业操守，建筑设计类理论课程是设计的依据，正确的价值观引领对未来设计行业而言有至关重要的作用，因此设计类理论课程的课程思政建设还需持续的探索下去，在推进的过程中紧跟时代主题的脉络，充实课程思政内容，坚持以社会主义核心价值观为导向，把立德树人任务落地生根。

参考文献

［1］李兴振．课程思政背景下景观设计类课程教学策略探讨［J］．大众文艺，2021（17）．

［2］习近平在全国高校思想政治工作会议上强调：把思想政治工作贯穿教育教学全过程开创我国高等教育事业发展新局面［N］．人民日报，2016－12－09（01）．

［3］伍醒，顾建民．"课程思政"理念的历史逻辑、制度诉求与行动路向［J］．大学教育科学，2019（03）：54－60．

［4］杨涵．从"思政课程"到"课程思政"——论上海高校思想政治理论课改革的切入点［J］．扬州大学学报（高教研究版），2018，22（02）：98－104．

［5］孙朝阳．层次分析与改革实践：课程思政切入点设计的三个维度［J］．河北大学学报（哲学社会科学版），2020，45（06）：146－154．

［6］吕飞，于淼，王雨村．城乡规划专业设计类课程思政教学初探——以城市详细规划课程为例［J］．高等建筑教育，2021，30（04）：182－187．

协同育人视域下应用型大学生学习动机提升路径探究[*]

肖生浩　徐　刚　散鋆龙　马　飞^{**}

学习动机是指激发个体进行学习活动、维持已引起的学习活动，并致使行为朝向一定的学习目标的一种内在过程或内部心理状态。良好的学习动机是激发学生学习积极性、提高学习效果的有效途径和方法。[1]而当前对于应用型大学生来说，一方面存在着明显的学习动机不足、学习热情不高、学习态度较差的问题；另一方面又存在较为突出的学习基础薄弱、学习目标不明、学习方法不清晰的问题。因此，探究如何提升应用型大学生的学习动机，对于改善学习态度和学习方法、明确学习目标，进而提高学生学习效率和学习质量，显得尤为关键。

为应对新一轮科技革命和产业变革所面临的新机遇与新挑战，需培养造就一大批引领未来技术与产业发展的卓越工程科技人才，为我国产业发展和国际竞争提供智力支持和人才保障。而当前地方应用型高校正是实施这一行动的主体之一，其主旨便是注重学生实践能力，培养具有较强社会适应能力和竞争能力的高素质应用型人才。围绕新工科专业建设，教育部不仅批准了大数据、人工智能、网络空间安全等新工科专业，而且通过产

---

* 基金项目：湖北工程学院教学改革研究项目（2023048）；教育部产学合作协同育人项目（220606517105932）。

** 作者简介：肖生浩，男，博士，湖北工程学院机械工程学院副教授；徐刚，男，博士，湖北工程学院机械工程学院副教授；散鋆龙，男，博士，湖北工程学院机械工程学院讲师；马飞，男，博士，湖北工程学院机械工程学院讲师。

学协同育人计划项目，为传统工科专业建设引入新技术提供新途径，促进传统工科专业向新工科专业转化。[2]

《中国教育现代化2035》提出，必须着眼未来，推动教育变革，抓紧培养能够适应和引领未来发展的一代新人。产学协同育人作为高校与行业、企业、地方政府等用人单位或组织为了直接服务于产业和社会发展需要，以行业专门人才培养、企业员工培训、科技研发、文化传承等为共同目标指向而构建的办学方式，契合了国家与教育发展之需求，也是地方本科院校实现产教融合的最优载体。[3]本文将从教育心理学原理上分析应用型高校大学生学习动机的特征及其影响因素，并以产学协同育人为背景，探究激发和提升应用型高校大学生学习动机的主要途径和方法，以期对大学生学习效率的提高、高等教育质量的提升及社会的进步起到积极推动作用。

一、学习动机的基本结构

学习动机的两个基本成分是学习需要和学习期待，两者互相作用形成学习的动机系统。[4]

（一）学习需要与内驱力

学习需要是指个体在学习活动中感到有某种欠缺而力求获得满足的心理状态。它的主观体验形式是学习者的学习愿望或学习意向。这种愿望或意向是驱使个体进行学习的根本动力，它包括学习的兴趣、爱好和学习的信念等。内驱力也是一种需要，但是动态的需要。从学习需要对学习的作用来说，它可称为学习驱力。

美国著名教育心理学家戴维·保罗·奥苏贝尔通过对动机理论的研究发现，学校情境中的成就动机主要由认知内驱力、自我提高内驱力和附属内驱力三个方面组成，这三种内驱力即为学习需要的三个组成要素。[5]

1. 认知内驱力

认知内驱力是一种要求理解事物、掌握知识，系统地阐述并解决问题的需要。它以求知为目标，从知识的获取上得到满足。[5] 例如，古猿人对大自然中火的好奇心，促使其在对火的不断探索过程中，掌握了收集、产生、保存和使用火的方法，促进了人类文明的发展，从根本上将人与动物区分开来。牛顿对苹果落地的现象产生了好奇心，驱动他找出导致这一现象的根本原因，从而通过自由落体运动提出了万有引力定律。对于星辰大海的向往，也坚定了人类飞向太空、探索宇宙未知世界的决心，推动着数学、物理、地理、天文及航空航天等领域的飞速进步。这些都是人类原始的好奇心和探究欲派生出认知内驱力的具体体现。

2. 自我提高内驱力

自我提高内驱力是指个体由自己的学业成就而获得相应地位和威望的需要。它可以使学生把学习行为指向在当前学校学习中可能取得的成就以及在此基础上将自己的行为指向未来学术和职业方面的成就和地位。[6] 但它不直接指向知识和学习任务本身，而是把学业成就看作赢得地位和自尊的根源。古代韩信幼时家境贫寒，受尽屈辱，但也因此激励着他奋勇向前，遍访名师，学习本领，最终成为无双国士，得到了世人尊崇。近代曾国藩年轻时读书也被小偷羞辱太笨，后刻苦学习、孜孜不倦，中举人，官至两江总督、直隶总督、武英殿大学士、封一等毅勇候，获取了一生的传奇功名。现代也有不少大学本科生单纯地因想获得更高学位、想在未来获得更多就业机会而自主决定、自律学习、刻苦努力，从而考上研究生。成就的大小决定着所取得的地位的高低，同时又决定着自尊需要是否得到满足，因此它是一种间接的学习需要，属于外部动机。在学习过程中，认知内驱力即内部动机固然重要，但学生不可能始终以获取知识、掌握技能为学习目的，因此自我提高内驱力的外部动机也是必不可少的。

3. 附属内驱力

附属内驱力是指个体为了获得家长、教师等长辈的赞许，以及同伴、同学的接纳而表现出来的把学习学好的需求。它既不像认知内驱力那样直接指向学习任务本身，也不像自我提高内驱力那样以获取较高地位为目的，而是基于对长者和同伴的情感依赖性。[7] 这种动机特征一般在人的年幼阶段的学习活动中比较突出，如为了赢得大红花、奖状等名誉表彰，儿童们都会乖乖听话，努力学习，追求更好的成绩；为了能融入同伴们的活动，也会尽力学习新的事物和同伴们掌握的技能，比如文学、天文、动漫、体育运动甚至是游戏等。随着年龄的增长和独立性的增强，附属内驱力不仅在强度上有所削弱，而且在对象上也由家长、教师等长辈变成了同辈。当独立性和自我认知能力增强到一定程度，附属内驱力将会完全被认知内驱力和自我提高内驱力所取代，此时学生学习的主要目的在于追求更多的知识获取和更高的社会地位。

（二）学习期待与诱因

学习期待是个体对学习活动所要到达目标的主观估计，它与学习目标密切相关，但两者不完全相同。学习目标是学习个体通过学习活动想要达到的预期结果，而在其完成学习活动之前，这个预想结果将以理想的形式存在于学习个体的头脑中，不以实际的形式显现。[8] 诱因是指能够激起有机体的定向行为，并能满足某种需要的外部条件或刺激物。[9] 凡是使学习个体产生积极行为，即趋向或接近某一目标的刺激物都被称为积极诱因。这种诱因可以是无形的简单的事，例如长辈、领导或同伴们一句口头的赞扬、一次活动（如看电影、旅游）的许诺；可以是无形的复杂的事，比如名誉、职位或地位等；当然也可以是有形的有实质价值的事物，如金钱、物质奖励等。不少家长都以考试第一名就出去旅游或奖励玩具等诱惑条件激励孩子努力学习，绝大部分孩子的成长也都伴随着长辈不断的家长诱惑。这些能激发学生学习积极性、促进学生健康向上成长的诱惑都是积极诱因。

相反，消极的诱因则会导致负面的行为和结果，如电子游戏的奖励机制，会导致学生沉迷于游戏而使得学习退步，偶像至上、金钱至上等错误的价值观会导致学生的精神状态变得消极。消极的诱因还会导致学生离开或回避某一目标，如教师经常公布班级成绩排名，经常批评或辱骂排名靠后的学生，学习无用论的盛行，极有可能使得学习较差的学生自暴自弃，或选择其他消极的事物作为追求目标。

学习期待是静态的，而诱因是动态的，它将静态的期待转换成为目标。因此，学习期待就其作用来说就是学习的诱因。

二、应用型大学生学习动机的特点

大学生的学习动机随着社会生活条件、教育实践影响及个人经历的不同而发生变化，也会随着年龄的增长而发生改变。而应用型大学生与理论型、科研型大学生相比，因学校综合竞争力、教学模式、教学水平、培养方案、学生生源、就业形势等因素的差异，学生的学习动机的特点也有较大差别，主要在学习动机的多元性、间接性和职业性方面存在如下特点。

（一）学习动机的多元性

大学生学习动机是多种多样的，主要有以下四种类型：

（1）报答性和附属性学习动机，即主要由附属内驱力决定，如为了兑现对父母的承诺、报答父母的养育之恩、为了不辜负老师的谆谆教海，或为了获得其他同学和朋友的认可和支持等。这类学习动机在不同类型的大学生中都存在，不会出现较大差别。

（2）自我实现和自我提高的学习动机，即由自我提高内驱力和认知内驱力决定。

这类学习动机一般是为了满足荣誉感、维持自尊心、发展认知兴趣和满足求知欲等而被激发。比如获得三好学生、奖学金获得者、优秀毕业生等荣誉称号是为了满足荣誉感；因为老师的一句批评或同学的一句贬低而有针对性地努力掌握某一门课或某一个知识点，这是为了维持自尊心；为了了解更多课余知识而主动加入学习社团、学习小组，或阅读课外书籍、观看科教视频等，这是为了发展认知兴趣；当对某理论知识比较痴迷而想深究它时，利用所掌握的理论基础，进行各种方式的科学和实践研究，这是为了满足求知欲。

（3）谋求职业和保证生活的学习动机，一般由学习期待与诱因决定。

这类学习动机一般表现为了获得一个理想的职业、为了获得满意的物质生活而学习，它占据着大学生学习动机最主要的部分。进入大学阶段后，学生的年龄、心智和认知水平都已非常成熟，他们对各自的能力、生存条件以及社会发展状况都有比较清晰的认识，不少大学生在大学期间甚至是在刚入校时，就对整个大学生涯做了详细的规划，并在学习过程中不断调整方向和方法，朝着某一目标奋斗。如有的大学生因高考志愿填报不理想，未选择到自己想学的专业，他们会在第一学期就认真学习，不放过每一门课，只为了能拿到较好的期末成绩，达到转到理想专业的基本门槛。有的大学生为了能进入更好的大学学习，或为了取得更高的学历和学位，他们会努力考研考博，期待毕业后能找到更理想的工作，有更高的收入，或更多的就业选择。还有的大学生因家庭变故或经济困难等客观条件所限，不允许在求学路上走得更远，他们则会在宝贵的大学时期尽力取得更多的奖学金，学习更多的社会技能和工作技能，从而在毕业后获得满意的物质生活。

（4）事业成就和使命感的学习动机，也由学习期待与诱因决定。

有的大学生希望能在自己学习的专业上有所建树，能在行业内成为翘楚，或获得一定的知名度；有的大学生怀揣建设社会主义现代化国家、实现中华民族伟大复兴的伟大使命感、责任感和义务感，希望能对国家、社会作出贡献。如在我国近代史上，一大批有志青年怀抱着振兴中华的历史使命，在国家的强力支持下，去往遥远的美国、欧洲、苏联等国家和地区，学习先进的思想和科技，只为学成归来报效祖国。现代也有不少大学生，为了能攻破我国在科技领域面临的众多"卡脖子"关键技术，义无反顾投身到相关科研行业中去，将自己的青春和热血洒在祖国大地上。在这个过程中，他们的学习活动完全是自发的，不存在任何个人的物质诱因，只存在内心深处能让祖国变强、人民幸福的理想期待的精神诱因。

以上四种学习动机，也会表现出不同的层次和水平。在不同类型的大学生身上，后三种差异比较明显。在我国，受社会地位和知名度、经济实力、科教水平等因素的影响，理论型和科研型大学生一般更多存在于"985""211"或"双一流"等优等高校中，其生源较为优质，学生学习主观能动性较好，具有较强的认知内驱力和自我提高内驱力，有强烈的自我实现、自我提高的学习动机，有清晰的职业规划，有明确的事业成就感和历史使命感，且学校能为其将学习期待转变为学习目标进而转变为实际可见的积极诱因提供强有力的保障和支撑。

而对于应用型大学生来说，其主要分布在普通一本或二本及以下的本科或专业院校，学校社会地位和知名度不高，办学经费有限，科教水平也参差不齐。以湖北工程学院为例，在高校扩招背景下，该校学生来源主要为高考第二、三批次录取学生及专升本的高职毕业生。因录取分数相对于一流高校来说较低，学生基础稍显薄弱，自主学习能力不强，且以往学习经历带给学生的正面体验不多，造成学生不够自信，对待学习有畏难情绪。他们的认知内驱力和自我提高内驱力较弱，对未来的职业规划不够清晰。

（二）学习动机的间接性

间接的学习动机指的是对求知、探索、成就、创造和贡献等的追求而激发的学习动机，与之相对应的是直接的学习动机，包括分数、赞赏、奖励、避免受到惩罚等。为分析两者在大学生的学习动机中的分布情况，本文对湖北工程学院 805 名在校大学生进行了简单的问卷调查，其中，大一学生 177 人，大二学生 164 人，大三学生 220 人，大四学生 244 人。调查结果如表 1 所示，其中，比例为每种学习动机人数所占对应年级总人数的比例。

表 1　　　　　　　　我院大学生学习动机调查结果

年级	直接的		间接的		不明确的	
	人数	比例（%）	人数	比例（%）	人数	比例（%）
大一	44	25	55	31	78	44
大二	36	22	59	36	69	42
大三	33	15	99	45	104	40
大四	19	8	146	60	79	32

从调查结果可知，大学生直接的学习动机随着年级的升高而逐渐减弱，而间接的学习动机随着年级的升高逐渐增强，而且从比例来看，各年级具有间接学习动机的学生要多于具有直接学习动机的学生；同时可以看到，随着年级的升高，学生的学习动机会更加明确。教学过程中的实践经验也表明，低年级的学生对分数和老师的赞赏比较看重，他们仍保留着高中延续下来的高分荣誉性，对每一门课都尽力争取；而随着年级的升高，学生对分数高低的重视程度大大降低，少部分对分数在乎的学生也仅是为了能获得奖学金和三好学生等奖励，而大部分学生只求能通过考试、不挂科，但在个别课程上则特别注重真正吸取知识和掌握相关技能，或参与创造性的发明设计和探索性的科学研究。

对于应用型大学生来说，这种现象更加突出。应用型大学生学习基础较薄弱，对理论知识掌握不深，有时也缺乏较好的学习方法，但他们在动手能力和实际应用能力方面相对较强。因此，多数应用型大学生在学习过程中，对基础理论课程兴趣不高，但在实践课程上则有浓厚的兴趣，如课程实验部分、课程设计、金工实习、生产实习等，他们在发散思维、发挥大脑主观能动性上有较好的表现。很多应用型大学生在上学期间热衷于参与老师的科研项目，申报专利，参加学科竞赛，或参加获取各种职业资格证书的考试。这即是应用型大学生学习动机的间接体现。

（三）学习动机的职业性

应用型大学生的高考成绩普遍都不太高，大部分在填报高考志愿时没有明确的目标性，所选的学校一般是出于分数限制的无奈之举，或是听从父母和朋友的意见等，带有比较大的盲目性。入校后对所选专业有些浅显但错误的认识，又通过与其他高中同学所选专业进行盲目对比，导致他们对本专业缺乏信心，专业思想不牢固，甚至有不少新生因此产生换专业的想法。但随着年级的升高，学生对所学专业的了解日益加深，认识到所学专业在国家经济发展中的重要性，以及看到了相对良好的就业形势，从而逐渐增加了对本专业的信心及喜爱度。在此过程中，职业化的学习动机开始出现并逐渐巩固。

三、协同育人视域下应用型大学生学习动机提升路径

基于以上分析可知，应用型大学生学习动机的发展与理论型大学生和科研型大学生相比有较大的差异。教师应在教学过程中，重点关注他们在学习动机的多元性、间接性和职业性方面的变化动向，并结合所任教的课程，在教学内容和教学方法上进行适当改革，有的放矢地开展教学工作。

高校与企业的产学合作模式是高校应用型人才培养的有效途径，因为在产学合作中融入了企业的文化、实践和教育，所以对高校的人才培养、课程建设、校内外实践创新、师资队伍提升有着重大意义。[10]通过产学合作，学校和企业共同培养人才，创新人才培养模式机制，调整人才培养计划、优化课程设置、强化高质量就业工作，全面提升本科应用型人才培养质量。本部分以"应用型高校机械专业 CAE 仿真实践教学平台建设"的协同育人项目（简称"本协同育人项目"）为依托，探索在项目实施及课程教学过程中，提升应用型大学生学习动机的路径。

（一）教学内容有机融合，提高外部强化动机

联结主义心理学家认为，动机是由外部刺激引起的一种对行为的冲动力量，特别重视用强化来说明动机的引起与作用，并认为人的某种学习行为倾向完全取决于先前的这种学习行为与刺激因强化而建立起来的稳固联系。[11]与此相对应，联结学习理论的中心概念是刺激与反应之间的联结，而不断强化则可以使这种联结得到加强和巩固。高校中的外部强化来自教师的奖惩活动。对于应用型大学生来说，在正常教学活动中凭空增加额外的与课程无关的学习任务会导致学生产生抵触情绪，适得其反。因此，将协同育人项目内容有机融入课程内容中，在课程理论教学环节嵌入协同育人项目实际案例，将理论与实践结合起来讲解和演示，改善了理论学习枯燥乏味的特性，学生学习积极性极大提高。同时将课程考核成绩与协同育人项目实操环节直接挂钩，对协同育人项目学习中表现较好的学生记较高的平时成绩，反之会对其进行一定惩罚。在此背景下，主动学习和被动学习两方面，均从外部强化了学生课程学习和项目学习的动机。

（二）设置积极学习诱因，强化学习成就动机

成就动机是在人的成就需要的基础上产生的，它是激励个体乐于从事自己认为重要的或有价值的工作，并力求获得成功的一种内在驱动力。这种动机是人类所独有的，它是后天获得的具有社会意义的动机。应用型大学生对某一门课程学好后的成就并不清楚，具有一定的盲从性，而设置积极的、清晰可见的、容易理解的学习诱因，对提高他们的学习动机起到了关键作用。本协同育人项目通过举办 CAE 仿真工程师职业资格证考试，并对考试通过的学生颁发由工信部授权的 CAE 仿真工程师职业资格证书，增强对学生的成就刺激，形成积极的学习诱因。同时在考试前设置适当门槛，如需参加 20 个学时的理论课程学习，完整观看 16 个学时的教学视频，独立完成 10 个仿真 App 案例，提高考试难度等，在诱因的引导下，使学

生在其努力的过程中不断吸取知识和技能。教师也会向学生持续灌输该职业资格证的价值，说明在未来工作和继续求学过程中所能发挥的重要作用，不断强化该学习诱因，从而强化学习成就动机。

（三）教学科研并驾齐驱，激活内部强化动机

内部强化动机属于自我强化的一种体现，即学生在学习中由于获得成功的满足而增强了学习的成功感与自信心，也是附属内驱力的一部分。相比理论型大学生和科研型大学生，应用型大学生的特长在于实践，他们能在学习的实践环节获得比理论学习更高的自信心和成就感。基于本协同育人项目所搭建的应用型高校机械专业 CAE 仿真实践教学平台，将该仿真软件应用于教师的科研项目中，并让学生参与进来，让他们感受到教师的认可和重视，同时在参与项目过程中，也能感受到科学研究的魅力。该项目还为学生提供了学科竞赛和专利申报的软件平台，这些学习活动正是应用型大学生的强项，竞赛奖励和专利成果也进一步增强了学生的成功感与自信心。此路径从认知内驱力和自我提高内驱力方面激活了应用型大学生的学习内部强化动机。

（四）树立典型成功案例，实现自我效能提升

自我效能是指人们对自己是否能够成功从事某一行为的主观判断，这种判断取决于直接经验、间接经验、参照案例和情感激发这四个方面。部分应用型大学生由于基础较差，对于某些学习活动会因过度低估自身能力而过早放弃，或认为某学习活动无法产生较大效能而觉得为此付出精力不值得，由此对学习动机产生极大的消极作用。而当他们确信自己有能力进行某一学习活动时，就会产生高度的自我效能感，并全力实施该活动。本协同育人项目举办 CAE 仿真工程师职业资格证考试初期，全院 805 名学生仅有 1 人完成了软件学习并通过了第一批考试。该学生随后在课堂上受到了充分的表扬，并在全院对其进行了大力宣传，赋予他仿真指导助理的头

衔，不少教师也表现出对他的喜爱之情。在此情况下，其他学生的学习热情飞速增长，参加第二批考试的学生有 63 人，参加第三批考试的学生达到了 120 余人。由此可见，通过树立典型成功案例，让学生能正确评估自身能力及完成某学习活动的可能性，强化"他行我也行"的积极情绪，实现自我效能提升，进而强化学习动机。

四、结　　论

新时代新工科背景下，产学协同育人模式是培养高校创新性、应用型人才的重要组成部分，而调动学习积极性、强化学习动机是提高应用型高校教学质量、提升高素质应用型人才培养效率的关键环节之一。本文以产学协同育人项目为依托，探索在项目实施及课程教学过程中，提升应用型大学生学习动机的路径。研究表明，基于强化动机理论、成就动机理论和自我效能理论，分别以教学内容有机融合、设置积极学习诱因、教学科研并驾齐驱和树立典型成功案例为路径，有效地提升了应用型大学生学习动机，增强了学生的实践和创新能力，最终提高了应用型高校整体的教学质量。

参考文献

[1] 汤华．高中生数学学习动机的现状及对策研究 [D]．长沙：湖南师范大学，2015：1．

[2] 桂小林，王东，黄传河，傅育熙．基于新工科理念的物联网工程专业建设 [J]．中国大学教学，2018（07）：25 – 30．

[3] 张铁壁，郗艳梅，张鹏程，宫翔，刘辉．新工科背景下多元主体协同育人模式的探究与实践 [J]．创新创业理论研究与实践，2022（18）：139 – 141．

[4] 潘晓良，郑莹．高等教育心理学 [M]．第 2 版．武汉：长江出版

社，2017：64.

　　［5］［美］戴维·保罗·奥苏贝尔. 意义学习新论——获得与保持知识的认知观［M］. 杭州：浙江教育出版社，2018（06）：232.

　　［6］杨传贵. 培养学生认知内驱力对提高地理学习效率的意义［J］. 读与写（教育教学刊），2015，12（11）：159.

　　［7］周青峰. 浅析自我提高内驱力对初中音乐课堂有效性的影响［J］. 科教文汇（中旬刊），2013（02）：126＋128.

　　［8］林宇. 福建省农民工子女成就动机内驱力调查报告［J］. 教育测量与评价（理论版）2010（08）：40－45.

　　［9］杨克宇. 90后大学生对大学语文的学习期待及教学策略研究［J］. 亚太教育，2016（27）：100＋132.

　　［10］唐冬生. 基于学习诱因的高职教育策略［J］. 湖南科技学院学报，2009，30（04）：159－160.

　　［11］王思杰. 产学合作协同育人视角下应用型人才培养研究［J］. 太原城市职业技术学院学报，2022（10）：84－86.

　　［12］杨延刚，冯莉. 大学生学习动机调查研究［J］. 校园心理，2022，20（05）：377－381.

风景园林应用型人才培养专业思政探索[*]

吴银玲　陈必锋　谈　洁　胡　平^{**}

美国教育心理学家、哈佛大学教授戴维·珀金斯在《为未知而教，为未来而学》一书中，提到了"未来智慧"这一教育视角：教育既要关注已知，也要关注未知，教育的任务不仅仅是传递"已经打开的盒子"里面的内容，更应当是培养学生对"尚未打开的盒子"和"即将打开的盒子"里面的好奇心。[1]对于公园城市背景下的风景园林发展的好奇心，就是要培养具有会思考、会表达、会自主学习和会面对未知变局[2]的能力的学生。为未来而教，我们教的不仅是应对变化的技术与能力，更要让学生感受到不断变化的社会中那永恒珍贵的情思[3]，这永恒珍贵的情思对应的是风景园林学科的诗意栖居，是对儒释道、地域文化、民风民俗文化等中华优秀文化的传承。因此，为未来而教，面向"公园＋"，着力风景园林专业人才培养体系构建与实践，有利于提高毕业生能力和与社会需求的匹配度。

　＊ 基金项目：湖北工程学院 2022 年教学改革项目"为未来而教，面向'公园＋'，重构风景园林专业卓越人才培养体系"（项目编号：202252），2023 年教改项目"基于'校园微更新'的景观小品设计课程改革实践与研究"（项目编号：2023057），湖北工程学院 2023 年度课程思政示范项目（项目编号：KCSZ202337）。

　＊＊ 作者简介：吴银玲，女，硕士，湖北工程学院建筑学院副教授，主要研究方向：风景园林规划与设计；陈必锋，男，硕士，湖北工程学院建筑学院副教授，主要研究方向：建筑理论与设计；谈洁，女，湖北工程学院建筑学院讲师，主要研究方向：风景园林工程；胡平，湖北工程学院建筑学院副教授，主要研究方向：风景园林规划与设计。

一、面向未来的"公园+"风景园林人才培养需要解决的关键性问题

改革开放以来的这段时期是我国风景园林快速发展的时期，大规模的城镇化和大量的房地产项目直接推进了风景园林的规模化发展，也给了风景园林发展的绝佳机会。风景园林开始走进城市的大街小巷、社区绿地，以及城市的广场、公园、景观大道、出入口、商圈休闲地，等等。目前，乡村建设、房地产、市政建设对园林的需求，构成了政府与开发商对风景园林行业的双重加持。行业发展到底需要什么样的人才？在全体中华儿女为之奋斗的中国梦中怎样实现中国风景园林梦？

2014年12月底，孟兆祯院士出席了在深圳举办的首届中国原创论坛并做了主旨报告，他指出：原创最根本的就是"生生不息"，尽可能让地球上的生命持续发展。吴良镛先生提出的"人居艺境"对照风景园林学科就是诗意栖居，也与钱学森先生提出的"山水城市"理念契合。[4]钱学森先生认为山水城市设想是中外文化的有机结合，是城市园林和城市森林的结合。由此，我国城市风景园林建设沿着山水城市设想，近些年城市发展模式经历了从园林城市、森林城市、生态城市到生态园林城市，再到公园城市的演变。公园城市将是生命、生态、生产、生活"四生共融"得以实现的新型城市形态，是在"花园城市"基础上对城市绿化景观、生态环境、产业发展、市民生活、城市文脉的深度融合。[5]公园城市是孟兆祯先生"生生不息"的具体表达，其核心要义在于"融合发展"，将公园绿地融合居民区、商业区、文体休闲公共区、滨水河道、历史文化遗址等城市的角角落落，大大拓展公园绿地的功能作用，满足人民群众对城市公园的多样化功能需求。"公园+"模式下，风景园林人才需求特征将更加复合、创新，需要负有时代责任感和使命担当。

二、构建面向未来的"公园＋"的风景园林专业人才培养体系

（一）构建"价值引领"的风景园林实践创新人才培养体系

湖北工程学院风景园林专业围绕立德树人根本任务，结合新工科人才培养特点，突出习近平新时代中国特色社会主义思想在荆楚大地的生动实践，体现地方性、应用型大学服务地方、服务中小城市建设的职能，发挥学校立足孝感地域特色研究与实践中的优势，面向"公园＋"，为未来而教，在人才培养的核心素养要求中，对毕业生在思想政治素质方面的要求和目标进行了精准设计；本着"学生中心、成果导向、持续改进、特色发展"的人才培养理念，探索价值引领、知行合一的风景园林专业实践创新人才培养模式；进行专业思政顶层设计，课程思政一体化设计，依托智慧学习方式，推动课堂教学改革和"金课"建设，实现知行合一的人才培养目标。风景园林实践创新人才培养体系如图1所示。

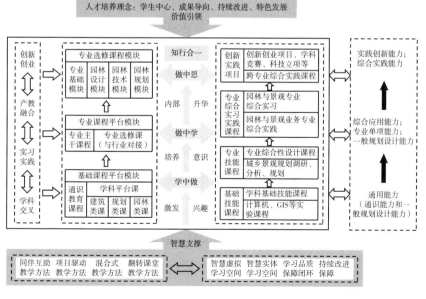

图1　"价值引领"的风景园林实践创新人才培养体系

（二）探索专业思政统一下的风景园林专业课程体系

湖北工程学院风景园林专业根据人才培养的总目标，结合专业人才培养的特点和定位，明确提出专业思政的毕业要求，即培养具有开放视野、创造性思维、文化自信、团队精神以及维护环境的可持续发展、"为人类和其他栖息者提供良好的生活质量"和"景观守护者"的专业使命感和责任观[6]，熟悉与风景园林专业相关的职业和行业的方针政策及法律法规，能够在城乡建设与管理实践中理解并遵守风景园林职业道德和规范，履行相应责任的复合型、应用型高级工程技术专门人才；构建了风景园林专业以孝文化为主的专业思政具体表现及实施途径框架（见图2），在此指导下，进一步将专业思政的毕业要求细化为3个具体的指标点，明确专业理论课、专业综合实践课和创新创业实践活动涉及的每门课程所对应的指标点，风景园林专业思政目标与课程思政目标的对应关系如图3所示。

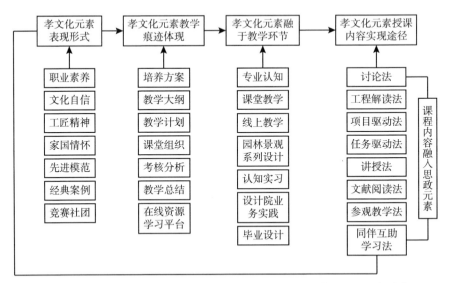

图2　风景园林专业思政融入孝文化元素的具体表现及实施路径

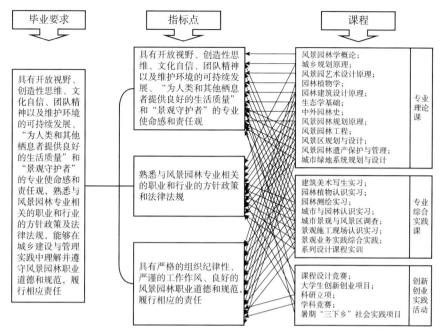

图 3　风景园林专业思政目标与课程思政目标的对应关系

1. 实践摸索专业思政目标、内容，凸显思政引领性

湖北工程学院风景园林专业结合 2023 年 9 月以来在学生、教师、校友、企业四方的调查问卷结果，深入挖掘各类课程所蕴含的孝文化教育元素和所承载的思政教育功能，明确专业课程目标，提出了专业核心价值体系，提炼了专业发展的核心素养，即风景园林专业人才培养以"守正、创新"核心要素为价值引领。课程体系面向"公园＋"，基于 OBE 教育理念，围绕"学生为中心"的目标导向，加强课程群思政建设。

风景园林专业课程以应用型为切入点，瞄准学生未来所从事城乡建设的素养要求，结合"美丽中国"伟大实践和地方优秀传统文化之孝文化内涵，挖掘每一门专业课的思想政治教育元素，并将其有机融入课堂教学、专业认知、园林景观系列设计、认识实习等各个教学环节。风景园林艺术原理、风景园林规划原理、风景园林历史遗产保护与管理、城市绿地系统规划等专业课以培养学生具有开放视野、创造性思维、文化自信、团队精神以及维护环境的可持续发展、"为人类和其他栖息者提供良好的生活质量"和"景观守护者"的专业使命感和责任观为目标，挖掘专业知识中蕴含的孝文化教育元素；城乡规划原理、园林建筑设计原理、生态学基础、风景园林工程、风景区规划与设计等课程以让学生熟悉与风景园林专业相关的职业和行业的方针政策和法律法规为目标，融入孝文化教育元素；园林建筑设计原理、生态学基础、风景园林规划原理、风景园林工程、风景区规划与设计、风景园林历史遗产保护与管理、城市绿地系统规划等课程在强调专业和职业素养的同时，培养学生具有严格的组织纪律性、严谨的工作作风、良好的风景园林职业道德和规范，并履行相应的责任。

2. 扎实实践育人，践行知行合一

风景园林专业注重加强校企合作，提升专业课程和综合实践课程与行业标准的对接精度，依托实践实训基地，强化学生在实践实训过程中思政核心素养的培养，强调风景园林专业人才培养"守正、创新"核心要素的价值引领，将社会主义核心价值观与风景园林职业道德规范融入实践实训课程的全过程。系列设计课程实训、景观施工现场认识实习、景观业务综合实践等综合实践类课程注重培养学生在实践实训中，熟悉并掌握风景园林行业的政策、法规，注重风景园林从业者具有严格的组织纪律性、严谨的工作作风和良好的职业道德，并将这些思政元素春风化雨般融入行为规范，不断践行知行合一的人才培养理念。

3. 注重育人环境营造，第一与第二课堂融贯

湖北工程学院风景园林专业形成了以"学生为中心"，理论、实训联动的实践创新型风景园林人才培养模式，全院师生齐心协力，构建以价值引领为目标、创新能力培养为主体、第一课堂与第二课堂融贯的风景园林人才培养体系。围绕专业人才培养目标定位，加强专业思政顶层设计。通过同伴互助教学法、翻转课堂教学法、项目驱动教学法、混合式教学法等多层次教学模式，实施课程思政、价值引领，把专业思政的目标细化落实到教学、实践实训各环节。创新创业项目、大学生科研竞赛、专业设计竞

赛等是学生创新创业应用与实践的检验平台，教师通过开展第二课堂的各项活动，综合提升学生的人文社会科学素养，培养学生良好的职业道德，通过实践实训教学增强风景园林从业人员的职业责任感。

三、面向未来的"公园＋"应用型人才培养专业思政实施

围绕立德树人的基本原则，坚守风景园林引领美好生活，从专业思政的视角构建专业教育教学全过程及各环节，包括师资队伍、课堂教学、教学环境、评价体系等，有机融入风景园林专业所蕴含的孝文化教育元素和所承载的思想政治教育功能，实现"三全育人"，达成专业培养目标。

（一）增强风景园林专业师资队伍铸魂育人能力

学高为师，身正为范，教师是高校思政建设的主力军，肩负着为党育人、为国育才的使命。建设好政治素质高、专业能力强的师资队伍是立德树人的根本。"双带头人"培育工程是教育部写好"奋进之笔"的重要内容和重要支撑，核心是"把符合条件的学术带头人培养选拔为教师党支部书记，把有条件的教师党支部书记培养成为学术带头人，实现高校基层党建工作与教学科研工作双促进、双提高"[7]。湖北工程学院风景园林专业思政坚持党建引领，加强"双带头人"建设，为专业思政、课程思政保驾护航。目前专业教师中近80％为党员教师，党支部坚持把"三课一会"与专业思政结合，做到专业教师主动学习与思政教育相关的政策方针、示范课程、专题报告讲座等，敏锐觉察专业知识中所隐含的思政元素，准确剖析思政元素在专业知识点中的分布，将知识目标与能力目标有机结合，能够从专业课程体系的高度，将思政案例不着痕迹地融入每一门专业课程。党支部与"双带头人"建设，增强了风景园林专业师资队伍铸魂育人能力，将知识、能力与素养"三位一体"的育人理念贯彻到底。

（二）优化风景园林专业课程思政教学设计

课程是专业发展的基础，风景园林专业课程思政是将思政教育渗透到该专业知识、技能或活动的教育过程中，达到价值塑造、知识传授、能力培养"三位一体"。课程思政是基于新时代学生的身心特征，通过系统规划和设计，使素质培养与专业课程教学紧密结合，挖掘课程中所蕴含的思政元素，把创造性思维、文化自信、团队精神以及风景园林专业使命感和责任观融入专业课程教学的各个阶段，实现素质培养的基本目标。

1. 坚守课堂教学"主渠道"地位，找准立足点，使学生有感觉

课堂教学是课程思政的主渠道和主战场，认知从这里打开。我国著名教育家陶行知创立的教学做合一，其中做是中心，也就是教学做的逻辑起点——事怎么做就怎么学，怎么学就怎么教——做→学→教。[8]以学生为中心，以成果为导向逆向设计，学生的核心素养从理论课堂开始，以专业基础课"园林植物学"为例，素质与情感的目标是培养文化自信、生态伦理观、工匠精神和团队协作能力，以此为目标，线上线下混同教学，线上通过植物文化、生态景观案例等实例，既有专业知识的讲授，又有思政教育侧重的文化自信、生态伦理观的认识与感受；线下通过翻转课堂、项目驱动等教学法，融入工匠精神、团队协作与讨论、当堂限时调研、植物识别与应用分析等多项教学活动中，同时加强对文化自信、生态伦理观的感知。线上线下多案例结合，从认识、感受到感知、认知，慢慢激发学生探究、表达，为后续的设计类课程——植物景观设计打下基础。

2. 夯实实习实训教学实践应用，抓准着力点，使学生有感知

湖北工程学院风景园林专业培养应用型专业技术人才，因而开设的实习实训课比较多，认识→感知（分析）→认知（实践应用）层层递进。比如城市与园林认识实习，选取的实习点为长三角地区经典的传统园林、现代景观，根据实习点景观的不同，融文化自信、家国情怀、生态伦理观于其中。实习周期长，分组进行，培养学生吃苦耐劳和团队精神。景观业务

综合实践为 3 个月以上的景观公司实习，是专业知识的综合运用，也是学生素质的综合体现。实践过程中，学生对于文化自信、家国情怀、可持续发展观、生态伦理观有了更多的感性认识和理性实践，也培养了学生团队协作、创新意识以及建设美好家园的责任感、使命感。

3. 深入融合第二课堂，巧设切入点，使学生有认知

课堂教学、实习实训为第一课堂，第二课堂作为第一课堂的延续，是思政教育的输出渠道，具有更强的广延性。第二课堂包括社团活动、校园文化节、志愿服务、实践活动等，学生在完成课堂学习以后，可以利用课外时间组织各类活动。湖北工程学院风景园林系在院学工的领导下，从大一开始系列组织学生参加社会实践、春晖文化节、社团活动、志愿服务、学科竞赛等，将校内外的各种资源充分整合，让课堂上感知到的思政教育在第二课堂的各类活动中去践行，这种思政教育方式更加灵活、有益。比如大学生风景园林设计竞赛，选取市内老城区老澴河滨水景观设计，学生立足地域特征，深入挖掘孝文化，从体验馆、展示馆到文化街，不同的表现形式，展示了孝文化底蕴丰富的现代滨水空间。通过发放问卷调查得知，学生在参与第二课堂的各类活动中，关于团队精神、责任感体会更加深刻甚至是刻骨铭心，对于文化自信、家国情怀有更主动的探究和呈现。

（三）优化风景园林专业思政教学环境

环境对学生的成人成才具有非常重要的影响作用。苏霍姆林斯基说过，"只有创造一个教育人的环境，教育才能收到预期的效果"[9]。对于风景园林专业思政建设来说，不仅仅是培养体系的构建，学生所处的课堂、课外、校园、校企、社会等的环境，都可能对学生人生观、价值观和世界观产生不同的影响。不断丰富风景园林专业思政教学环境，让学生的主体地位和自主性得以凸显。首先，加强主渠道的环境建设，以智慧课堂为目标，课程教学探索线上线下混同、智慧教学工具、讲座、报告会、调研等多种形式，精心准备，保证信息量大、知识面广、综合性强，适应大学生

求知、探索、求异、创新的心理。其次，重视校园环境和文化活动氛围营造，以活力氛围为目标，教学楼布置作品展区、讨论区、阅读区、小型报告厅等特色环境，组织建筑、景观系列特色文化活动，营造浓厚的专业研究氛围，使学生备受学术气氛的熏陶。最后，开拓实践环境的培育，以创新平台为目标，依托专业实习，建立古村落、美丽乡村、文化街区、风景区等实践应用基地，学生积极参与，通过社会实践、大创项目、科研项目、设计竞赛等实践活动，学生对专业知识有了更深入的理解，其创新能力、团队合作意识、责任感、吃苦耐劳、抗压能力等在实践中也取得了长足的进步。

（四）构建专业思政评价体系，完善课程思政效果考核

专业思政具有隐性特征，是持续且动态变化的过程。基于"产出导向、持续改进"的教育理念和思政隐性特征，思政育人评价方法坚持"评教和评学结合""定量与定性结合"两个结合原则。"评教"侧重测评教师的思政教学能力和素质，主要采取座谈会、问卷调查、专家点评的方式，检验学生接受度、教学成效和用人单位满意度。"评学"聚焦课程及课程群教学目标达成的过程性评价，课程考核将学生的学习活动，包括平时考核、小组讨论、小组交流互评、学生汇报、调研报告、期末考核等作为定量评价的依据，而课程学习中学生的情感、态度与价值观等，一方面以调查问卷等方式对学生价值取向进行定量评估分析，另一方面采用观察、访谈和自评等进行定性评价。"园林植物学""中外园林史"等金课建设中，课程考核探索并践行了"两个结合"的评价方式，尤其是采用反馈、总结的输出方式成功检验了思政输入的成效，通过问卷调查可知，90%以上的学生对其课程中的思政元素有深入的理解和实践。

四、结　　语

地方应用型高校风景园林专业的专业思政建设处于起步探索阶段，存在着思政育人意识不强、能力不足、缺乏专业核心价值体系引领、教学环境单一等问题。本文面向"公园＋"，秉承"为未来而教"理念，以湖北工程学院风景园林专业为例构建了"价值引领"的风景园林实践创新人才培养体系、课程体系，从师资队伍、课程思政设计、教学环境、评价体系等方面探索专业思政的实施，以实现专业思政、课程思政、环境思政的同向同行、协同育人。

参考文献

[1] 戴维·珀金斯著，杨彦捷译. 为未知而教，为未来而学 [M]. 浙江：浙江人民出版社，2015：18.

[2] 叶丙成. 为未来而教：叶丙成的 BTS 教育新思维 [M]. 台北：天下杂志，2015：61.

[3] 张旭波. 为未来而教：唤醒思维，行而致远 [J]. 师道：人文，2021（10）：15－17.

[4] 凝聚风景园林力量共筑"中国梦"——访中国工程院院士、风景园林规划与设计教育家孟兆祯教授 [J]. 风景园林，2015（01）：16－19.

[5] "城市让生活更美好"，公园城市的科学内涵 [N]. 人民日报，2018－03－25.

[6] 刘滨谊. 风景园林学科专业哲学：风景园林师的五大专业观与专业素质培养 [J]. 中国园林，2008，24（01）：12－15.

[7] 杨晓慧. 高等教育"三全育人"：理论意蕴、现实难题与实践路径 [J]. 中国高等教育，2018（18）：4－8.

[8] 余浩，刘明珠. 教学做合一哲学思想探源 [J]. 黄冈职业技术学院学报，2014（10）：12－14.

[9] 蔡汀. 苏霍姆林斯基选集 [M]. 北京：教育科学出版社，2001.

新时代视角下高校体育课程
与思政教育的融合

任增辉[*]

新时代以来，教育教学事业的理念和模式发生了较大变化，其中之一便是"课程思政"成为共识和趋势，强调在教育教学活动中贯彻落实思想政治工作，以求有力推进课程思政。[1]在高校的课程思政推进过程中，当前已经有较多课程和思政教育实现了有效的融合，因此可有效提高大学生的思想政治素养，也可因此向社会输送更多的优质人才。在高校的基础课程中，体育课程较为重要，是促进大学生身心健康的必修课程，具有以体育人的良好作用。正因为如此，当前高校坚持将体育课程作为课程思政推进的重要一环或强有力抓手，积极探究体育课程和思政教育融合的有效策略。基于当前高校体育课程与思政教育融合的成熟经验，本文试着继续进行探究，提出一些可行之策。

一、新时代对高校体育课程的期许

新时代即中国特色社会主义新时代，是中国历史新的历史定位，强调聚焦新目标和开启新征程。在奋力推进新时代中国特色社会主义事业的过程中，教育事业占据着重要地位，更加强调立德树人和"三全育人"，从而培育出优秀的社会主义事业接班人。高校在科技传播、文化启迪、情操

---

* 作者简介：任增辉，男，湖北工程学院体育学院讲师，研究方向：排球教学与训练。

陶冶、育人成长中发挥着十分重要的作用，也因此需要更加重视人才的培养。总体而言，在新时代背景下，社会经济发展对高校人才培养提出更高的要求，提出要培养更多优秀的人才，其中之一是大学生要有良好的思想政治素养。

新时代对高校体育课程提出较多期许，可以集中体现在三点。首先，体育课程是高校基础课程推进课程思政建设的重要一环，可以发挥出重要作用，主要是实现"三全育人"和贯彻落实课程思政。应该在体育课程中坚持以立德树人为中心，全程贯穿思想政治工作，指导思想是"健康第一"，努力让体育课程成为增进大学生身心健康的重要抓手。[2]其次，提出高校在体育课程中要切实有效地实施素质教育，促进大学生的德智体美劳全面发展，发挥出体育课程的育人优势及育人价值。在高校的课程体系中，体育课程是重要组成部分，更是促进大学生成长为德智体美劳全面发展人才的重要途径，所以要切实利用好体育课程。依托体育课程，高校教师应该坚持对大学生进行爱国主义教育，在此过程中有效培养大学生的家国情怀和爱国主义情怀。与此同时，利用体育课程，高校教师需要进行科学有效的设计，将其与思政教育有效结合起来，努力在教学过程中帮助大学生提高团结、凝聚、集体意识，最终达到以体育人和完善人格的理想效果。[3]最后，在全国高校思想政治工作会议上，习近平主席强调，"高校的思想政治工作能够直接关系到高校培养什么样的人、如何培养人、为谁培养人这一根本问题，应该始终坚持以立德树人为中心环节，在教育教学过程中贯穿思想政治工作，努力达成三全育人、全程育人、全方位育人的理想效果"①。基于此，高校的各类课程教学、教学改革、课程融合、思政教育都有了方向和指导思想，更重要的是，高校开始积极探究推进课程思政的可行之策，强调积极且有力地建设课程思政，以满足新时代背景和高等教育发展的新要求。总之，新时代视角下，高校需要十分关注体育课程与

---

① 习近平出席全国教育大会并发表重要讲话［EB/OL］.中国政府网，https：//www.gov.cn/xinwen/2018-09/10/content_5320835.htm?tdsourcetag=s_pcqq_aiomsg，2018-09-10.

思政教育的融合，积极促进体育课程的深化改革，助力大学生的健康发展。

二、新时代视角下高校体育课程与思政教育融合要达成的目标

高校在推进体育课程与思政教育融合时，要先确定出所要达成的目标，以为后续的教育教学活动提供指导。新时代视角下，高校的体育课程和思政教育融合时，应该努力达成四个目标，一是培根，二是铸魂，三是启智，四是润心。

在培根这一目标中，实质是借助体育课程和思政教育的融合将大学生培养成终身运动者，让他们爱上体育、参与体育、推广体育。详细言之，高校教师应该在培根这一目标中努力达到四点。第一，要帮助大学生增强体能，身体素质应该获得全面提升。第二，在体育教学过程中帮助大学生掌握基本运动常识，能够拥有良好的体育运动技术与技能，同时应该将运动损伤的预防急救方法传授给大学生，帮助他们进行健康的体育运动。第三，帮助大学生选择出自己喜欢的体育运动，并成为运动爱好，坚持不懈地进行体育锻炼，并因此形成终身锻炼的运动意识。第四，向大学生宣扬"健康第一"的思想，关注他们的身心健康，让他们可以有自主学习的意识，愿意更加主动参与体育运动和接受思政教育，努力成长为德智体美劳全面发展的人。

在铸魂这一目标中，实质是在体育课程和思政教育的过程中帮助大学生培养责任、担当的意识，并成长为责任担当者。详细言之，大学生要想成为责任担当者，身上必须具有三大品质。第一，树立或增强价值观、人生观、世界观，有效培养大学生的爱国情怀。第二，将体育课程中的知识点和思政元素有效结合起来，并努力达到充分融合和深度融合的效果，在此过程中让大学生传承两大精神：一是自强不息的拼搏精神；二是艰苦奋斗的拼搏精神，并在学习和生活中积极发扬中华民族传统美德。[4] 第三，

贯彻新时代的重要精神，坚持做到"不忘初心、牢记使命"，逐渐形成崇高的社会主义理想、高尚的道德情操，从而满足中国特色社会主义新时代对人才的要求。

在启智这一目标中，高校教师要在体育课程与思政教育融合的过程中教育和启迪大学生，使他们具备解决问题的能力，成长为问题解决者。一方面，通过促进体育课程思政，帮助大学生培养良好的心理素质，在体育锻炼过程中让大学生提高人际交往能力，持续性增强社会适应性。另一方面，通过体育课程和思政教育的融合，让大学生可以处于"发现问题→分析问题→解决问题"的过程之中，达到理想的启智效果，并在实践中获得良好成长，能够在中华民族伟大复兴中作出贡献。

在润心这一目标中，强调的是依托课程思政影响大学生的身心，让他们成为优雅生活者。第一，在体育运动中帮助大学生发现美，并懂得欣赏自己和欣赏他人，体育比赛中始终尊重对手，并在规则允许的条件下体面的输和赢。第二，在体育课程的思政教育过程中，努力激发大学生的自身潜能，让他们有自我拼搏、自我认可、自我成长的意识，成为一名充满正能量的大学生。[5]从体育发展的角度而言，大学生还必须拥有良好的团结协作精神，既要有强健体魄，也要有文明精神。

三、新时代视角下高校体育课程与思政教育的融合策略

（一）找准体育与思政融合的侧重点

在促进体育和思政教育融合时，高校教师要找准侧重点，努力构建出体育思政教育的科学模式。目前来看，高校教师应该坚持在体育教学中融入与之相关的知识内容，主要是体育人物、体育课程知识、体育历史事件，并可将其确定为体育与思政融合的侧重点。与此同时，高校教师应该

对"讲解示范→学生练习→教师巡回（目的是辅导、总结、讲评）"这一教学流程进行创新及优化，核心任务是巧妙融入思政教育内容，以确保体育课的各种活动、教学组织中有丰富的思想政治教育要素，达到理想的以体育人效果。除此之外，体育的思政教育过程中，高校教师不能再秉承"教师主体论"原则，而是应该极力凸显大学生的主体地位，让他们成长为体育课程思政中的主人，如此一来，相信更易调动大学生的学习积极性及主动性，更易达到启迪、教育、陶冶、感染、影响大学生的目标。总之，高校的体育课程与思政教育融合中，应该注重体育知识内容的融入，努力构建起体育课程的思政教学新模式，应有三大特征：一是以体育心；二是以体育智；三是以体育人。

在体育课堂的"准备活动"阶段，高校教师应该引入社会主义核心价值观，思政教育点是习近平新时代中国特色社会主义思想教育。在做法上，高校教师可以让大学生在跑步过程中喊出社会主义核心价值观，以培养他们的家国情怀和爱国主义情怀。在帮助大学生养成终身体育锻炼的意识时，高校教师可以引领大学生分析钟南山老先生所说的一句话，即"运动就像吃饭和睡觉一样，是生活中不可缺少的一部分"①。其中的思政教育点是"理想信念教育"。在体育课堂上向大学生宣扬竞技体育的精神时，高校教师可以引入"中国女排"精神，思政教育点是"行业企业文化"，旨在有效培养大学生"四大民族精神"，即祖国至上、集体荣誉感、为国争光、团结协作。在引入"中国女排"精神时，高校教师应该注重多媒体设备的应用，努力帮助大学生融入其中，今后在体育场上可以践行"中国女排"精神。

（二）运用多元化的教学方法

推进体育课程的思政教育时，高校教师应运用多元化的教学方法，让

---

① 钟南山．生活体育的践行者［EB/OL］．https：//baijiahao．baidu．com/s？id = 173579199 4055720855&wfr = spider&for = pc，2022 - 06 - 16．

课程思政教学变得有趣、有效且高效。总的来说，在体育课程思政实施过程中，高校教师可以考虑运用七种教学方法，即讲解法、示范法、分解法和完整法、案例教学法、预防与纠正错误法、游戏法和比赛法、信息化手段。应该相信一点，即当体育课程思政实施的方法科学且有效时，必然可以有效将思政元素融入体育课堂之中，对提高体育课程思政教育的成效大有裨益。

运用案例教学法时，高校教师可以在体育课堂上引入先进事迹，如奥运会、残奥会冠军，又如体育名人和长征历史。在教学过程中，高校教师应该利用好新媒体教具，努力让课堂上引入的知识内容更加直观形象，可以直观地呈现在大学生的眼前，从而让大学生在思想上产生共鸣，相信一定有助于激发他们的学习动机及求知欲。[6]

运用示范法，高校教师可以用自己的身体动作为范例，帮助大学生直观地看到运动技术动作要领，在此基础上指导大学生进行训练。运用示范法的过程中，高校教师应同时运用好讲解法，关键做法是用简练易懂的语言，给大学生详细讲解教学训练的重要内容，主要是训练要求、技术动作、训练目的、训练任务。以羽毛球教学为例，高校教师应该给大学生重点讲解"架拍姿势""引拍"这些技术操作技巧。在"引拍"教学中，高校教师应该进行示范，让大学生在引拍的同时蹬地转髋重心前移。除此之外，在羽毛球高远球鞭打动作的教学中，高校教师可以运用游戏法，关键做法是将中国传统民间体育活动，即陀螺引入课堂，让大学生在"玩中学、学中玩、玩中思"，相信一定可以增强体育教学的趣味性。

（三）提高体育教师的思想政治素养

在体育课程与思政教育的整个融合过程中，体育教师始终发挥着至关重要的作用，所以体育教师要主动提高自己的思想政治素养，同时不断提高自己的执教专业性。高校的体育教师为切实提高自己的思想政治素养，应着重做好四点。首先，注重主动学习和深度学习，意识到立德树人、体育课程思政教育、三全育人的重要地位，以求掌握更多的课程思政知识内容。与此同时，体育教师应该始终保持谦虚的态度，比如应该积极与高校的课程思政教学名师进行沟通交流，虚心求教，在他人的帮助下不断提高思想政治素养。其次，体育课程思政教学过程中，对大学生进行爱国主义教育是一大重点，所以体育教师要着重提高自己的爱国主义教育能力，不断增强自己的爱国主义情怀与家国情怀，以便在体育课程思政过程中有效培养大学生的家国情怀、爱国主义情怀。再次，体育教师要注重思想政治教育要素的挖掘，所以要提高自己的思想政治教育要素挖掘能力，并具备在教学组织和方法中融入思想政治教育要素的能力。有一点应该特别注意，体育教师不能让体育课程思政教育的教学手段单一化，而应该强调教学手段的多样化、趣味性、有效性，所以体育教师要继续加大研究力度，探究体育课程思政教学新模式。[7] 最后，体育教师要有良好的体育精神，坚持将体育精神有效融入高校思政教育活动之中。体育精神的内涵可以包括多个层面，主要是规则意识、公平竞争、人本主义，这些均需要体育教师有效掌握。为此，高校体育教师在提高自己的思想政治素养时，应该关注自己的体育精神，通过多种活动培养自己的体育精神和提升思想道德水平，以便在后续的教学活动中让大学生可以更好地感知体育精神。

（四）关注体育与思政的融合成效分析

在体育课程中融入思政教育的过程中，体育教师不能只是重视前期的教育教学活动，还应该高度重视后续的评价，旨在及时确定出体育与思政的融合成效，并发现其中存在的问题。进行体育与思政的融合成效分析时，体育教师应该着重抓好关键三点。第一，体育教师应该分析好大学生的课程参与度，确定他们是否喜欢参与体育课程思政教育活动。如果有信息化教学手段的支持，则体育教师可以分析大学生线上线下参与体育活动、发帖、完成作业的实际情况。第二，在体育思政教学过程中，体育教师应该记录和评价大学生的课堂活跃度，比如他们在课堂上是否积极地发表意见和参与讨论，且应该评价他们是否有较高的头脑风暴互动性，应要求大学生有浓厚的学习兴趣，始终全身心参与到体育课程思政教育活动之中。[8]第三，体育教师要极力凸显大学生的主体地位，所以应该让学生进行自我评价和互相评价，最后统计所形成的评价信息。如此一来，既对大学生的学习和锻炼进行了监督，也确定出了体育与思政的融合成效，对后续的体育课程思政教育大有裨益。

四、结　　语

新时代背景下，贯彻落实课程思政已然成为高校育人过程中的共识，强调将各门课程与思政教育有效融合，努力实现"三全育人"的理想目标。新时代视角下，应该进一步探究体育课程与思政教育的融合之策，且应该坚持挖掘思政教育要素，使其和体育课程教学活动结合起来。与此同时，当前所积累的成熟经验做法具有科学性和先进性，后续应该注重推广运用，努力完善高校体育课程与思政教育融合的新模式。

参考文献

[1] 谢智，许文保，白刘瑜，等. 新时代高校体育课程与思政教育融合研究 [J]. 辽宁体育科技，2022，44（05）：21 – 25.

[2] 常瑞宏，何晓丽. 高校体育课程与思政教育融合研究 [J]. 当代体育科技，2023，13（05）：161 – 164.

[3] 李晓磊. 普通高校公共体育课程与思政教育融合探析 [J]. 当代体育科技，2022，13（12）：162 – 164.

[4] 彭芙蓉. 浅析如何将高校体育课程与大学生思政教育有效融合 [J]. 当代体育科技，2021，13（11）：101 – 103.

[5] 谢智，许文保，白刘瑜，等. 新时代高校体育课程与思政教育融合研究 [J]. 辽宁体育科技，2022，44（05）：21 – 25.

［6］涂金龙，李爱菊．课程思政视域下的高校体育教学改革路径［J］.教育理论与实践，2022，42（24）：62－64.

［7］张家昊，洪捷．高校体育课程思政研究述评［J］.浙江体育科学，2022，44（04）：100－105.

［8］黄攀．"课程思政"融入高校体育课程教学的途径分析［J］.当代体育科技，2022（12）：169－172.

课程思政背景下古代汉语教学探究[*]

王　纯[**]

习近平总书记在 2016 年全国高校思想政治工作会议上提出："高校的所有课程最大限度地发掘思想政治教育元素，发挥思想政治教育作用，与思政理论课程共同承担起思政教育的责任。"[1]古代汉语是中国传统文化的重要载体，它蕴含了中国古代人民的智慧和经验，代表了中华民族五千年文明的历史。古代汉语中包含了许多典籍、诗词、历史文献等，这些文本中记录了中国古代人民的思想、信仰、文化、习俗等方方面面，展现了丰富多彩的中国传统文化。通过深入挖掘古代汉语中所蕴含的思政元素，对涉及的中国传统文化进行符合社会主义核心价值观的阐释，可以培养学生的文化自信和民族自豪感、国家意识和爱国主义精神、道德观念和人文精神以及批判性思维和创新意识等。本文旨在通过深入挖掘古代汉语中的思政元素，结合古代汉语课程的特点和教学现状，将其融入教学中，期望可以更好地提高学生的综合素质和人文素养。同时，也指出了课程思政在融入古代汉语教学应用中可能出现的问题，并给出了相应的解决方案。

一、古代汉语中的课程思政元素

古代汉语是语言类课程思政建设的重要组成部分，其中蕴含着诸多思政元素。

　* 基金项目：本文系湖北工程学院新技术学院 2023 年度教学研究项目《课程思政背景下古代汉语教学探究》（项目编号：2023JY06）。
　** 作者简介：王纯，女，汉族，硕士，讲师，研究方向：学科教学（语文方向）。

（一）文化自信和民族自豪感

古代汉语教学能够让当代青年意识到中国传统文化不只有腐朽的部分，更多的是我们独有的光辉灿烂的文化宝藏，并由此树立文化自信。同时，古代汉语教学还可以帮助学生树立对本民族的文化自信，传承并发扬中华民族五千多年来的辉煌传统文化，积极引导广大学生形成正确的国家观、民族观。

古代汉语课程中有很多关于中华文化的经典之作，如《诗经》《楚辞》等，通过学习这些作品，学生可以深入了解中华优秀传统文化的精髓，认识到中国文化的独特性和价值。利用古代汉语课程中的文化元素，培养学生的文化自信和认同感，增强他们的文化自觉意识，从而树立文化自信和民族自豪感。在讲解古代汉语中的传统文化元素时，可以引导学生探讨这些文化元素在现代社会中的应用和价值，从而培养学生的民族自豪感和自信心。

（二）国家意识和爱国主义精神

古代汉语中的许多篇章反映了古代文人对国家的忠诚和热爱之情。通过学习这些篇章，可以培养学生的国家意识和爱国主义精神，激发他们的爱国热情和民族自豪感。在讲解古代汉语中的历史散文或诗歌，例如，在讲到屈原的《哀郢》时，可以引导学生了解当时的历史背景和社会环境，探讨古代文人对于国家的热爱之情，从而培养学生的国家意识和爱国主义精神。

（三）道德观念和人文精神

古代汉语中蕴含着许多道德观念和人文精神，如尊老爱幼、诚实守信、忠诚爱国等。通过对这些观念的阐释和讲解，可以引导学生树立正确的道德观念和价值观念，培养他们的人文精神。

古代汉语课程中有很多关于道德观念的作品，如《论语》《大学》等，可以引入孔子"仁"的观念。这个观念强调的是人与人之间的仁爱和尊重。通过这个观念，可以引导学生思考如何在日常生活中以仁爱之心待人，从而培养学生友善、宽容和尊重他人的品质。

这些作品所蕴含的道德观念和价值观念都是思政元素的重要组成部分，有助于引导学生树立正确的道德观念。

古代汉语是中华人文精神的重要载体，其中的诗词、文章等反映了中华民族的精神追求和审美情趣。通过学习古代汉语，可以培养学生的审美情趣和人文精神，提升他们的文化素养。例如，在讲解古代汉语中的寓言故事或诗词时，可以引导学生探讨其中蕴含的人文精神，从而加深其对中华优秀传统文化的理解。

（四）批判性思维和创新意识

通过古代汉语教学，可以培养学生的批判性思维和创新意识。例如，在讲解古代汉语中的寓言故事或诗词时，可以引导学生从不同角度去解读和理解这些故事或诗词，从而培养他们的批判性思维和创新意识。同时，也可以引导学生主动探索和思考如何将古代汉语文化元素融入现代生活中，创新性地应用这些文化元素，从而培养学生的创新意识和实践能力。

（五）语言文化传承

古代汉语是中华语言文化的重要组成部分。语言文字是对文化的刻录，让文化变得实体化，使世界上的人们能够理解"文化"这一抽象概念。通过学习古代汉语，可以让学生更好地了解中华语言文化的历史、演变和传承，从而更好地传承和发扬中华语言文化。

古代汉语教学具有丰富的思政元素，通过深入挖掘古代汉语所蕴含的思政元素，对涉及的中国传统文化进行符合社会主义核心价值观的阐释。这些元素可以对学生的思想、价值观和道德观念产生积极的影响，帮助他们更好地认识中华优秀传统文化，培养他们的文化自信和民族自豪感、国家意识和爱国主义精神、道德观念和人文精神以及批判性思维和创新意识。

二、古代汉语中的课程思政现状

2021年习近平总书记针对思课改革创新提出新要求，强调要善用"大思政课"，指出"上思政课不能拿着文件宣读，没有生命、干巴巴的"[1]。

古代汉语是高校汉语言文学专业的重要课程，根据教育部2018年颁布的《普通高等学校本科专业类教学质量国家标准》，古代汉语课程是中国语言文学类所有专业均应开设的专业基础（必修）课程。[2]古代汉语教学中这些丰富的思政元素，可以对学生的思想、价值观和道德观念产生积极的影响。但是，古代汉语课程思政在当前的教学中存在一些问题。

（一）教学内容与思政元素结合不够紧密

虽然古代汉语课程中蕴含着丰富的思政元素，但是将思政元素与古代汉语专业知识融合在一起，需要教师在教学过程中精心设计，寻找合适的教学方法和切入点，这需要花费大量的时间和精力。部分教师对思政元素的挖掘和应用不够深入，导致教学内容与思政元素结合不够紧密。

（二）教学方法相对单一

由于古代汉语课程本身具有一定的难度，传统的教学方法以教师为中心，以讲授为主，缺乏生动有趣的授课方式，学生往往处于被动接受的状态。在这种模式下，学生缺少主动参与和思考的机会，导致学生对课程思政的兴趣不高，参与度不足，教师也难以有效地进行思政教育。

另外，学生背景和知识水平也具有差异性，不同学生的知识背景、学习能力和兴趣爱好都有所不同，对于古代汉语课程思政的教学方法和内容要求也会有所不同，这也给教学带来了一定的挑战。

（三）学生缺乏实际应用和体验机会

古代汉语作为一门专业性强的学科，包含大量复杂、难懂的古文知识，对于初学者来说，理解和接受这些知识本身就有一定的难度。由于古代汉语与现代生活的联系相对较少，很多知识点和概念已经远离现代生活，再加上古代汉语课程的教学内容相对单一，缺乏实际应用和体验机会，学生对古代汉语中所蕴含的思政元素的理解不够深刻。

（四）缺乏有效的考核评价方式

虽然部分教师已经在尝试将育人元素融入课程考核中，但由于缺乏有效的考核评价方式，导致部分学生在课程思政的学习中存在"知行不一"的问题。

古代汉语课程思政存在一些不足之处，需要教师在教学过程中不断探索和创新，积极构建实践体系和体验体系，让学生更好地了解和感受中华文化的魅力，从而增强学生的文化自信和文化认同感。同时，学生、学校和相关教育部门也需要加强对古代汉语课程思政的重视和支持，推动其发展。

三、课程思政融入古代汉语课程实施路径

针对以上古代汉语课程思政在教学中存在的问题，结合古代汉语的课程特点，可以从以下几个方面来进行探索。

（一）师资力量建设

实施古代汉语课程思政需要教师具备较高的专业素养和思政教育能力，因此需要加强教师队伍的建设，提高教师的专业素质和思想品质，为

古代汉语课程思政的实施提供有力保障。对古代汉语教师进行培训和考核，提高他们对课程思政的认识和实施能力。通过学习优秀教学案例、观摩课堂教学等方式，让教师掌握思政教育的方法和技巧，从而更好地将思想政治教育元素融入古代汉语教学中。

（二）教学内容创新

更新教学内容，对古代汉语知识与现代汉语知识进行整合，同时结合新形势的要求，增加一些实用的教学内容，如传统文化知识、古文字读写等。同时，在古代汉语教学中，将思想政治教育元素融入课程内容中，如将成语、典故、传统文化等与思想政治教育相结合，培养学生正确的价值观和思想道德观念。

（三）教学策略探索

古代汉语课程应该构建完善的思政教育体系，将思想政治教育贯穿整个教学过程中，包括课前预习、课堂表现、课后作业和考试评价等环节，全面提高学生的文化素养和思想品质。

古代汉语课程可以借助第二课堂的作用，注重实践环节，通过模拟场景、角色扮演、小组讨论等方式加强实践教学，让学生更好地理解和掌握古代汉语知识。通过组织文化实践活动、参加知识竞赛等方式，增强学生对古代汉语和传统文化的体验和认识，提高学生的文化素养和思想品质，培养学生的文化自信和爱国情感。

加强课堂互动，激发学生的学习兴趣，可以尝试采用一些新的教学方式和方法，如情景教学、案例教学、探究式教学等，让学生参与到课程中来，充分发挥学生的主体作用。引导学生参与对古代汉语教学内容的讨论和思考，培养学生的思维能力和语言表达能力。同时，通过小组讨论、研讨等方式，也可以增强学生的团队合作精神和沟通能力。

利用现代技术手段，如网络平台、多媒体教学等，建立古代汉语课程思政的教学资源库，将优质的教学资源进行共享，方便学生自主学习的同时，也可以增强古代汉语教学的趣味性和互动性，提高学生的学习兴趣和参与度，加强师生之间的交流互动，从而更好地实现课程思政的教学目标。

古代汉语教师可以引导学生自主学习，通过推荐阅读、组织讨论、撰写论文等方式，促使学生主动思考和探索，培养学生的思辨能力和创新意识。针对不同学生的兴趣和特长，教师还可以采用个性化指导的方式，帮助学生挖掘自己的潜能，提高古代汉语素养和思想政治教育水平。

古代汉语课程思政的实施需要教师在教学过程中采用多种措施和方法，注重学生的个性差异和发展需求，同时也需要学校和相关部门的支持与配合，共同推动中华优秀传统文化的传承和发展。

（四）评价体系完善

建立科学合理的评价体系，通过将过程性评价和终结性评价相结合的方式，力图全面体现课程教学效果。其中，过程性评价中的课前预习、课堂表现、课后作业注重对学生德育方面的考核，期末考试试题也应设计与育人元素相关的内容，从评价结果中发现问题，从而持续改进课程思政教学。

将学生的平时表现、实践能力和考试成绩结合进行综合评价，以更好地反映学生的学习情况。采用多元化的评价方式，包括书面测试、课堂表现、小组研讨、实践活动等多种形式，全面了解学生的学习情况和表现，及时发现学生在思想政治教育方面的问题和不足，为后续教学提供参考。

古代汉语虽然是一门极具历史价值和文化价值的课程，但在当前的教学中，古代汉语课程思政的实施仍存在一些问题，需要从多方面入手进行改革和创新，以更好地提高教学质量和效果。

一方面，由于传统的授课方式及内容与思政元素的结合尚处于摸索阶段，部分教师对思政元素的挖掘和应用不够深入，同时缺乏对具体实例的探讨和研究。另一方面，由于古代汉语课程的难度较大，加上部分教师没有采取生动有趣的授课方式，导致学生对课程思政的兴趣不高，参与度不高。

综上所述，古代汉语课程思政已经取得了一定的成果，但仍需要在教师和学生之间形成更紧密的互动和采取更有效的实施方式，才能更好地融入课程思政的教学目标中。

四、反思与建议

古代汉语作为一门人文学科，本身具有很强的专业性和知识性，而思政元素则是一种价值观念和思想意识的体现，两者的结合存在一定的难度和挑战。

古代汉语课程思政的教材建设不够完善，缺乏具有针对性的教材和参考资料，影响了教学效果和质量的提高。

在实际的教学过程中，由于传统的授课方式及内容与思政元素的结合尚处于摸索阶段，部分教师对思政元素的挖掘和应用不够深入，同时缺乏对一些具体实例的探讨和研究，导致教学内容与思政元素的结合不够紧密。另外，由于学生对古代汉语的学习存在一定难度，需要加强对其中的文化内涵和思想观念的理解和认同，同时也需要加强对其中实际应用和体验机会的获得。古代汉语课程中的思政元素丰富，但需要在教师和学生之间形成更紧密的互动和更有效的实施方式才能更好地融入课程思政的教学目标中。

如何提高学生学习积极性，引导学生自学和参与讨论，也是需要教师去思考和实践的。当代大学生都是在信息技术飞速发展的背景下成长起来的，教师也需要与时俱进，了解当今社会的发展变化，结合学生的学习、生活和娱乐，"投其所好"对课程精心设计，才能使课堂有声有色、多姿多彩，使师生形成良性互动，最终达到教师和学生共同提高这一目的。

综上所述，古代汉语课程思政存在一些问题，需要教师在教学过程中不断探索和创新，积极寻找合适的教学方式和方法，深入挖掘思政元素，同时也需要学校、相关教育部门和学生自身的重视和支持，推动其向更加科学、规范、有效的方向发展。我们需要不断关注和探索，大胆创新，才能使课程思政在古代汉语课堂中发挥最大的价值，进而使古代汉语课程有一个全新的打开方式。

参考文献

［1］王思齐 . "大思政课"：论"古代汉语"课程思政建设与实践［J］. 长春师范大学学报，2023（01）：163 – 166.

［2］褚健聪 . 思政融入的古代汉语导论课教学实践［J］. 大学语文建设，2023（04）：52 – 55.

第二篇

课堂教学课程思政实践

《货币金融学》课程思政教学设计*

陶　芸**

课程名称：货币金融学

任课教师：陶芸

课程内容：货币金融学是一门研究货币、利率、信用、金融机构体系、金融市场、商业银行、中央银行、金融监管、国际货币体系等基本金融元素的专业基础课程，该课程是金融学类专业的专业入门课，涉及的金融知识面广、应用性强，是学生学好其他专业课的基础。

课程思政目标：用正确的"人生观""价值观"和"财富观"引领课堂教学。将前沿资讯、金融热点、现实案例等融入专业知识教学中，从金融知识、法律法规、"三观教育""三位一体"深度剖析金融问题。讲好"中国故事"，增强学生的金融风险意识、培养爱国情怀，帮助学生树立正确的人生观、财富价值观，坚守职业道德操守。训练学生的金融思维，培养学生理财规划能力，为今后构建幸福的财富人生打下坚实基础。

课程思政教学设计及实现方式如表1所示。

　＊　课题项目：2022年度湖北工程学院课程思政示范项目"货币金融学"（KCSZ202212）、湖北本科高校省级教学改革研究项目（2022417）。
　＊＊　作者简介：陶芸，女，博士，湖北工程学院经济与管理学院副教授。

表 1　　　　　　　　**课程思政教学设计及实现方式**

课程内容	课程思政元素切入点	课程思政教学实现方式
货币与货币制度	不兑现信用货币制度的形态、滥发的严重后果	（1）从不兑现信用货币的纸币形态引出我国人民币主要形态为电子货币，通过数据图表向学生展示中国移动支付普及率全球第一，用数据直观地反映我国信息化、金融科技的飞速发展，增强学生的民族自信心。 （2）通过对不兑现信用货币弊端的讲解，以人民币的发行作为正面案例，介绍我国的货币发行准备金制度，通过我国保证币值稳定，为世界经济发展作出贡献，向学生彰显中国的大国风范，增强学生的民族自豪感。 （3）通过介绍美国以"量化宽松"的货币政策来确立美元霸权，收割全球财富，招致全球各国反对，让学生认识到霸权主义不得人心
	主币与辅币的特点及其法偿能力的差异性	（1）以现实生活中拒收人民币的实例切入，让学生认识到拒收人民币纸币行为的违法性，在讲解中引入《人民币管理条例》《中国人民银行法》，向学生普及人民币管理的基本知识，增强学生的金融法律意识。 （2）用现实案例帮助学生认识为老年群体提供金融服务的必要性，教育学生要尊重和关心我们身边的老人，力所能及地为他们提供帮助
信用	信用的本质是一种还本付息的经济行为；商业信用风险特点	（1）从信用的本质指出其风险性，教育学生任何所谓的0首付、0利息的虚假宣传都是一种欺诈行为，不要盲目相信"天上掉馅饼"，警惕电信诈骗，增强金融风险意识。 （2）联系课程视频中小企业信用危机的现实案例让学生认识到信用危机无处不在，提示学生应该提高警惕性。 （3）教育学生要讲诚信，严守职业道德操守，不断提升自身的职业道德修养

续表

课程内容	课程思政元素切入点	课程思政教学实现方式
金融机构体系	我国金融机构体系框架；我国在国际金融机构中的地位	（1）以框架图的形式向学生展示我国金融改革后机构门类齐全、业务功能完善的现实状况，让学生感受到改革的成效，金融事业蒸蒸日上，从而增强学生作为社会主义事业接班人的使命感和自豪感。 （2）通过介绍国际货币基金组织（IMF）的资金构成，以"特别提款权"这个概念为切入点，以数据图表的形式向学生展示中国在 IMF 特别提款权份额上升至全球第三，由此反映出中国国际地位提高，对世界经济政治的影响力增强，增强学生的道路自信
利率	我国利率市场化循序渐进改革的步骤；利率市场化改革的影响	（1）以提问的形式让学生讨论我国利率市场化改革步骤的先后顺序，然后在讲解中融入我国的利率市场化改革是在大局观指导下，有步骤、有方法的稳健性推进，党中央各项政策的执行始终是"以人民为中心"，这也是我国改革开放取得巨大成就的一个重要法宝，增强学生的制度自信。 （2）以专题形式让学生研讨利率市场化改革的影响，以与日常生活息息相关的银行存贷款利率市场化为例，联系学生们今后的买房、买车、创业或投资实际，让学生感受到利率变化对于成就财富人生的作用，也能让学生进一步认识到自己生活在一个繁荣、富强、人民生活安定的好时代
金融市场	货币市场和资本市场的区别；货币市场子市场同业拆借的 SHIBOR 行情解读	（1）从货币市场和资本市场的比较中让学生理解投资领域"高风险、高收益"的道理，提醒学生不要盲目地只看到高收益，一定要认识收益背后的巨大风险，谨慎面对投资选择。 （2）先讲授如何解读 SHIBOR 行情，并布置作业让学生课下查询课程当天的 SHIBOR 行情进行课后练习，然后以 2013 年货币市场钱荒事件作为案例让学生认识到同业拆借的必要性，同时通过钱荒事件让学生认识到业务扩张及违规操作的巨大风险，从而增强学生的金融风险意识，教育学生在今后工作中要规范业务行为，提高职业道德修养

课程内容	课程思政元素 切入点	课程思政教学实现方式
商业银行	商业银行实行总分行制的模式； 商业银行信息化发展的状况和趋势	（1）以中国建设银行的全球经营网络图和中国工商银行超过4万亿美元的全球最大资产规模作为案例，介绍总分行制的模式，从而使学生感受到我国日益强大的金融机构和金融实力，激发学生将来去金融机构从业的兴趣，帮助学生树立努力学习专业知识的使命感和远大的职业理想。 （2）以商业银行的"智能柜员机""远程可视化柜台"等商业银行信息化的具体做法，让学生感受到学好金融知识对于打造美好生活、成就财富人生的重要作用，也让学生感受到我国信息技术的发展和普及，已经走在了世界前列，进一步增强学生的民族自豪感和道路自信
中央银行	"最后贷款人"的作用； "最后清算人"的作用	（1）以金融热点问题"货币市场钱荒"为例切入，让学生感受现实经济活动中的金融危机及中央银行作用的发挥，加深学生对中央银行职能的理解。通过案例让学生认识到金融行业的高风险性，提醒学生谨慎经营和认识到金融监管的必要性。 （2）通过详细介绍中国人民银行的"CNAPS系统"，加深学生对中国人民银行"最后清算人"作用的理解，让学生感受到我国金融科技的发达和移动支付的普及，并结合学生日常生活中网上支付给生活所带来的便利，在增强学生制度自信的同时教育学生要学好本领、做好接班人
金融监管	金融监管的含义、对象和经济学理论依据； 宏观审慎监管和微观审慎监管的含义	（1）以"财富基石诈骗案"为切入点，让学生认识到金融风险无处不在，从而更深入理解金融监管的必要性，"以案警示"教育学生要自觉遵纪守法，严守职业道德操守，同时提醒学生要学会自我保护，警惕各类金融诈骗。 （2）宏观审慎监管和微观审慎监管是我国金融领域的高频词汇，引导学生多关注当前金融领域改革发展的一系列前沿问题、热点问题，培养学生主动关注我国金融事业发展和金融领域各项重大变化的好习惯

续表

课程内容	课程思政元素切入点	课程思政教学实现方式
国际货币体系	人民币汇率制度；人民币国际化	（1）从人民币汇率制度改革的发展历程入手，让学生认识到渐进式改革、稳步推进的必要性，引导学生关注改革的新动向，形成金融思维，学会规划自己的财富人生。 （2）通过介绍我国人民币国际化所取得的巨大成就，让学生感受到我国是一个繁荣富强的世界大国，增强学生的民族自豪感。 （3）介绍人民币国际化的困境，让学生认识到"前途是光明的道路是曲折的"，从而激发学生掌握专业知识，为实现中国梦努力奋斗的决心

教学效果与反思：线上线下混合教学模式和"优课联盟课程平台＋学习通＋课程 qq 群"的信息化教学手段，为思政元素更好地融入课程知识点提供了有效的助力。学生上课的积极性高、参与性强，课程思政与专业知识点的紧密结合，实现了课程思政的"润物细无声"。课程思政的巧妙融入，增强了学生的金融风险意识，培养了爱国情怀，有助于学生树立正确的人生观、财富价值观，"以案警示""以例说法"有利于增强学生的遵纪守法意识，加深了学生对职业道德操守的认识。同时还训练了学生的金融思维，培养了学生的理财规划能力，为今后构建幸福的财富人生打下坚实基础。

课程思政应当紧跟时代的步伐，及时关注我国改革开放的新成就、新政策、新举措、新思路、新要求，不断追踪金融领域发展的前沿资讯，只有教师自己与时俱进，才能把最新的变化、内容、专业知识、经济金融热点等传递给学生，所以课程思政的素材还需要定期更新、不断完善。

《微观经济学》课程思政教学设计[*]

彭 欢^{**}

课程名称：微观经济学

任课老师：彭欢

课程内容：微观经济学是高等院校经济管理类课程中的专业基础课。课程通过研究个体经济单位的经济行为来说明现代西方经济社会市场机制的运行和作用，以及改善这种运行的途径。其分析的核心是价格，要解决的问题是资源配置。微观经济学对个体经济单位的考察，主要从三个层次逐步深入：第一个层次是分析单个消费者和单个生产者的经济行为；第二个层次是分析单个市场的价格决定；第三个层次是分析所有单个市场的价格的同时决定。本课程是在学生学习了政治经济学及高等数学等课程的基础上进一步学习的一门课程，同时，微观经济学也是宏观经济学以及相应专业课程的基础，起着承上启下的重要作用。

课程思政目标：

（1）强化学生经济学逻辑思维能力，能用辩证性思维理解和深入研究经济问题，并创新性地提出解决经济问题的对策和建议，拓展专业能力，提升职业素养。

（2）帮助学生从原有的简单思维模式过渡到辩证思维模式，提升学生解决复杂问题的能力，树立正确的价值观和世界观。

---

* 基金项目：本文系 2023 年度湖北工程学院课程思政示范项目（项目编号：KCSZ202211）的阶段性研究成果。

** 作者简介：彭欢，女，博士，湖北工程学院经济与管理学院讲师。

课程思政教学设计及实现方式如表1所示。

表1　　　　　　　　课程思政教学设计及实现方式

课程内容	课程思政元素切入点	课程思政教学实现方式
导论第五节 怎样学习西方经济学	从中国改革开放40多年来的高速经济增长事实出发，引导学生思考西方经济学能不能完全解释中国经济发展奇迹？以此为切入点，引发学生对中国经济实践指导思想的讨论，最终形成运用马克思主义辩证唯物史观，以批判吸收西方经济学中的有益成分的态度学习西方经济学的观点	(1) 从中国改革开放40多年的经济增长事实描述中，激发学生的民族自豪感。 (2) 从探讨学习西方经济学的正确方法中，培养学生运用辩证唯物史观思考问题的能力。使学生从简单思维模式向辩证思维模式过渡
第一章第五节 供求分析应用事例	从"谷贱伤农"的经济现象出发，引导学生思考这一现象背后的经济学原理，以此为切入点，进一步引导学生思考"谷贱伤农"的本质原因，并理解在当前中国特色社会主义制度下"谷贱伤农"问题消失的原因	(1) 从"谷贱伤农"的历史现象描述中，对比旧社会与新中国的巨大反差。使学生深刻体会到民族振兴和国家振兴。 (2) 从"谷贱伤农"的经济学原理出发，进一步探讨其背后形成的制度原因，帮助学生拓展多元的思考视角
第二章第四节 消费者均衡	从收入变动对消费者均衡影响的经济学原理出发，解释恩格尔系数的含义。以此为切入点，请学生收集改革开放以来中国城镇、农村恩格尔系数数据，感受改革开放以来中国人民生活水平变化的趋势	(1) 从恩格尔系数的发现出发，鼓励学生在现有知识结构下大胆创新。 (2) 从中国城镇、农村恩格尔系数的变化趋势中，感受中国人民生活水平的提升及城乡生活水平存在差异的事实，激发学生服务社会的责任感
第三章第二节 生产函数	以"奶茶店如何运转"的案例为基础，理解生产函数的含义。以此为切入点，进一步引导学生思考个量经济的累积推动中国经济增长的主要动力在哪里，进而理解技术、人口、资源等在中国经济发展中的作用及其发展趋势	(1) 从微观的知识点延伸到宏观的经济问题，激发学生对社会经济问题的关注，帮助学生建立基本的社会责任感。 (2) 从探讨技术、人口、资源对产出影响的经济学原理出发，使学生能够深入理解国家技术创新政策，增加学生对国家政策的认同感

续表

课程内容	课程思政元素切入点	课程思政教学实现方式
第四章第四节完全竞争企业和市场的长期均衡	以农产品市场为例，理解完全竞争市场的长期均衡条件是企业获得的经济利润为零。以此为切入点，引导学生思考中国为什么要引入和构建市场经济体系	从知识的理解到知识的运用，启发学生更加关注和深入思考国家经济政策，帮助学生形成独立思考和分析国家经济政策的意识，进而强化学生对国家政策的认同感
第五章第五节不同市场的比较	以农产品市场、汽车市场、电信市场等为例，分析不同市场结构的经济效率并进行比较。以此为切入点，进一步引导学生思考为什么我国需要构建具有中国特色的社会主义市场经济体系	启发学生运用比较分析的方法，从多元的角度来理解中国特色社会主义市场经济体系，帮助学生构建正确的价值观
第六章第二节要素供给的一般理论；第六章第三节劳动和工资	以改革开放以来中国收入分配制度的改革和变化为例，理解要素供给的一般原则。以此为切入点，进一步引导学生理解中国特色社会主义收入分配制度的合理性，激发学生对中国特色社会主义制度优越性的深入思考	（1）比较分析西方经济学的劳动分配观与马克思主义政治经济学的劳动价值论，进一步深刻理解马克思主义的科学性。（2）帮助学生构建辩证思维模式
第七章第二节竞争性均衡与经济效率；第七章第三节公平与效率	以中国收入分配制度改革的历史变迁为例，理解分配中的公平与效率问题。以此为切入点，进一步引导学生从时代背景出发，深入理解中国收入分配制度改革	培养学生对复杂问题的分析和理解能力。使学生从简单思维逻辑逐渐过渡到辩证的思维模式。进而提升学生分析和解决实际问题的能力
第八章第五节收入分配中的不平等	以美国 1929～1991 年主要年份各类家庭组收入占总收入的百分比数据为例，理解洛伦兹曲线和基尼系数。以此为切入点，引导学生收集并绘制改革开放以来中国基尼系数的变化趋势图。体会中国收入分配变化趋势并思考其形成的原因	（1）启发学生运用数据发现经济现象，养成独立思考的习惯。（2）通过对城乡收入差距的描述，理解我国收入分配不平等中的城乡收入分配不平等现象，激发学生主动服务社会的意识，提升学生的社会责任感

教学效果与反思：

1. 教学中取得的成效

（1）以典型案例贯穿知识讲授过程，突出教学知识传导的逻辑性。例如第一章第五节从"谷贱伤农"问题的提出，到解释"谷贱伤农"的经济原理，再到提出如何解决"谷贱伤农"问题，层层递进实现知识传导。

（2）以知识点为纲提炼典型经济学问题，突出知识运用的实践性。鼓励学生通过对"税收分摊""薄利多销"等现实经济问题的解释，掌握知识运用的基本方法。

（3）以案例分析承载思政元素，将思政元素融入课程教学全过程。从课程导入到课程讲授，再到课后作业，将思政元素融入教学过程的各个环节，实现立德树人的育人目标。

2. 存在的问题及改进思路

（1）融入思政元素的教学案例仍有待进一步丰富。融入思政元素的教学案例既要突出中国优秀传统文化的传承，又要体现时代性，应根据这一原则不断丰富教学案例。

（2）思政元素的自然融入有待进一步优化。要不断思考和再设计思政元素融入契合点，使思政教育更自然。

《客户关系管理》课程思政教学设计

李海芹*

课程名称： 客户关系管理

任课教师： 李海芹

自编教材： 李海芹主编. 客户关系管理（第三版）［M］. 北京：北京大学出版社，2023.

课程微信公众号： CRM 学习与研究

第一部分：课程主要内容和课程思政目标

1. 课程主要内容

客户关系管理是一门将先进的管理理念、创新的管理机制与现代信息技术相结合的新兴综合性交叉学科，是电子商务、市场营销等经济管理类专业的重要课程。课程内容主要围绕"以客户为中心"的思想展开，在管理理念上涵盖了关系营销、一对一营销、客户价值、客户满意与忠诚等内容，在信息技术方面介绍了 CRM 应用系统、数据仓库和数据挖掘等知识，

＊ 作者简介：李海芹，女，博士，湖北工程学院经济与管理学院教授。

在管理实践方面对 CRM 项目的实施策略进行了探讨。课程较多地应用了案例讨论、角色扮演、上机实验等教学方法，具有综合性、实践性和应用性等特点。

2. 课程思政目标

（1）培养学生的职业素养和道德观念：通过对客户隐私、客户忠诚度等问题的探讨，让学生了解到职业道德和职业素养在客户关系管理中的重要性，通过课程中专业知识的学习与实践训练，掌握客户关系管理的方法与技能，提高职业能力；（2）增强学生的社会责任感：通过引入利益相关者理论探讨企业社会责任对于可持续发展的价值，使学生了解企业的持续成功不仅在于追求经济利益，还在于社会贡献，从而培养学生的社会责任感；（3）提高学生的民族自信：通过引入华为、京东、良品铺子等中国优秀企业案例，激发学生爱国情感，产生民族与文化认同，并对实现中华民族伟大复兴充满信心；（4）培养学生的团队合作精神和创新意识：在课程中，鼓励学生通过团队合作完成项目和任务，提高学生的团队合作精神和创新意识。

第二部分：客户关系管理课程思政教学设计

（节选：第五章　一对一营销）

一、教　学　目　标

知识目标：通过学习能够掌握一对一营销的定义，理解一对一营销的核心思想和特点。

能力目标：通过一对一营销角色扮演活动，锻炼学生的沟通能力，掌握通过一对一沟通挖掘客户价值的方法。

价值和素养目标：明确企业应履行的社会责任，不能伤害客户利益；

能够辩证看待质疑观点，多角度分析问题，不盲信盲从，提高独立思辨能力。

二、教学阶段安排

课前任务：通过阅读海通证券一对一个性化服务的案例和知识预习熟悉一对一营销的定义和特点。

课中任务：通过理论学习和实训活动加深对一对一营销的理解，提高沟通能力和思辨能力，实现知识、技能和素养目标。

课后任务：撰写实训报告，复习巩固学习内容。

三、教学重难点及处理方式

（一）教学重点

（1）一对一营销的定义（理论教学）；

（2）一对一营销的三个核心思想（理论教学）；

（3）一对一营销沟通技巧（实践教学：角色扮演）；

（4）一对一营销质疑观点（实践教学：小组讨论）。

（二）教学难点

1. 一对一营销的本质

学生对一对一营销的理解容易流于表面，看到了客户信息的价值，却忽视了客户利益，易走入"将频繁骚扰客户视为一对一营销"的误区。

教学策略如下：

首先，通过"老太太买水果"案例中三个不同商贩的交易结果对比，使学生感受到客户信息的商业价值，理解一对一沟通和客户价值挖掘的重要性。但是如果单纯强调客户信息的价值，很容易误入歧途，以为一对一营销是在提倡"无底线地利用客户信息"。因此，非常有必要提出一个令人深思的问题："高度利用个人化信息实现交易的行为是不是一对一营销。"

最后，通过生生互动讨论得出结论：一对一营销的本质是通过一对一的沟通建立信任，基于信任建立长期互动，维系企业与客户间的良好关系。高度利用个人化信息乃至频繁地骚扰客户会招致客户的反感，客户的不安全感会降低对企业的信任，损害企业与客户的关系。因此"高度利用个人化信息实现交易的行为并不是一对一营销"。

通过上述设计，学生会对案例分析和问题讨论留下深刻的印象，能够正确而深刻地理解一对一营销的本质。

2. 一对一沟通的能力

学生日常生活中更多是以客户的身份参与"企业—客户"互动，缺少管理者/服务者身份的沟通练习，换位思考能力较弱，身份转换困难。

教学策略如下：

每三位学生一组，通过讨论确定企业——客户沟通场景和分饰的角色，完成角色准备、一对一沟通实践和撰写实训报告三个环节。通过一对一角色扮演实训活动，培养学生换位思考能力和沟通能力。

四、教 学 方 法

（一）启发式教学法

以问题为导向，组织学生就质疑一对一营销理论的观点展开讨论，组织学生就"老太太买水果"中三个商贩在沟通过程和交易结果上的差别进行分析。

（二）项目式教学法

通过"一对一营销角色扮演"实训项目驱动学生以小组形式完成发布

的任务，然后进行总结。

（三）互动式教学法

课堂提问师生互动、小组讨论生生互动，打破课堂沉默。

（四）体验式教学法

设计企业—客户沟通场景，学生代入角色，通过沉浸式的学习体验实现理论与实践的结合。

五、教学效果与反思

（一）教学效果

理论教学环节：通过观察四位学生表演"老太太买水果"提升学生兴趣，引发学生积极思考和回答老师提出的问题，在生生互动和师生互动中，深刻地理解了一对一营销的本质。

实践教学环节：学生情绪高昂、讨论热烈、准备认真，每个小组演练一对一沟通的过程，并对服务人员的表现进行点评。学生的沟通能力和换位思考能力都得到了锻炼；通过小组讨论"一对一营销的质疑观点"，产生正反观点的碰撞，训练了学生的独立思辨能力。

（二）教学反思

本次课根据"一对一营销的定义、目标和核心思想"的教学内容要求和教学目标，基于线下教学模式，开展了有效的智育和德育教学，圆满地完成了教学任务，达成了教学目标。

根据对以往学生在学习本章节内容时的情况分析，学生在学习时容易出现"对于一对一营销的理解流于表面，只看到客户需求信息的营销价值，而忽略了一对一营销的初衷，不能辨析'营销骚扰'与'一对一营销'的区别"等问题，在教学设计时要通过深度提问、案例剖析、师生互动、生生讨论的方式引导学生思考和理解一对一营销的本质。

大三年级电子商务专业的学生已具备管理学、市场营销学、网络营销等相关专业课程学习的基础，同时已经学习过客户关系管理中关系营销、客户价值和数据库营销等章节，对客户关系的重要性、客户信息的价值等已有一定的了解，这为本课内容的学习打下了基础，有利于课程的导入。

鉴于大学生缺少社会实践，部分学生缺乏独立思辨能力、容易盲信盲从的特点，通过设计"一对一营销质疑观点"的小组讨论，使学生能从多个角度更为全面地剖析问题，提高分析问题的能力。

大三下学期电子商务专业的学生即将进入实习阶段，学生要为未来求职做准备，同时学生们在思维上缺乏换位思考习惯，管理者角色转换困难，在做教学设计时，除了通过提问、要求学生从管理者角度提出解决策略等方法外，还要为学生提供实践的机会。在本章节的教学中，通过一对一营销角色扮演的实训活动，要求学生从服务者的角度，通过一对一沟通来发现客户的需求。这个设计有利于锻炼学生的沟通能力和换位思考的能力。

此外，还要通过多元化的考核方式，差异化评价个人表现，激励学生积极参与课堂，打破课堂沉默，认真完成课前、课中和课后任务，真正构建"以学生为中心"的课堂。

《货币金融学》课程思政案例的教学设计

马玉立[*]

一、课 程 简 介

《货币金融学》是湖北工程学院经管学院金融工程本科专业的专业基础课，教学学时 48 学时，在第 3 学期开设，也是教育部指定高等院校金融类专业的核心课程。本课程以介绍金融知识和理论为基础，借鉴国内外科研成果，考虑到金融专业的特点，注重基础理论研究和基本技能训练，并在此基础上，使学生真正掌握我国金融运行的规律，以及根据市场经济的要求探讨我国金融政策的实践。

重点内容是货币与货币制度、信用与利息、金融市场、金融机构、中央银行、货币政策、金融风险与监管等内容。

二、课程教学目标

1. 知识目标

（1）了解金融学的概念、理论和内容；

（2）理解货币、信用、利率的概念和范畴；

（3）熟悉金融体系的原理及运行机制；

---

* 作者简介：马玉立，女，博士，湖北工程学院经济与管理学院副教授。

（4）掌握金融市场的特点及运行规律；

（5）探讨货币供给、货币政策的理论与实践活动。

2. 能力目标

（1）解释货币金融现象；

（2）分析货币金融问题；

（3）初步解决金融实务问题。

3. 素质目标

培养学生的爱国热情、使命意识、诚信品德。

三、教学思政案例设计

教学思政案例设计如表 1 所示。

表 1　　　　　　　　　　教学思政案例设计

思政元素	教学内容	思政要素切入点	育人目标
爱国热情	第一章　货币与货币制度 案例：大国崛起的见证者——人民币。 通过展示新中国五套人民币，了解我国经济发展的成果，讲述货币演变史，感受新中国成立以来的经济发展历程	切入点：五套人民币演变史。 通过人民币由弱小变强大的过程，激发学生的爱国热情和民族自豪	通过指定章节，选择"人民币"为题材，编写教学思政案例，引导学生学习货币文化，树立爱国情怀，培育爱国热情
诚信品德	第二章　信用与利息 案例：又见平遥。 通过展示《又见平遥》大型话剧图片，讲解该剧背后的剧情故事	切入点：《又见平遥》大型话剧的剧情。 通过列举典型失信的案例、结合《又见平遥》这部讲述山西平遥人诚信精神的艺术作品，强调信用的宝贵，进一步讲解晋商精神——诚信	通过指定章节，选择"又见平遥"为题材，编写教学思政案例，引导学生反思生活中是否出现失信行为（信用卡逾期未还，借同学钱未还，用生活费玩网游），提高学生对诚信的重视度，珍惜个人信用、传承晋商诚信品德

思政 元素	教学内容	思政要素切入点	育人目标
爱国 热情	第三章　金融市场 案例：金融市场历次重大改革。 了解历次金融改革发生的背景，学习金融改革的政策操作，总结改革的成果	切入点：历次金融改革。 梳理金融市场历次重大改革，重点剖析每次改革的前因和启示，并指出中国取得的经济成就离不开金融改革，激发学生爱国热情	通过指定章节，选择"金融改革"为题材，编写教学思政案例，引导学生了解新中国的金融历史，并深刻理解国家每次金融改革的举措和动机，并为国家取得的改革成果而自豪，培育学生爱国热情
爱国 热情	第四章　金融机构 案例：亚洲基础设施投资银行。 在"一带一路"倡议背景下讲述亚洲基础设施投资银行（AIIB）这一金融机构的成立，并掌握亚洲基础设施投资银行是由我国提倡成立的第一个国际金融机构，成员方有100余个，已远超亚洲开发银行	切入点：成立亚洲基础设施投资银行（AIIB）。 将"一带一路"倡议下诞生的亚洲基础设施投资银行与美日主导的亚洲开发银行进行对比分析，让学生了解习近平总书记提出的"一带一路"倡议，帮助学生树立高度的民族自信，培育爱国热情	通过指定章节，选择"亚洲基础设施投资银行"为题材，编写教学思政案例，引导学生了解习近平总书记提出的"一带一路"倡议，帮助学生树立高度的民族自信心，激发学生家国一体的爱国情怀和荣辱与共的兴国心
使命 意识	第五章　中央银行 案例：财经新闻。 让学生理解宏观经济政策和实际生活的紧密联系，释放的流动性旨在配合"普惠金融"扶持"三农"发展和"双创精神"引导下的小微企业成长	切入点：财经新闻——中国人民银行下调中小银行的法定存款准备金率。 结合教材理论和新闻内容，讲解此项货币政策背后的原因及下调存款准备金率的目的。引导学生积极响应国家金融政策，怀揣使命，奋斗前行	通过指定章节，选择"财经新闻"为题材，编写教学思政案例，激发学生经邦济世的报国志，在国家积极政策的支持下，树立学生使命意识

续表

思政元素	教学内容	思政要素切入点	育人目标
使命意识	第六章　货币政策案例——政策中的中国梦。通过阅读货币政策相关的报告和文献，深入学习我国经济发展目标，理解中国梦的内涵和对新时代青年提出的要求	切入点：全国"两会"政府工作报告、《中央经济工作会议（全文)》和《货币政策执行报告》。通过指导学生查阅与货币政策相关的文件和报告，结合不同阶段我国货币政策的取向和效果，从经济增长、发展角度助力中国梦的早日实现	通过指定章节，选择"货币政策相关报告"为题材，编写教学思政案例，引导学生从"两耳不闻窗外事"向"家事国事天下事事事关心"转变，将个人理想和中国梦、个人进步与国家发展紧密结合，坚定理想信念，明确新时代新青年肩负的新使命
诚信品德	第七章　金融风险与监管案例——金融诈骗实例。列举"714 高炮"、套路贷等黑幕的曝光。一年间，有的诈骗分子"换汤不换药"，继续以"高额低息"等噱头"套路"消费者。当不幸"中招"时又该如何"手撕"骗子？	切入点：金融诈骗。引用金融大数据和真实案例，让学生了解金融诈骗的表现和违法金融行为的严重后果。通过法治教育树立学生诚信品德	通过指定章节，选择"金融诈骗"为题材，编写教学思政案例，引导学生未来投资过程中要善于明辨是非，不骗人、不害人，讲诚信

案例教学：银行大而不倒对不对？*

周 丹**

课程名称：商业银行经营管理

任课教师：周丹

章节名称：第二章 商业银行资本 第四节 商业银行并购决策与管理

课程内容：商业银行并购和破产。

课程思政目标：结合国家相关政策分析政府对商业银行的监管和风险管理。

案例设计及实施过程：

一、案 例 内 容

商业银行"大而不倒"的说法对吗？

"大而不倒"（Too Big To Fail，TBTF）起溯于 1984 年联邦存款保险公司（FDIC）对大陆伊利诺斯银行（以下简称"大陆银行"）的成功帮扶。当大陆银行出现资金缺口，导致其无法继续经营的消息传出后，出现了严重的挤兑现象，此时该银行所持有的资金，已经不能满足客户提取现金的

---

* 本文为湖北工程学院校教改课题《数字化时代思政引领金融工程专业实践教学创新发展研究》，编号 2023023 阶段性成果。

** 作者简介：周丹，女，博士，湖北工程学院经济与管理学院教师。

需要。于是美国联邦储备银行（简称"美联储"）提供给大陆银行巨大规模的流动性救助，FDIC 对大陆银行提供债务担保支持，即对该银行所有存款实行保险全额覆盖，另外 FDIC 还通过购买大陆银行的不良贷款和优先股来直接操控银行。以这件有效救济大银行的典型事例，作为"大而不倒"兴起的起点，它成为拯救问题银行的一种途径。

TBTF 不仅仅出现在美国，它的足迹遍布世界各地，英国、法国、日本等国家也都纷纷效仿"大而不倒"政策，来维持本国金融系统的稳定。

（一）"大而不倒"的内涵

1. "大"是系统重要性

在次贷危机之前的实践里，"大而不倒"中的"大"多数是指金融机构具有较大的规模，政府是否对濒临破产边缘的金融机构进行救助完全取决于国家的判断，缺乏统一的标准去判断金融机构规模有没有"大"到需要救助。

但是当 2008 年的世界次贷危机开始后，世界各地的政府部门相互合作，对陷入困境的大型机构实施了全面援助，斥巨大资本支持它们的正常经营，以避免金融机构规模危机的进一步扩大与延伸，从而避免对整个金融市场系统和整个实体经济体系产生影响。

当时，美国耗资 4 千亿元救助房利美和房地美，发款 2 千亿元救助了美国最大的保险公司集团美国国际集团（AIG）；英格兰银行向北岩银行发放紧急信贷救助，并将之转为国有银行；而冰岛的行政当局则将国内规模较大的 3 家银行国有化。

这种行径已经受到了国际社会的部分质疑，却也客观体现了被救助银行都具有"大"的特性，这些金融机构的"大"并不单纯指规模庞大，还包括不可替代性强、关联程度高。

金融机构的"大"，就是其系统重要性的代表，普遍认为具有系统重要性的金融机构是规模大、业务具有不可替代性、自身与其他金融机构有高度关联性的金融机构。但是系统重要性并不只是通过这三个角度来衡量，金融机构的"大"是一个广泛且动态的概念，即使是一般不具备系统重要性的机构，也有可能在特定环境下向具有重要性的层面转化。

2. "不倒"是政府救助

"大而不倒"表现为某些具有大规模的银行、投行等金融机构，因其业务多样性、在金融系统中的中心地位，而成为不可能陷入困境的特殊主体。

TBTF 中的"不倒"，便是指一国当局会选择出资援助或联合金融行业内其他有能力的企业共同提供资金保障为被救助者买单，从而防止这类金融机构倒闭。政府救助的合理性在于控制了系统重要性银行（SIFIs）倒闭所带来的系统性风险，避免了其倒闭会引发金融危机的可能性。政府救助的不是金融机构本体而是系统性风险，由于系统重要性金融机构处于金融体系的核心位置，政府救助行为会减小其倒闭对金融系统的冲击，也避免了实体经济的崩溃。然而，政府救助存在很多不合理性如道德风险、逆向选择、破坏市场竞争机制等。

3. "不倒"是核心

TBTF 政策的核心基础是"不倒"，因为系统重要性金融机构的倒闭，会产生多米诺骨牌效应，从而使系统性风险在金融市场上传播和蔓延；另外其倒闭长期会导致金融秩序的混乱，从而引发金融危机甚至是经济危机。"不倒"作为 TBTF 的核心，是为了维护金融秩序的稳定。

（二）"不倒"引发的道德风险

"大而不倒"最主要的代价就是道德风险以及由此制造的更大风险。"大而不能倒"问题的本质是，大型银行的债权人和股东相信，银行将会受到政府的援助而不会倒闭，他们的资金放在大型银行是安全的。于是，他们就会放松对银行的监督，因为反正有中央政府的保护。就这样，"大而不能倒"银行将会发放风险很高的贷款，并在其他高风险业务上下赌注，从而让银行面临更大的风险。这种不良行为就是"大而不能倒"的"道德风险"。

2010 年 11 月，金融稳定理事会向二十国集团（G20）首尔峰会提交了"一揽子"政策建议。首先，要提高系统重要性金融机构自己对冲损失的能力，主要是通过提高这些金融机构的资本要求、应急资本和自救债券等方法实现，也包括更高的流动性要求和更加严格的大额风险暴露。其次，提升系统重要性金融机构的监管强度和有效性，涵盖监管的目标、监管的独立性与资源投入、监管的具体权力、监管的持续性、并表监管、监管技术和国际合作等方面。再次，各国应建立有效的危机处置框架。最后，强化核心金融市场的基础设施，包括支付体系、证券交易与结算体系、中央交易对手等，目的是弱化系统重要性金融机构之间的关联性，降低风险传染的程度。

（三）中小银行该不该救助？

2011 年，巴塞尔银行监管委员会首次提出"全球系统重要性银行"的概念、评估方法和标准，G20 集团旗下的金融稳定理事会（FSB）据此定期发布"全球系统重要性银行"名单。这些"全球系统重要性银行"体量庞大，在国际金融市场中扮演了关键角色，一旦发生重大风险事件或经营失败，很可能会对全球金融体系和世界经济带来系统性风险和重大冲击。因此，一旦纳入了"全球系统重要性银行"名单，除监管部门对其实施更高的附加资本要求外，也隐含了这些银行符合"大到不能倒"的救助标准。

2023 年 3 月，美国科技金融领域的重要标杆硅谷银行突然陷入流动性危机。在拜登政府和美国监管部门的强力处置下，硅谷银行被宣布接管，其储户存款得到全额保障。但就规模和重要性来看，硅谷银行只是一家美国中型银行。截至 2022 年末，硅谷银行总资产约为 2090 亿美元，存款总额约为 1754 亿美元，仅为美国第 16 大银行，并不在美联储定义的、持有贷款和有价证券超过 10 万亿美元的本土"系统重要性银行"之列，更不属于金融稳定理事会认定的"全球系统重要性银行"。①这也导致拜登政府和美国监管部门对硅谷银行的救助行动颇具争议。

我国银行体系长期存在刚性兑付的预期。自 1998 年海南发展银行宣告破产以来，即使是体量较小的中小银行，一旦陷入破产困境，监管部门均采取完全救助的处置方针，即完全保障所有银行债权人的损失。2019 年包商银行风险处置事件是 30 年来监管部门首次明确采取不完全救助措施的案例，打破了国内市场多年来形成的政府对银行进行完全担保的预期。相对于大型银行，中小银行在同业存单市场面临的融资成本显著上升，并且获得融资的难度增加，导致部分中小银行（如锦州银行、恒丰银行等）陷入融资困境，对当时金融体系的稳定性产生了一定影响，中小银行之间的同业存单信用利差也更加分化。包商银行事件前，中小银行同业存单利差主要与银行规模相关，对银行信用基本面指标不敏感。但包商银行事件后，中小银行同业存单利差开始对银行信用基本面指标敏感，表明金融市场对中小银行信用定价效率在提高，这有助于降低金融体系过度风险承担，促进金融资源更加合理分配。

二、案例思政结合点

思政结合点：中央银行对金融机构经营的安全性、稳定性的关注。

防范化解重大风险是经济平稳发展的保障。尤其是化解金融风险，更是永恒不变的任务。2022 年政府工作报告中明确提出"深化中小银行股权结构和公司治理改革，加快不良资产处置"，中小银行应从股东资质、关联交易、组织架构、考核激励等方面着手，理顺公司治理运作机制，提升中小银行内生的经营管理水平和稳健发展能力。特别是对股东资质进行穿透式监管，避免中小股东贪图融资便利等短期行为，杜绝将银行作为"提

---

① 硅谷银行 48 小时破产！惊动拜登，或导致科技公司灭绝？［EB/OL］. 环球网，https：// baijiahao. baidu. com/s?id = 1760204958698891043&wfr = spider&for = pc，2023 - 03 - 13.

款机"①。党的二十大报告中强调，"守住不发生系统性风险底线"。同时也强调，要"深化金融体制改革，建设现代中央银行制度，加强和完善现代金融监管，强化金融稳定保障体系，依法将各类金融活动全部纳入监管，守住不发生系统性风险底线"②。

综上所述，结合当前党中央、国务院的一系列重要会议精神能帮助我们深刻理解金融政策对国民经济的影响以及商业银行在国民经济中的地位。通过对全球银行业发展各阶段的危机管理的回顾，结合对"银行大而不倒"认识的解析，能帮助我们理解其如何增强金融机构抵抗风险的能力，通过深化金融体制改革进一步加强对银行业的监管，避免出现系统性金融风险。

三、案例教学思路与过程

（一）理论内容的讲解思路

商业银行经营管理的核心实质原则——三性原则（安全性、流动性和盈利性）：商业银行并购管理原因→并购和破产的影响→并购等行为的决策→并购等行为的管理。

（二）理论内容的案例导入教学

1. 近几年发生的全球银行并购案例

2023 年 3 月 10 日，美国硅谷银行突然宣布倒闭，引发市场恐慌，并进一步向欧洲市场蔓延。3 月 14 日，瑞士信贷银行（以下简称"瑞信"）

---

① 最全！一图读懂 2022 年《政府工作报告》［EB/OL］. 中国政府网，https：//www. gov. cn/xinwen/2022 - 03/15/content_5679117. htm，2022 - 03 - 15.

② 习近平：高举中国特色社会主义伟大旗帜 为全面建设社会主义现代化国家而团结奋斗——在中国共产党第二十次全国代表大会上的报告［EB/OL］. 新华社，https：//www. gov. cn/xinwen/2022 - 10/25/content_5721685. htm，2022 - 10 - 25.

宣布其发生巨额亏损。为保持金融市场稳定，瑞士联邦政府和监管当局采取多项救助措施。3月20日，在瑞士监管当局的撮合下，瑞银集团（以下简称"瑞银"）同意以30亿瑞士法郎的价格收购瑞信并全额减记其160亿瑞士法郎的其他一级资本（AT1）债券（以下简称"AT1债券"），打破市场"债后股先"的损失吸收惯例①，对全球银行资本工具市场产生较大冲击。此次并购交易对全球系统重要性银行（G－SIBs）格局产生重要影响，并引发了全球对金融风险处置及G－SIBs风险管理的深度思考。

2. 为什么要进行商业银行并购？

战略并购是许多跨国银行实现国际化、综合化经营的重要手段。20世纪七八十年代，银行并购在全球并购交易中的占比为8.38%，90年代上升至17.65%。② 从瑞银的案例来看，主要有以下几点原因：

第一，突发危机需要监管机构及时应对和灵活处置。

瑞银、瑞信收购案是自2008年国际金融危机发生以来全球首个事关两家G－SIBs的收购案。瑞信危机处理充分体现了系统重要性银行"大而不能倒"问题。瑞信风险暴露后，瑞士监管当局果断处置，并采取有力措施促成瑞信与瑞银并购，较好地抑制了系统性金融风险的发生，维护了本国和国际金融市场的稳定。从处置方案公布后的市场反应来看，美国财政部和美联储、欧洲央行和英格兰银行等机构对瑞士当局采取的措施表示肯定。为防范和化解系统性金融风险，各国监管机构或将进一步强化监管，对系统重要性银行提出更高要求。

第二，日趋复杂的经营形势对商业银行风险管理提出更高要求。

当前全球经济金融领域不稳定因素增加，各类风险交织。近期硅谷银行、瑞信等一系列事件呈现出市场风险、信用风险迅速向流动性风险传导的链条特征，并导致银行最终进入不可持续经营状况。商业银行需进一步强化

---

① 5万亿美元"巨无霸"诞生！瑞士政府"亲自上阵"，瑞银砸223亿收购瑞信！瑞信董事长：这是悲伤的一天［EB/OL］. 每日经济新闻，https：//baijiahao. baidu. com/s? id = 1760843730963377149&wfr = spider&for = pc，2023 – 03 – 20.

② 姜建清. 中国大型银行的境外并购之路［J］. 中国金融，2023（07）：9 – 11.

风险管理意识，未雨绸缪，做好各类风险的预测、监测和管控，完善应急预案，强化底线思维，坚决防止因突发事件扰动而产生较大的风险敞口。资本是抵御风险的最后一道防线，系统重要性银行更应提高风险管理水平，优化资本管理策略，统筹资本消耗和补充，保持整体资本充足且水平处于合理区间。

第三，并购事件加大了商业银行资本工具管理难度。

在瑞银与瑞信并购案中，监管机构为达成撮合交易充分行使自由裁量权，全额减记了 AT1 债券，这虽有利于化解系统性金融风险，但预计将会对全球资本工具市场尤其是 AT1 债券市场的投资者信心造成较大影响。我国商业银行需统筹做好资本工具管理，充分开展投资者沟通，稳定市场预期，提振市场信心，保持存量资本工具二级市场价格处于合理水平。同时，稳妥开展新增资本工具发行，防止避险情绪外溢导致发行价格抬升。

3. 理论内容的升华

（1）金融是国家重要的核心竞争力，银行体系的稳定发展对金融稳定具有重要影响，如图 1 所示，商业银行的市场定位正随着市场经济的发展呈现出新的特征。

图 1　各类商业银行市场定位的变化

（2）监管机构通过对商业银行的各项监管指标进行约束从而影响其经营行为。对商业银行实施有效的审慎监管政策，防范金融风险、维护金融安全，保持经营稳定，并进一步提升商业银行经营效率，提升金融服务实体经济的能力。过紧的监管不利于商业银行经营效率的提高，过于粗放的监管又容易累积系统性风险。虽然对于系统重要性银行会有"大而不倒"的考量，但真正面临较大风险的仍是占有数量较多的中小银行。如图 2 所示，在数字经济的新形势下，中小银行是面临并购甚至破产威胁的主要群体。

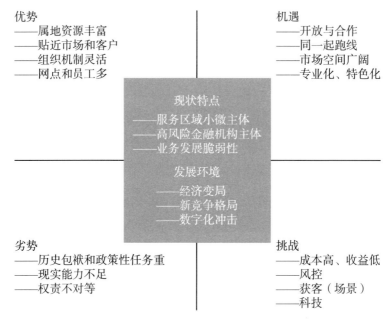

图 2　中小企业发展的 SWOT 格局

因此，稳定增长和防范风险的动态平衡中侧重于防范和化解金融风险，还应重视银行微观个体金融效率的提升，强调金融回归本源，服务实体经济，促进银行业的高质量发展和经济社会发展。

四、教学效果与反思（简要评析案例教学中取得的成效、存在的问题及改进思路等）

在案例教学过程中结合当前最新的金融政策变化来补充讲解课程教学中的相关知识点，能及时补充课程教材编写时未考虑到的问题。一方面能保证课堂教学贯彻思政教育，引导学生正确理解相关知识及其运用，将课本中枯燥的理论知识与现实政策相结合，赋予其生机和活力；另一方面，通过案例的讲解激发学生的讨论和思考，了解学生对于相关政策的掌握程度以及思想看法，提高课堂的参与度。但在实施过程中，要求教师要及时更新教学课件和相关政策内容，此外学生的有效参与度还有待提高，仍存在在讨论中"搭便车"的现象。在实训课程的学习中，除了以计入课程平时成绩等方法来鼓励学生参与课堂讨论外，还可以要求学生在小组学习的基础上独立撰写对该案例的分析和思考，避免出现大面积的抄袭和重复，以提高学生融入课程学习和进行深度思考的程度。

劳动教育课程思政教学设计

彭　桦[*]

课程名称：新时代劳动教育

任课教师：彭桦

课程内容：劳动理论课重点讲授习近平总书记关于劳动和劳动教育的重要论述，学习马克思主义劳动观；立足时代，深刻感悟劳动精神，大力弘扬劳模精神和工匠精神；学习我国农耕文化和工业文明，以及工农业发展对新时代劳动教育的启示；普及与大学生职业发展密切相关的通用劳动科学知识，如劳动与法律、劳动与社会保障、劳动与安全、劳动与未来等，以全面提高新时代大学生劳动素养。

课程思政目标：通过劳动教育，培养学生正确的劳动价值观，牢固树立劳动最光荣、劳动最崇高、劳动最伟大、劳动最美丽的理念；体会劳动创造美好生活，认知劳动不分贵贱，热爱劳动，尊重普通劳动者，培养勤俭、奋斗、创新、奉献的劳动精神；具备满足生存发展需要的基本劳动能力，形成良好的劳动习惯。

课程思政教学设计及实现方式（理论课 8 个学时、实践课 24 个学时）如表 1 所示。

---

* 作者简介：彭桦，女，硕士，湖北工程学院经济与管理学院教师。

表 1　　　　　　　　　　**课程思政教学设计及实现方式**

理论课程内容	课程思政元素切入点	课程思政教学实现方式
新时代大学劳动教育的新思想与新要求	提出劳动教育的本质内涵，培养学生健康的劳动价值观	介绍习近平总书记在全国教育大会上提出的"努力培养担当民族复兴大任的时代新人，培养德智体美劳全面发展的社会主义建设者和接班人"，将"劳动教育"与"德智体美"融为一体，上升为党和国家的教育方针。强调"劳育"的根本性地位，将劳动教育贯穿融入其他四育之中，培养全面发展的劳动者才有可能实现。深刻理解习近平总书记关于劳动教育的重要论述，融入马克思主义劳动观，以正确劳动观的形成为目标，以学科专业为基础，以社会实践为载体，以就业创业为导向，深刻领会新时代劳动教育的重大意义和特点
弘扬劳动精神	讲好劳模故事，知晓劳动创造丰收，劳动是最质朴无华的事业，培育学生积极的劳动精神	通过"劳模讲堂"视频的导入，弘扬劳模精神，向劳模致敬；"数"说劳动者的奋斗之美：铁人精神——王进喜（歌曲《咱们工人有力量》）；中国原子弹之父——邓稼先；袁隆平为国分忧人民至上；张桂梅淡泊名利坚守教育报国；"共和国勋章"获得者钟南山。分组讨论劳动精神、劳模精神、工匠精神的基本内涵和时代价值。深刻理解劳动精神是以爱国主义为核心的民族精神和以改革创新为核心的时代精神的生动体现。布置劳动任务：以小组为单位采访身边或者校园内的幸福劳动者，了解他们的劳动故事，体悟他们是如何在劳动中获得幸福的
用行动筑牢工农业根基	分析农民和工人的优秀品质，体恤、尊重农民和工人，珍惜劳动成果，自觉锻炼劳动能力	(1) 以"李子柒的视频如何爆火"的案例为切入点，讲解从农耕文化中体现的劳动之美，以二十四节气引导学生思考中华农耕文化的内涵和价值，进一步明确"天人合一""家国本位""长者为尊""耕读传家"的现实意义，了解各种农村民俗，引发学生对农民优秀品质的讨论。 (2) 围绕新中国经济建设和改革开放史就是一部工业文明发展史，让学生了解中国的工业文明，理解"幸福都是奋斗出来的"这句话的深刻内涵。从工业文明中体会劳动者的智慧，在新时代创造性地劳动、创新性地转化和发展，是实现中国梦的锐利的思想武器与强大的精神动力。了解传统工艺引发学生对工人优秀品质的讨论

续表

理论课程内容	课程思政元素切入点	课程思政教学实现方式
以法为器，保障劳动职业安全	熟悉相关的法律法规，明确在劳动关系和职场中的权利与义务，切实维护自身合法权益	（1）课堂导入案例分析，让学生了解必要的劳动法规，掌握劳动就业制度、劳动工资制度、劳动保障制度的具体内容。 （2）通过"劳动安全知多少"知识竞赛、大学生模拟法庭等互动活动，理解劳动安全、劳动法律法规的重要意义，并能运用法律专业知识解决劳动关系中的实际问题

　　教学效果与反思： 在教学过程中丰富教学资源，如视频导入、案例分析等能提升大学生接受劳动教育的主动性，激发学生积极参与劳动教育的热情，增强对劳动教育理论知识的理解和把握，从而培养学生热爱劳动、崇尚劳动的劳动理念和劳动态度，树立良好的劳动品德。同时，坚持理论与实践相结合的原则，除了开设劳动理论课程之外，还要加大劳动实践教育比例，组织大学生在鲜活生动的劳动实践中去体验只有劳动才能给人们带来的那份独特的成就感与幸福感，例如通过学习劳动技艺，感受劳动技能之美，体验劳动创造一切价值；通过参加义务劳动，学会回报社会，懂得感恩；通过参与家庭、宿舍劳动，做一个热爱生活的人。要通过开展多种方式的假期实习、创新创业、志愿服务，改变学生对劳动的狭隘认知。此外，要结合学生所学专业进行多元化设计，结合课堂讲授、实验室操作、校企合作等多种培养方式将劳动教育元素融入各类教学活动之中，将劳动教育与专业培养结合，贯穿大学生教育教学全过程，达到"润物细无声"的教育效果。

《综合英语》（三）课程思政教学设计

周海燕[*]

课程名称： 综合英语（三）

任课教师： 杨静、梅森、尚芳、魏艾、周海燕

课程内容：《综合英语》是面向英语专业大二学生的必修专业基础课程。本课程旨在培养学生的语言能力，培养学生的英语综合技能，包括听、说、读、写、译。本课程通过阅读和分析不同风格的语言材料，锻炼学生的语言技能，培养学生的语言学习策略，发展学生的语言综合能力，培养学生的跨文化意识，提高学生的交际能力，树立学生的积极价值观，帮助学生培养语言能力，塑造学习风格，掌握各种学习方法，为进入高年级打下坚实的基础。

课程思政目标：

（1）引导学生能以个人的自我成长为入口，理解作者如何从开始的"大一新生的菜鸟气"一步一步地成长为"独立、自信、有主见、适应性强"的大学生；

（2）引导学生认识两种思维模式：成长型思维模式和固定型思维模式。引导学生正确看待自己所犯的错误，树立"错误是通向人生成长的阶梯"这一正确观念，并理解个人成长的价值和意义。

课程思政教学设计及实现方式： 通过指导学生完成一系列学习任务，如完成思维导图、观看视频回答相关问题、寻找关键语句、比较文本阅读

---

* 作者简介：周海燕，女，硕士，湖北工程学院外国语学院副教授。

等，引导学生合作探究个人成长的价值和重要性。

一、课 程 总 览

（1）课程名称：综合英语（三）。

（2）课程类型：专业必修课程。

（3）课程目标：本课程从湖北工程学院"十四五"事业发展规划的需求及学生实际需求出发，以成果导向教学理论（OBE）为指导，旨在培养学生综合运用英语语言知识和技能进行语言交际的能力（知识目标），将听说读写译相结合，其中阅读部分注重培养学生语言技能、思辨能力、跨文化能力，从词汇、句法、篇章、修辞和文化等各个角度夯实英语语言基础和相关文化基础，并通过思政元素的融入和第二课堂的实践，培养学生有效沟通、多视角、多协作的批判性思维能力和跨文化能力（能力目标），引导学生思考社会发展、科技创新、历史文明、人类命运等重要命题，坚定理想信念，厚植家国情怀（课程思政目标）。

（4）教学对象：湖北工程学院外国语学院英语专业本科二年级第一学期学生。该专业本科学生英语基础较为扎实，综合学习能力较强，学习动机和自主学习能力较强，能较好地开展自主学习或团队合作学习，收集并加工信息。经过一年级第一学年课程中的学习方法训练，学生已较好地适应本课程的教学模式。

（5）学时：64（每周4学时）。

（6）教材：何兆熊主编.综合英语（第三册）（第三版）①［M］.上海：上海外语教育出版社，2020.

---

① "十二五"普通高等教育本科国家级规划教材、新世纪高等院校英语专业本科生系列教材。

二、本课时教学目标

1. 知识目标

（1）学生能够掌握相关阅读文本中的语言知识、文化知识，理解篇章主旨及结构；

（2）学生能够理解阅读文本中描述的大一新生初到校园可能遇到的尴尬场景，以及作者为了挽回面子是如何采用了一系列的补救措施，最终作者从该事件中获得的心灵感悟。

2. 能力目标

（1）使学生能够围绕个人的自我成长这一主题，通过思维导图的方法，厘清文章脉络和结构；

（2）使学生能运用本单元所学的语言知识，结合教师布置的阅读文本学习任务，从动作描写和心理描写两方面，掌握如何刻画人物性格的写作方法。

3. 课程思政目标

（1）引导学生能以个人的自我成长为入口，理解作者如何从开始的"大一新生的菜鸟气"一步一步地成长为"独立、自信、有主见、适应性强"的大学生。

（2）引导学生认识两种思维模式：成长型思维模式和固定型思维模式。引导学生正确看待自己所犯的错误，树立"错误是通向人生成长的阶梯"这一正确观念，并理解个人成长的价值和意义。

三、本课时教学内容、重点和难点

1. 教学内容

教学内容选用上海外语教育出版社《综合教程》（第三册）第一单元

精读文本 Text A—"Fresh Start"。文本核心内容：一位大一新生刚走入大学校园，在经历了一系列令人尴尬的事件之后，领悟到每个人都有自己不完美的地方，要勇于面对和接纳自己的不完美。

该文本解读安排两次课，本单元作为文本学习的第二次课堂教学。在该文本的第一次课堂教学中，已通过课前预习和生词的深度自学，完成了生词预习和课文预习。上次课结束时，布置了口语作业，课外开展小组讨论，聊一聊自己经历的尴尬事。

本课时共 45 分钟，旨在理解篇章主旨及结构，基于此开展对个人成长以及成长型思维的研讨；在语言技能上，掌握写作中人物刻画的方法；并结合研讨内容，反思本次探究性学习所得。

2. 教学重点

（1）通过文本略读，梳理文章脉络和结构；

（2）结合文本内容和补充材料，开展小组讨论活动，探讨个人成长的价值。

（3）理解并掌握刻画人物的写作方法。

3. 教学难点

有效引导学生从个人成长入手，理解个人成长的价值和意义。

四、本课时教学方法

1. 任务型教学法

通过引导学生完成一系列学习任务，如完成思维导图、观看视频回答相关问题、寻找关键语句、比较文本阅读等，引导学生合作探究个人成长的价值和重要性。

2. 课堂讨论

将师生讨论、小组讨论运用于本堂课各个教学环节。

五、本课时教学过程

（一）文本略读（global reading）

1. 梳理文章脉络和结构（sorting out the structure of the text）

教学步骤 1：略读全文，完成文本结构思维导图（见图 1）。

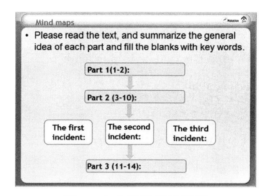

图 1 文本结构思维导图

学生讨论结果如图 2 所示。

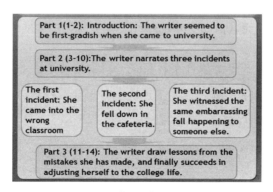

图 2 学生讨论结果

2. 找出文章主旨（identifying the theme）

教学步骤2：学生以文本为依据，讨论作者在经历一系列令人尴尬的事件之后，想法发生了什么变化？以及导致这个变化的原因是什么？

提问：Can you tell me the changes of the writers' ideas? In your opinion, What/Who makes the change?

学生讨论结果：

She realized that she took herself too seriously.

The university is different from high schools, running with the crowd was no longer a law of survival.

She had no one's expectations to live up to but her.

She began not acting at all.

Do not afraid of making mistakes.

It's the writer herself who makes the change.

文本依据：paragraphs 10 ~ 13。

设计目的：

教学步骤1~2中的教学活动基于阅读文本，以思维导图所设问题为线索，引导学生开展文本略读，梳理文章脉络和结构，找出文章主旨，激发学生探究式学习的兴趣。

（二）小组讨论（group discussion）

教学步骤3：各小组结合作者在文中所描述的个人经历，讨论自己在生活中是否也像作者一样，曾经下过决心，想要改变自己，从而让自己变得更好。做到这一点困难吗？

提问：Have you ever made any decision to change yourselves in order to be better? Is it difficult?

学生讨论结果：I made my decision to lose my weight/be more discipline/work harder. But I found that it is difficult to realize it.

讨论小结：每个人都很容易意识到自己身上存在的缺点，但是要改变现状确实是一件很不容易的事情。要敢于面对不足，敢于承认缺点，敢于挑战自我。

设计目的：

结合文本内容，引导学生讨论自己曾经做出的改变及结果，帮助学生认识到"自我改变"以及"自我成长"的重要性和价值。

教学步骤 4：结合文本内容，引导学生思考：如何看待自己在学习中和生活中所犯的错误。播放一段视频，介绍两种不同的思维模式：成长型思维模式和固定式思维模式，了解两种不同思维模式的特征。

Ideological Point：

· Growth mindset：embraces problems as opportunities to learn

· Fixed mindset：avoids problems or difficulties out of fear to fail

The features of fixed mindset：

· Basic qualitied like intelligence and talents are fixed traits and these traits are responsible for success；

· Like to document past achievement；

The features of Growth mindset：

· new abilities can be developed through practice；

· Have a strong desire for learning；

· Life becomes an exciting journey with endless opportunities.

设计目的：

结合视频内容，通过小组讨论，了解两种不同的思维模式以及各自的特点，认识并理解自我成长的价值和重要性。

（三）文本细读（close reading）

教学步骤 5：通过仔细阅读和文本对比阅读，找出文中关于主人公的动作描写和心理描写的语句，仔细分析作者的写作技巧并讨论这样写的好处。

The analysis of characterization:

(1) Characterization through actions

Text:

With that thought in mind, I raised my head, squared my shoulders, and set out in the direction of my dorm, glancing (and then ever so discreetly) at the campus map clutched in my hand. (Paragraph 2)

The character:

nervous

She tried her best to be mature/confident, so no one would notice she was a freshman (psychology).

Text:

I cracked (opened) my anthology of American literature and scribbled (wrote down) the date at the top of a crisp ruled page. "Welcome to Biology 101," the professor began. (Paragraph 4)

The character:

She was acting to be mature/experienced.

Text:

I settled into my chair and tried to assume the scientific pose of a biology major, bending slightly forward, tensing my arms in preparation for furious notetaking, and cursing under my breath. (Paragraph 5)

The character:

She was pretending to be attentive to the professor, expecting to give the professor a good impression.

(2) Characterization through thoughts

Text:

I first began to wonder what I was doing on a college campus anyway when my parents drove off, leaving me standing pitifully in a parking lot, wanting nothing more than to find my way safely to my dorm room. （Paragraph 1）

The character：

first-gradish，timid，helpless

学生讨论，自由发言，本次探究型学习的结论可以归纳为：

常用的刻画人物性格特征的写作技巧：

1. 使用具体词汇

Using Specific words（instead of general words）

2. 描述一系列动作

Describing series of actions

3. 使用复合句

Using compound sentences/compound-complex sentences

4. 描写心理活动

Revealing one's mental activities or one's personality

设计目的：

通过探究式学习和小组讨论活动，使学生能运用本单元所学的语言知识，结合教师布置的阅读文本学习任务，从动作描写和心理描写两方面，掌握如何刻画人物性格的写作方法。

（四）作文（writing）

用动作描写刻画人物的写作办法，描写你熟悉的一个人，不少于200词。

设计目的：

使学生在课后进一步拓展、深化对文章主旨的理解，了解成长型思维模式的重要性。自己选定人物，完成刻画人物的段落写作，锻炼语言运用能力，提高写作技能。

（五）教学效果与反思

1. 教师反思

本次教学遵循"基于文本—跳出文本—回到文本"的思路，引导学生开展深度学习。教学全程以任务为线索，引导学生深度思考和小组讨论，有助于学生运用所学词汇、句式等语言知识，讨论相关主题，提升学生的语言应用能力。

学生能够基于文本阅读，理解作者如何从开始的"大一新生菜鸟气"一步一步地成长为"独立、自信、有主见、适应性强"的大学生；学生通过文本对比阅读，掌握刻画人物的写作技巧。此教学过程培养了学生的学习能力，提高了他们的分析能力和思辨能力，并有助于树立自信心，帮助学生更快地适应丰富多彩的大学生活。

综上，本次教学较好地达成了预定的教学目标。

2. 学生反思

从课后同学们的反馈中，可以了解同学们对于本次教学活动的反思：

首先，同学们认为，本次教学活动加深了对自我成长这一问题的认识，反省了自己认识上的局限性和不足，了解了成长型思维方式的重要性；

其次，同学们认为，本次课程学习涉及刻画人物的写作技巧很有用，意识到在今后的学习中，要有意识地加强这方面的写作能力。

新视野大学英语（Book 2）"Unit 1"课程思政教学设计

付　静[*]

课程名称： 大学英语（二）

任课教师： 付静、江洪涛、聂凯华、董琰、叶玲等

一、课程主要内容

在本单元中，我们运用了任务型教学法，帮助学生认识到反思学习策略的重要性。任务型教学法注重以学习者为中心，涉及学习者主动的、个人的意义建构。教师在每节课前都会发布课前任务，紧扣下一课时的教学目标，语言知识环节根据中等以下能力学生的实际反馈给学生提供相关的语言点，总结相关句式。

在导入部分，提前预告了本单元的主目标——完成一项英语学习策略调查报告，写一篇关于优秀英语学习者学习策略的说明文，并布置了下一学时的分目标，即完成课文语言点的自学。在课堂中教师针对语言点进行相应的测试。

在语言点和细节阅读完成后，教师引导学生进行"自我反思"，以便学生深层次地意识到听力能力薄弱的原因，并提供相应的学习策略。这一学时结束时，教师布置课后作业：（1）听四级听力；（2）思考说明文的写

　＊ 作者简介：付静，女，湖北工程学院外国语学院教师。

作要素及特点；（3）对十位优秀英语学习者进行调研及访谈。进入语言技能提升环节，教师引导学生学习说明文的写作重点——句与句间的衔接手段，并应用于听力技能的提高及主目标说明文的完成中。此阶段学生进行分组后完成调研结果讨论及写作框架的搭建。

　　教师在此阶段结束后布置任务：（1）要求学生根据课上所学的衔接方法，再次听一遍上次完成的四级听力任务，并写出听力材料中的衔接词；（2）要求学生根据搭建的写作框架，完成关于优秀英语学习者学习策略的说明文写作，要求学生特别注意衔接技巧的使用。在任务呈现阶段，分为两个环节：（1）四级听力材料中，衔接手段的讲解与四级听力题型出题点的结合。（2）小组任务呈现，及过程性评价环节，评价环节分为小组内互评及教师点评，学生根据教师所提供的评价标准来对小组成员进行评价。

二、课程思政目标

　　本单元的主题是关于语言学习，课文讲述了一位英语教师引导孩子学习英语的故事。依据课文主题，在知识和技能目标之外，教师设计了第一个德育目标，即让学生意识到"自我反思"的重要性，让学生明白无论在学习还是在生活中，自我反思都能帮助学生更好地总结经验，汲取精华，去其糟粕；在本单元补充资料的阐述部分，作者提出了"5C"的概念，以此教师设计了第二个德育目标，即建立"终身学习"理念的德育目标。

　　1. 知识目标

　　（1）了解自己的学习风格以及通过对学习策略的了解如何更高效的学习英语；

　　（2）在听力与写作技能中，能识别应用英语中的衔接手段与方法。

　　2. 能力目标

　　（1）通过完成一项关于语言学习策略的调查研究培养交际能力；

　　（2）通过元认知策略提高英语听力技能。

3. 思政目标

（1）意识到反思对于学习的重要性；

（2）帮助学生建立"终身学习"的理念。

三、课程思政教学设计及实现方式

1. 课程思政教学设计

在本单元中，思政教学的内容被安排在了批判性思维的部分，有以下两个步骤：

（1）意识到反思对学习的重要性。

为了帮助学生认识到反思对学习的重要性，教师引导学生对听力听不懂的问题进行自我反思，并引导学生思考不同问题的解决方案。所以在这一步，我们设计问答/课堂讨论等口头表达任务，引导学生使用元认知策略来提高听力技能，以达到第一个思政目标。另外，为了让学生们意识到自我反思的重要性，我们在后面每一环节的设计中都有涉及学生自主学习与思考的环节。

（2）建立学生"终身教育"的思想理念。

在批判性思维的第二部分，教师会让学生找出第 3 段中 5 个 C 的含义，然后关注共同体（community）的第二个目标，即"终身教育"理念，从中我们提出了终身学习的概念，并以教师为例。作为一名教师，我们需要不断学习新的教学方法和信息技术，以满足现代教育持续发展的需求。最后，以袁隆平、吴梦超为例，号召学生向这些伟大的科学家学习"终身学习"的精神。在这一部分，我们使用案例分析法来实现本单元的第二个目标。

2. 实现方式及过程（见表1）

表1 实现方式及过程

流程	步骤		教学内容	时长
单元任务 (20分钟)	主题导入		引用《论语》中"学而不思则罔，思而不学则殆"引出本单元的主题，并让学生尝试着翻译这句话	15分钟
			看一段关于如何有效学习外语的 TED 演讲视频，引发学生思考如何更高效地学习英语	
	任务预告		预先告知学生本单元需要完成的任务，并且向学生详细阐明完成此项任务的具体步骤	5分钟
课后任务			（第一阶段"单元任务"将安排在前一节课的最后20分钟） （1）学生根据已有的语言点总结材料自学文章的词汇与句式（语言点是在4位语言能力层次不同的同学预读课文后画出不认识的词汇与句式的基础上总结出来的）。 （2）分析文章结构（此项作业是为了培养学生自主学习的能力以及提高归纳总结的能力）	
思维启示 (85分钟)	测试	语言点测试	此部分用来检测学生的语言点自学情况	10分钟
	整体阅读	说明文的写作框架	以课文为例，要求学生学习说明文的写作框架：定义—论点—阐述—分类—对比—结论	5分钟
		中心大意概括	分段要求学生总结段落大意	15分钟
	细节阅读	文章细节阅读理解	通过课后的7个题目让学生加深对课文重要细节的理解	15分钟
		批判性思维	5 skills：提出问题—阐释问题—解决问题。教师引导学生思考听力不好或者某项技能不好的原因，并分5组讨论解决办法	20分钟
			5 Cs：分5组找到5C标准中每一项的含义及标准，并分享给其他小组。呈现出 Communities 的含义及标准，引出本单元的第二个思政教学目标：即培养学生"终身学习"的理念	20分钟
课后任务			（1）了解说明文的写作特点。 （2）完成第七单元学习资料中的英语四级考试听力练习。 （3）找出10位成功的英语学习者，对他们进行"语言学习策略"的调查。也可以问他们关于学习策略的一些问题	

流程	步骤		教学内容	时长
技能提升 (72 分钟)	第一步： 说明文的定义 和特点		讨论说明文的写作特点并与同学分享答案，教师总结（这一部分培养学生自主学习与合作学习能力）	8 分钟
	第二步： 说明文写作关键 要点—衔接方法		学习段落衔接的方法，分析课文第三段的衔接方法（认知—应用）	23 分钟
	第三步： 小组 任务	讨论	针对每个人课后学习策略进行的调查结果进行小组讨论	8 分钟
		数据分析	完成课本第 156 页 "step 3" 任务对调查结果进行数据分析	15 分钟
		框架搭建	每个小组讨论并搭建好报告框架	18 分钟
课后任务			（1）再听英语四级练习录音： ①将听到的衔接词记录下来。 ②注意语句间的连贯性。 （2）根据调查结果和本节课搭建的框架，每个小组写一份报告。 ①注意每个段落的逻辑顺序。 ②使用我们这节课学到的连贯方法	
任务呈现	听力	大学英语四级考试（CET 4）听力练习题总结	让三位学生说出其所听到的新闻听力、对话及篇章听力中的衔接词，教师总结 2016 年 6 月 CET 4 听力材料中的衔接方法	15 分钟
	单元任务呈现	学生展示	每组的小组长展示本小组的调查报告，将结论分享给其他同学	6 分钟 × 5 = 30 （分钟）
		学生互评	学生可以按照教师提供的评价标准进行小组内生生互评	5 分钟
		教师评价	教师从得出的结论、写作语言功底、用词准确度，特别是文章的衔接方法等角度对每个小组的任务完成情况进行评价，然后小组长根据教师的评价进行修改	15 分钟

续表

流程	步骤	教学内容	时长
总结	本单元学习 内容总结	要求学生拿出一张白纸回忆本单元学习的 要点，总结本单元对英语学习的启发	5分钟
课后任务		CET 4听力练习，按照本单元的学习步骤完成： 第一遍：完成题目； 第二遍：边听边记录下每篇听力稿中的衔接词； 第三遍：看听力稿跟读原文； 第四遍：播放倍速放至0.7倍，试着用影子跟读法进行跟读	

四、教学效果与反思

（一）教学效果

1. 教学目标贴近学生生活

本单元的教学目标围绕本学期的总体目标，结合学生的实际情况，根据学生反馈的学习需求，解决当前高校英语教学中存在的学用分离问题。在整个教学过程中，强调以学生为中心、师生共建，让学生边学边用、学用一体，最终完成产出目标，提升语言综合运用能力，提高学生听力技能。

2. "课程思政"的呈现贯穿整个教学环节

本单元的思政课程目标不仅在学习过程的某一个环节实现，还融入整个教学的环节，比如使学生意识到反思的重要性，这个目标从第二个环节开始。在细节阅读的批判性思维环节，让学生们反思自己在听的过程中出现的主要问题并找到解决办法。到了教学第三环节即技能提高环节，教师结合学生想要通过四六级考试的实际需求，将反思意识落到实处，让学生通过四级题目巩固语句间衔接方法的知识点。在最后任务呈现环节，我们仍然秉持本单元的反思主题来巩固本单元的学习要点。此外，终身学习理念的培养从学生熟悉的场景中挖掘思政元素，将教师作为例子，再上升到伟大的科学家层面。这样的思政元素的融合使学生更能意识到终身学习的理念不是针对某一个人群，而是每一个人都需要去践行的理念。

3. 教学评价——以评促学

采用多样化评价方式，线上线下相结合。其中线下评价包括组内成员间的互评、组组间互评、师生共评。通过高效实时的双向交流，实现系统可视化反馈和师生间的即时评价，充分调动学生的学习积极性。教师也可以及时、全面地了解学生的学习情况，对教学效果再验证，学生根据教师的反馈和指导及时改正错误。

4. 教学手段——现代化信息技术的应用

依托"超星学习通"学习平台，采用英语教学线上线下相结合的教学新模式，丰富了大学英语课堂的教学形式，创设英语学习师生互动、生生互动的良好氛围，启发学生创造性思维，学生由被动学习变为主动思考，增强自主学习意识，以期提升学习效果。教师运用现代化信息技术不仅可以布置读写类作业，还可以利用学习平台布置朗读类作业。

（二）教学反思

在本单元中，教师根据学生的学习需求设计教学方案，让学生认识到学习策略对语言学习，特别是对提高听力技能的显著效果，并通过"批判性思维"环节塑造了他们终身学习的观念。我们以任务型教学法为基础，培养学生的自主学习能力，帮助他们从其他优秀的英语学习者那里学习到有用、高效的学习策略，特别是在提高技能环节中的第三步。

然而，在"批判性思维"环节，老师要求学生找出 5C 的含义，由于网上关于 5C 的信息有限，学生找不到 5C 的含义和标准的原始版本。因此，教师应考虑到学生的信息检索能力。为了解决这个问题，教师应该提供一些网站或应用程序供学生参考，如维基百科等。

《基础和声》课程思政教学研究

程迎接　王艺煊*

课程思政，即在高校的全课程中加入思想政治教育教学工作，在"课程思政"背景下，使各类课程与思想政治教育工作有机融合。除了对思想政治教育的理论课程要继续加强外，也需要其他课程在课堂上加强思想政治教育教学的工作，共同加强对高校大学生的思想政治教育，形成思想政治教育共同体，提高高校思想政治教育的质量和成果。

高校《基础和声》课程的教学，历来以西方传统和声理论知识的讲授和四部和声写作技术的训练为主，普遍忽视对学生思想品德的培养。在"课程思政"背景下，大力推行课程教学改革中，仍存在课程思政教育实施难的现实问题。本研究从思政教育的背景出发，分析课程的特点和思想政治教育的关系，明确《基础和声》课程的德育目标；重构课程知识体系，完善课程内容，提出课程教学与思政元素相融的四个方面；以"基础和声（一）"课程章节内容安排为例，在教学中有机融入具体的思想政治教育内容，提升课程的思政育人作用。通过对思政元素融入《基础和声》课程教学的研究，可以为其他音乐理论课程思政的教学提供一些借鉴和启示，促进学生的全面发展。

一、课程的思政背景

在高校中思想政治理论课程的教育是关键，然而专业课程同样也是高

---

* 作者简介：程迎接，男，计算机音乐创作专业艺术硕士，湖北工程学院音乐学院副教授；王艺煊，男，音乐表演博士，湖北工程学院音乐学院教师。

校实现立德树人育人目标的重要渠道。充分发挥课堂教育的优势，实现"思政课程"与"课程思政"的结合，在课堂教学的过程中添加思想政治教育的内容。基于学生的发展，在课堂上对大学生进行思想政治教育，协同其他类别的课程对学生进行无形的、全面的、潜移默化的思想政治教育。

高校《基础和声》课程是一门专业性很强的理论课程，是所有音乐专业学生必修的一门课程。在传统的和声教学中，课程教学采用西方和声理论体系，教师往往偏向于和声理论知识以及和声写作技术的传授，忽视了对学生思想品德的培养。对于本课程而言，如何在课程教学中有机融入课程思政元素，是多数教师未曾思考或觉得困难的问题。通过多年的教学改革实践，结合当前课程思政的要求，有必要对课程体系进行重新架构，对教学内容进行全面的梳理和完善，让《基础和声》课程在思政教育引领下，不仅可以培养学生的审美能力和音乐素养，还能够通过音乐作品的和声分析与和声实践传递情感和思想，引导学生思考人生意义、社会责任和伦理道德等问题。

二、明确课程的德育目标

结合课程《教学大纲》中既定的价值目标，明确课程四个方面的德育目标。

1. 培养学生的社会责任感和爱国情怀

通过和声课程的教育教学，培养学生对国家和社会的认同感和责任感，培养他们热爱祖国、关心社会，积极参加实践活动。

2. 培养学生良好的道德品质和职业道德

和声课程的学习要求学生具备高尚的道德品质和职业道德，包括诚实守信、团结合作、尊重他人、自律自强等品格。通过课程的教育和实践，培养学生的道德意识和道德价值观，使其成为具有良好道德品质的中小学音乐教育人才。

3. 增强文化自信和热爱中国优秀传统文化

和声课程教学中深入挖掘和传承中华优秀传统文化，通过分析、学习和演绎中国音乐作品的和声，了解中国民族和声理论，培养学生对中国民族音乐的热爱和认同，增强文化自信。

4. 弘扬社会主义核心价值观

通过中外音乐家的创作介绍、中外音乐史的学习，传递社会主义核心价值观，培养学生的社会主义思想意识，引导他们树立正确的人生观、价值观和世界观。

三、重构课程的知识体系与教学内容

（1）以课程的德育目标为引领，打破传统和声教学中课程知识体系以西方和声理论为主的局面，重构课程的知识体系。

在修订的教学大纲中，进一步压缩西方传统和声理论知识，适当加入对现代和声理论的介绍；增加中国民族和声理论知识学习的相关章节，介绍中国风格作品的和声规则和特点，形成科学的《基础和声》课程知识体系。

（2）以课程的德育目标为引领，增设和声分析及和声编配弹奏实践的教学环节，完善课程教学内容。

通过音乐作品和声分析的教学环节，学生可以更深入地理解音乐作品中的和声特点，提高他们对音乐作品的理解和欣赏能力。通过实际编配和弹奏教学环节，可以提高学生的和声编配和演奏能力，同时也可以培养他们的音乐创造力和创新能力。

重构的课程知识体系和完善后的教学内容，可以让学生接触到更多元化的和声理论和实践，增强他们对不同文化和声理论的理解和欣赏，提高跨文化交流的能力。完善后的教学内容将更贴近学生的实际需求，也更符合当今多元化的音乐环境。

四、课程教学与思政元素相融的四个方面

将《基础和声》课程与思想政治教育相结合，可以通过以下几个方面来融入思政元素。

1. 文化认同和民族意识

在学习《基础和声》的过程中，可以引导学生了解中国传统音乐的和声特点和发展历程，培养学生对自己民族文化的认同和民族意识。通过学习和演奏中国传统音乐作品，学生能够深入体验和感受中华民族的音乐文化传统，增强对民族文化的自豪感和自信心。

2. 艺术审美与情感教育

《基础和声》不仅仅是一门技术性课程，更是一门艺术性课程。在学习和声的过程中，可以引导学生欣赏和分析各种音乐作品的和声特点，培养他们的艺术鉴赏能力和情感表达能力。通过音乐的情感表达，可以启发学生对美的追求和感悟，提升他们的艺术修养和审美能力。

3. 价值观教育

在《基础和声》课程的学习过程中，可以引导学生探讨音乐作品中所传递的价值观念和人文精神。通过分析和讨论音乐作品的和声选择、和声进行等方面，可以让学生思考音乐作品背后所蕴含的思想和意义，培养他们的价值判断能力和人文关怀意识。

4. 团队合作与社会责任

在和声编配和弹奏实践中，学生通常需要与其他人合作完成音乐作品的编排和演奏。这种团队合作的实践过程，可以培养学生的合作意识和团队合作能力。同时，通过参与音乐演出和社区活动等，可以让学生感受到音乐的社会责任和影响力，培养他们的公民意识和社会责任感。

将思政元素融入《基础和声》课程中，可以使学生在学习和声理论知

识、和声写作技术与和声分析和实践的同时，获得更全面的教育和培养。这样的教学方式不仅能够提高学生的学术水平和实践能力，更可以培养他们的思想境界和人文素养，使他们成为有担当、有情怀的新时代青年。

五、《基础和声》（一）课程思政内容的具体融入点

以《基础和声》第一学期的教学计划为例，课程各章节知识与思政元素融入的具体内容如下。

（一）绪论

（1）主要内容。

①和声基础理论：复习和弦知识，认识多声部音乐及作品中的和弦，介绍和声在多声部音乐中的重要作用，以及中国民族多声部音乐中的和弦及和弦外音。

②作品分析：分析经典音乐作品中的和弦，分析中国民族多声部音乐中的和弦及和弦外音。

③和声实践：分析并弹奏中国风格钢琴曲《牧童短笛》。

（2）思政融入：在学习多声部音乐和中国多声部和声理论的发展中，感受先辈们的探索和求知历程；通过明确本课程学习要求，领会严谨认真的精神。

（3）重点、难点：调式与和弦、中国民族多声部音乐中的和弦分析。

（二）第一章 大小三和弦与四部和声

（1）主要内容。

①和声基础理论：大小三和弦、四部和声的书写规则、和声的纵向排列法。

②作品分析：分析四部合唱片段《祖国颂》。

③和声实践：演唱四部合唱《祖国颂》片段、体会四部合唱的和声美、体验团结协作精神，分析作品中和弦的排列法。

（2）思政融入：在四部合唱的体裁与和声表现形式的学习中体验互助合作，培养学生团结协作集体主义精神。

（3）重点、难点：四部和声的书写规则、四部和声的排列法。

（4）其他教学环节：课前推送合唱《祖国颂》音频及乐谱。

（三）　第二章　正三和弦的功能体系与原位三和弦的连接法

（1）主要内容。

①和声基础理论：正三和弦的功能体系、功能进行、民族调式的和声功能、原位三和弦的连接；功能和声的发展史、中国风格和声的发展。

②讨论分享：交流黎英海和樊祖荫的中国民族和声理论著作读后感，交流赏析贺绿汀等作曲家中国风格作品的听后感。

（2）思政融入：从老一辈音乐家对中国风格和声理论和创作技术的探索中，增强民族自信，培养对艺术的创新与探索精神，树立专业学习的理想与信念。

（3）重点、难点：正三和弦的功能进行、原位正三和弦连接时的连接法，民歌和声的和弦结构。

（4）其他教学环节：课前推送黎英海和樊祖荫的中国民族和声理论著作重要章节及内容介绍；推送贺绿汀等作曲家中国风格作品音视频和乐谱。

（四）　第三章　用正三和弦为旋律配和声

（1）主要内容。

①和声基础理论：用正三和弦为旋律配和声，中国民族和声的调式与功能。

②作品分析：中外作曲家的作品分析（如肖邦的《玛祖卡》，肖友梅、

黄自等中国作曲家的声乐作品）。

③和声实践：儿童歌曲的和声编配与弹奏，如《小星星》等歌曲。

（2）思政融入：感受并讨论钢琴诗人肖邦对艺术的不懈追求精神与价值观。

（3）重点、难点：根据功能和声配置和弦、四部和声纵横向的书写。

（4）其他教学环节：课前推送钢琴诗人肖邦及作品简介，肖友梅、黄自等中国作曲家的声乐作品欣赏。

（五）第四章　和弦的转换

（1）主要内容。

①和声基础理论：和弦的转换，中国作品中的和弦转换。

②作品分析：车尔尼钢琴练习曲中的和弦转换实例分析。

③和声实践：为歌曲《大海啊故乡》（片段）配和声并弹奏。

（2）思政融入：

①学习车尔尼的音乐贡献；

②作曲家王立平对家乡之爱的和声表达。

（3）重点、难点：旋律跳进时的和弦转换、转换的方法及作用。

（4）其他教学环节：课后熟练弹奏《大海啊故乡》和声伴奏。

（六）第五章　为低音配和声

（1）主要内容。

①和声基础理论：为低音配和声。

②作品分析：固定低音变奏作品分析，《保卫黄河》片段中的固定低音运用。

③和声实践：歌曲《三大纪律八项注意》合唱及伴奏的配弹。

（2）思政融入：学习人民音乐家冼星海及其抗战作品中革命斗争精神的和声表达。

（3）重点、难点：排列法的正确选择、和弦转换的恰当运用。

（4）其他教学环节：课前推送冼星海介绍，《黄河大合唱》作品音视频。

（七）第六章 三音跳进

（1）主要内容。

①和声基础理论：三音跳进。

②作品分析：施光南《祝酒歌》（高潮句 IV – I 中三音跳进的运用）。

③和声实践：歌曲演唱及弹奏。

（2）思政融入：感受人民音乐家施光南及音乐中的人民性和民族风格。

（3）重点、难点：跨小节旋律跳进的连接方法、三音跳进时排列法的改变规律。

（4）其他教学环节：课前推送施光南和他的代表性作品。

（八）第七章 乐句、终止式、乐段

（1）主要内容。

①和声基础理论：乐句、终止式、乐段。

②作品分析：中外音乐作品的结构（终止的完满与不完满）、中华人民共和国国歌《义勇军进行曲》中运用正格补充终止的意义。

③和声实践：《长江之歌》的配弹实践及补充终止与不完满终止的使用。

（2）思政融入：人民音乐家聂耳和他在爱国之情表达中的和声语言。

（3）重点、难点：终止时的类型、完满终止的条件。

（4）其他教学环节：课前推送聂耳和他的作品；中华人民共和国国歌《义勇军进行曲》的故事。

（九）　第八章　终止四六和弦

（1）主要内容。

①和声基础理论：终止四六的功能意义、终止四六的前后和弦连接、属和声功能延长的意义。

②作品分析：中国现当代作曲家作品中的终止四六运用实例。

③和声实践：歌曲《不忘初心》结束句的和声配置及弹奏。

（2）思政融入：在探寻现当代作曲家作品的和声运用中，体会和抒发对党和人民的热爱之情。

（3）重点、难点：终止四六的功能与前后和弦的连接法、使用的节拍条件。

（4）其他教学环节：推送建党百年歌曲视频。

（十）　第九章　正三和弦的六和弦

（1）主要内容。

①和声基础理论：正三和弦的六和弦、平稳的连接法、低声部顺畅的意义。

②作品分析：民族风格和声中六和弦的运用实例。

③和声实践：中小学教材歌曲编配分析与配弹实践（一）。

（2）思政融入：在中小学教材歌曲的配弹中，强化面向中小学音乐教育的思想。

（3）重点、难点：六和弦的平稳连接、使用六和弦的作用。

（十一）　第十章　三和弦与六和弦连接时的跳进

（1）主要内容。

①和声基础理论：三和弦与六和弦连接时的跳进，中国民族音乐中旋律跳进的和声处理。

②作品分析：柴可夫斯基《俄罗斯民歌》。

③和声实践：中小学教材歌曲编配分析与配弹实践（二）：《共和国之恋》。

（2）思政融入：在民族乐派音乐家《柴可夫斯基》的简介和作品学习中认识世界经典音乐的价值、民族性和世界性。树立正确的审美与世界观。

（3）重点、难点：六和弦连接时声部跳进的方法，西方作品中声部进行隐伏五、八度的规避与中国民族作品中隐伏五、八度的自由处理。

（4）其他教学环节：课前推送著作《柴可夫斯基传》。

（十二）第十一章　两个六和弦的连接

（1）主要内容。

①和声基础理论：两个六和弦的连接，中国民族和声理论中六和弦的使用方法。

②作品分析：贝多芬作品和声分析（片段）。

③和声实践：中小学教材歌曲编配分析与配弹实践（三）：《歌声与微笑》。

（2）思政融入：讨论——从乐圣贝多芬的斗争精神中得到启示。

（3）重点、难点：两个六和弦的平稳连接与声部跳进。

（4）其他教学环节：课前推送教学视频"音乐巨人贝多芬"。

（十三）第十二章　经过与辅助的四六和弦

（1）主要内容。

①和声基础理论：经过与辅助的四六和弦，中国民族音乐作品中的四六和弦的运用。

②作品分析：莫扎特《第十一钢琴奏鸣曲》第三乐章中经过四六和弦的运用，赵元任《叫我如何不想他》钢琴伴奏中辅助四六和弦的运用。

③和声实践：中小学教材歌曲编配分析与配弹实践（四）——为《我和我的祖国》配和声与伴奏。

（2）思政融入：

①从莫扎特的音乐贡献学习中培养良好的创作志趣和艺术追求；

②了解赵元任和早期中国艺术歌曲发展，理解其社会价值。

（3）重点、难点：经过四六和弦各声部的连接规律、终止处的辅助四六和弦运用。

（4）其他教学环节：课前推送音乐剧视频"摇滚莫扎特"。

六、结　语

将思政教育有机融入《基础和声》课程，突破课程思政教育实施难的问题，是一项有益的研究和实践探索。通过《基础和声》课程思政教育教学，学生在学习和声理论知识、和声写作技巧训练、作品和声分析和作品和声配弹的同时，获得了全面素质的培养、创新思维和创造力的培养、审美情趣和美育能力的培养、社会责任感和公民意识的培养、跨文化交流和国际视野的培养，切实发挥《基础和声》课程在全员、全程和全方位育人中的积极作用。

参考文献

[1]［苏］伊·杜波夫斯基、斯·叶甫谢耶夫、伊·斯波索宾、符·索科洛夫.和声学教程［M］.北京：人民音乐出版社，2008.

[2]杨通八.初级和声教程［M］.北京：高等教育出版社，2006.

[3]黎英海.汉族调式及其和声［M］.上海：上海音乐出版社，2001.

[4]吴式锴.和声分析351例［M］.北京：世界图书出版公司，2000.

［5］徐平力．"和声"教学改革及教材编写综述［J］．中国音乐，2023（01）：77－84＋96.

［6］赵继伟．"课程思政"涵义、理念、问题与对策［J］．湖北经济学院学报，2019（02）．

［7］王芳．音乐作品的思想政治工作资源研究［D］．武汉：武汉大学，2005．

声乐实践课教学中融入课程思政教学方法研究

王　苗[*]

课程名称：声乐实践课

任课教师：王苗

课程内容：声乐实践课作为声乐教育领域的重要组成部分，与声乐主修课程是一个打包课程，每一位声乐主修的学生都要在声乐主修课程完成的情况下，增加一节声乐实践课。分为舞台表演实践和合唱训练等实践课程。对于培养学生的声乐技巧、音乐表达能力以及音乐情感体验具有不可忽视的作用。随着音乐教育理念的不断演进和技术手段的日新月异，声乐实践课的教学模式及运行机制也呈现出多样化和灵活性，在课程中贯穿思政教学内容是积极有益的。

课程思政目标：声乐实践课教学中，随着课程思政的融入，学生音乐技能和思想道德素养得到同步提升。

课程思政教学设计及实现：课程思政是我国高校教育改革的重要方向之一，旨在通过课程教学，培养学生的思想道德素养，弘扬社会主义核心价值观。声乐教育作为艺术教育的重要组成部分，不仅需要培养学生的音乐技能，还要关注其思想道德素养的提升。而声乐实践课是声乐课程中的一个实践性研究，也是对声乐技巧活学活用的一个创新型课程。本文将探讨声乐实践课中的课程思政教学方法，包括教学内容设计、教

---

* 作者简介：王苗，女，硕士，湖北工程学院音乐学院副教授。

学方法选择和教学评价等方面，旨在为声乐实践课教学提供一些实际操作的指导。

一、第一部分：教学内容设计

教学内容设计在声乐实践课中占据着重要的地位，它需要综合考虑音乐技能的培养和思想政治教育的融入，以确保教育目标的全面实现。声乐实践课程中不仅仅是技能的传授，更是一种文化的传承和思想道德素养的培养。本部分将深入探讨声乐实践课中的教学内容设计，包括不同单元的主题、相关思政教育元素以及关联音乐作品，以及如何将这些元素有机地融合在教学中。表 1 是一个用于记录教学内容的设计。

表 1　　　　　　　　　　　　　　教学设计

教学单元	主题	相关思政教育元素	关联音乐作品
单元 1	民族音乐的传承与创新	多元文化交流，文化自信	湖北民歌《龙船调》
单元 2	音乐与社会责任感	社会责任感，爱党爱国	《不忘初心》
单元 3	表达情感的音乐表演	情感表达，情感管理	《望月》

（一）单元 1：民族音乐的传承与创新

相关思政教育元素：

（1）多元文化交流：通过了解不同民族音乐的传承，学生将更好地理解多元文化社会的重要性，培养尊重和包容不同文化的观念。

（2）文化自信：通过探讨民族音乐的独特性和价值，培养学生对本民族文化的自信心，同时也促进对其他文化的尊重。

本单元旨在通过研究湖北民歌《龙船调》，帮助学生理解民族音乐的传承与创新。这首歌曲作为中国传统音乐的代表之一，反映了中国文化的深厚历史和价值观。在教学中，我们将深入探讨以下几个方面：

（1）历史背景：了解《龙船调》的起源和历史背景。这将使学生明白这首歌曲在中国文化中的重要地位，以及它作为传统音乐的传承者的角色。

（2）音乐元素：学生将分析歌曲的音乐元素，包括旋律、节奏和和声。这有助于他们深入理解中国传统音乐的独特之处，并培养对音乐艺术的欣赏能力。

（3）歌词分析：我们将探讨歌曲的歌词，理解其中所表达的情感和价值观。这将帮助学生认识到音乐作为一种表达情感和思想的工具的力量。

（4）创新与现代演绎：学生将研究不同时期的《龙船调》演绎版本，了解如何在保持传统的基础上进行创新，以适应现代社会的需求。

（5）文化自信与多元文化：在讨论中，我们将强调中国文化的自信心，同时也鼓励学生尊重其他文化，理解多元文化交流对社会的丰富和发展带来的积极影响。

通过这个单元，学生不仅仅学习一首民族音乐作品，还将深入理解中国文化，培养对多元文化的尊重和文化自信，同时提高音乐分析和欣赏的能力。

（二）单元2：音乐与社会责任感

相关思政教育元素：

（1）社会责任感：通过分析音乐作品中传递的社会信息和价值观，培养学生社会责任感，了解艺术作品如何激发社会变革和积极行动。

（2）爱党爱国：探讨音乐艺术如何将爱党爱国情怀渗透其中，引导学生思考如何通过音乐来演绎和创作更多更好的声乐作品。

这个单元的目标是通过学习《不忘初心》这首歌曲，不忘初心、牢记使命。"不忘初心"这一词，已知最早出自唐代白居易《画弥勒上生帧记》。引导学生学习这首歌曲，体现的是习近平总书记在党的十九大报告中的庄严宣告："中国共产党的初心和使命，就是为中国人民谋幸福，为中华民族谋复兴"。①

《不忘初心》这首歌曲催人奋进，正能量满满，在教学中，我们将深入探讨以下几个方面。

（1）历史背景：学生将了解这首歌曲的背景。这首歌曲在 2016 年《永远的长征》——纪念红军长征胜利 80 周年文艺晚会上首演，由朱海作词，舒楠作曲，韩磊和谭维维演唱。为了创作这首歌曲，作词人朱海踏遍中国革命根据地，寻找创作灵感，从最初的民歌形式创作，到改为流行歌曲，遇到创作"瓶颈"时，朱海与舒楠聚在家中一起边聊边写，最后得出灵感：党和人民的初心是彼此不分的。最终用了 60 天创作出这首 121 字的《不忘初心》。

（2）歌词分析：我们将分析歌曲的歌词，理解其中所表达的信息和呼吁。这将鼓励学生思考音乐如何影响人们的社会观念，以及它如何鼓励积极的爱党爱国的情怀。歌词中"你是大树给我万般呵护"，表达了群众对我们党的感恩之心，"树高千尺根深在沃土"，表达了我们党要依靠群众。"向往你的向往，幸福你的幸福"，表达了我们党要报答群众。也是社会责任感的体现。

（3）音乐元素：学生将研究音乐元素，包括编曲和演唱方式，以理解如何通过音乐来传达情感和情感。深入探讨歌曲如何使用音乐语言来引发听众的情感共鸣，从而激发社会变革的愿望。

（4）音乐家与社会责任：介绍参与歌曲制作的音乐家和艺术家，探讨他们在社会责任方面的作用和影响。这将激励学生思考自己作为艺术家的社会责任和影响力。

（5）音乐的力量：讨论音乐如何能够表达出强烈的民族情、爱国情。我们将强调音乐作为一种艺术形式的重要性，以及它如何传达党和人民的深厚情谊，也体现了音乐创作者风风雨雨一路走来，告诫自己、不忘初

---

① 习近平. 决胜全面建成小康社会 夺取新时代中国特色社会主义伟大胜利——在中国共产党第十九次全国代表大会上的报告［M］. 北京：人民出版社，2017.

心，为党和人民继续创作出更多更好中国梦作品的一种鞭策。

通过这个单元，学生不仅仅学习音乐作为艺术形式的美感，还将认识到音乐作为一种表达社会责任感和强烈爱国情怀的力量。培养他们对社会问题的敏感性，并思考如何通过自己的音乐才华来影响社会。

（三）单元3：表达情感的音乐表演

相关思政教育元素：

（1）情感表达：学生将学习如何通过音乐表演来传达情感，理解情感表达在艺术中的重要性。

（2）情感管理：通过音乐的情感表达，学生将探讨如何处理和管理情感，以及在日常生活中如何运用这些技能。

这个单元旨在帮助学生掌握音乐表演中的情感表达技巧，同时培养情感管理和情感表达的能力。音乐表演不仅仅是技巧的展示，更是情感和思想的传递。在教学中，我们将深入探讨以下几个方面：

（1）音乐与情感：学生将学习音乐如何成为一种表达情感的媒介。通过示范和练习，帮助学生更好地理解音乐与情感之间的紧密联系。

（2）歌曲《望月》：选择体现常怀离愁别绪的歌曲《望月》作为示范音乐作品。这首曲目以其美妙的旋律和深刻的情感而著称。学生将分析这首曲目的音乐结构，深入理解它所表达的情感，同时练习如何在表演中准确而感人地传达这些情感。

（3）情感管理：讨论情感管理的重要性，特别是在音乐表演中。学生将学会如何处理舞台上的情感，以及如何将这些情感管理技巧运用到自己的音乐表演中。

（4）情感与思想的传递：通过音乐表演，学生将理解情感和思想如何通过音乐传递给观众。他们将思考如何选择合适的音乐和表演方式来达到特定的情感和思想目标。

通过这个单元，学生不仅提高了音乐技能，还将培养情感管理和情感表达的能力。他们将学会如何在音乐表演中传达情感，同时也能够明白情感与思想在音乐中的重要性，这对他们的全面发展至关重要。

通过以上三个单元的教学内容设计，我们可以看到声乐教育不仅仅局限于技术的传授，还包括文化传承、社会责任感、爱党爱国和情感管理等方面的教育。这些元素的有机融合将为学生提供丰富的音乐教育经验，同时培养他们的思想道德素养，使他们成为更全面发展的音乐家。

二、第二部分：教学方法选择

声乐实践课教学方法的选择至关重要，因为它决定了日常的声乐课的有效性和学生的学习体验感。在实践课中，我们需要选择适当的教学方法，以促进音乐技能的培养，同时融入思想政治教育的元素。本部分将深入探讨实践课教学中的不同教学方法，包括合唱演练、个别指导、音乐作品分析等，并分析它们如何有助于学生的全面发展。表 2 是用于记录教学方法的选择。

表 2　　　　　　　　　　　　教学方法

教学方法	描述	思政教育元素
合唱演练	学生集体合唱，培养团队合作精神	团队协作，社会责任感
个别指导	教师为学生提供个别指导，提高个体技能	个人成长，自我管理
音乐作品分析	学生分析音乐作品的歌词和情感表达	文化自信，情感表达

教学方法 1：合唱演练。

合唱排练是声乐实践课中声乐训练最常用的一种方法，它能够培养学生的团队合作精神和声乐技能。在合唱演练中，学生一起演唱歌曲，通常由一个指挥带领。以下是如何实施合唱演练的一些关键点：

歌曲选择：考虑到学生的音域和技能水平，选择适合合唱的歌曲。确保歌曲有足够的挑战性，以激发学生的兴趣和学习动力。

指挥的作用：指挥在合唱演练中扮演关键角色，他们负责指导学生的节奏、音高和表达。指挥需要与学生建立良好的沟通，以确保合唱团的整体表现协调一致。

团队合作：合唱演练强调团队合作，学生需要共同努力，协调他们的声音和表演。这有助于培养学生的协作能力和团队精神。

公开演出：定期进行公开演出，让学生有机会将他们的合唱技能展示给观众。这可以提高他们的自信心，并激励他们更加努力学习。

思政教育元素：在合唱演练中，可以继续融入思政教育元素，例如选择具有社会责任感和情感表达的歌曲，以引导学生思考音乐与社会的关系。思政题材的合唱歌曲《祖国，慈祥的母亲》《保卫黄河》《我爱你中国》《不忘初心》都是排练课的首选。

教学方法 2：个别指导。

个别指导是一种精细化的教学方法，它可以帮助学生在音乐技能方面取得更大的进步。在个别指导中，教师可以更专注地关注每位学生的需求和问题，为他们提供个性化的指导和反馈。以下是实施个别指导的一些关键点：

技术细节：在个别指导中，教师可以深入研究学生的声乐技术，包括音准、音色、发声技巧等。这有助于学生克服个人的音乐难题。

歌曲选择：考虑到他们的音域和音乐偏好，选择适合个别学生的歌曲。这可以增加学生对学习的兴趣和动力。

反馈和指导：教师需要提供具体和有针对性的反馈，帮助学生改进他们的表演技能。鼓励学生提出问题并积极参与教学过程。

音乐解析：在个别指导中，可以深入分析音乐作品的结构和情感表达，以帮助学生更好地理解音乐的内涵。

情感表达：个别指导也是培养学生情感表达能力的良好机会，教师可以引导学生深入情感表达和情感管理的训练。

思政教育元素：在个别指导中，可以根据学生的需求融入思政教育元素，帮助他们理解音乐与思想、情感以及社会的关系。

教学方法 3：音乐作品分析。

音乐作品分析是培养学生音乐理解和音乐分析能力的重要方法。通过分析音乐作品，学生可以更深入地理解作品的结构、情感表达和文化内涵。以下是如何实施音乐作品分析的一些关键点：

作品选择：选择不同类型的音乐作品，包括古典、流行、民族等，以帮助学生获得多样化的音乐体验。作品应具有教育和思想启发的潜力。

音乐结构分析：学生将学习如何分析音乐作品的结构，包括曲式、和声、节奏等元素。这将提高他们的音乐理解能力。

情感分析：学生将分析音乐作品中的情感表达，探讨音乐如何通过声音传达情感。

文化背景：在分析音乐作品时，引导学生了解作品的文化背景和历史，包括作曲家的生平和创作背景。这有助于学生理解音乐作品的文化内涵和历史意义。

演奏和表演：学生将学习如何从演奏和表演的角度分析音乐作品。他们可以观察演奏家如何运用技巧来传达作品的情感。

思政教育元素：在音乐作品分析中，可以融入思政教育元素，例如讨论音乐作品如何反映社会问题或表达价值观。这将帮助学生理解音乐与社会和思想的关系。

教学方法的综合运用：

在声乐实践课教学中，通常不会使用单一的教学方法，而是综合运用多种方法，以满足不同学生的需求和教育目标。例如，合唱演练可以帮助学生培养团队合作和表演技能，个别指导可以提供个性化的声乐训练，音乐作品分析可以增强学生的音乐理解能力，音乐创作与编曲可以激发创造力，音乐技术和录音工程可以引导学生探索音乐制作领域。教师应根据教育目标和学生特点灵活选择和组合教学方法，以达到最佳教育效果。

综上所述，声乐实践课的教学方法选择对于学生的全面发展至关重要。不同的方法可以满足学生在音乐技能、创造力、音乐理解和音乐制作方面的需求。通过合理运用这些教学方法，声乐实践可以成为一种全面的教育体验，不仅培养音乐家，还培养学生的思想政治素养和创造力，为学生的未来发展奠定坚实的基础。

三、第三部分：教学评价

教学评价在声乐实践课中是一个至关重要的组成部分，它有助于教育者了解学生的学习进展、指导教学改进、衡量教育目标的达成程度，以及为学生提供有针对性的反馈和支持。声乐教育的评价方法需要全面考虑学生的音乐技能、音乐理解、创造力以及思想政治素养等方面的表现。本文将深入探讨声乐教育中的三种主要评价方式，即表现评估、作品分析报告和学生反馈调查，并为每一种方式提供详细的扩展，以便更好地理解它们在声乐实践中的作用和实施方法。表3是用于记录教学评价的方式。

表3　　　　　　　　　记录教学评价的方式

评价方式	描述	思政教育评价指标
表现评估	评估学生在音乐演出中的表现	社会责任感，情感表达
作品分析报告	学生撰写音乐作品分析报告	文化自信，多元文化
学生反馈调查	收集学生对课程的反馈意见，了解其需求	学习体验，教学改进

评价方式 1：表现评估。

表现评估是声乐实践课中的一种重要评价方式，它着重于评估学生在音乐演出中的表现。这种评价方式不仅涵盖了声音质量和音乐技巧，还包括了情感表达和舞台表现等方面。以下是对表现评估的扩展。

音乐演出的重要性：音乐演出是声乐实践教学中不可或缺的组成部分，它为学生提供了展示他们音乐技能和情感表达能力的机会。通过音乐演出，学生能够将他们的声音与观众共享，传达情感和故事。因此，表现评估是确保学生能够有效地传达音乐和情感的关键。

评估标准：表现评估需要明确的评估标准，以确保评价是公正和客观的。评估标准可以包括音准（音高准确性）、音色（声音质量和特点）、音域（音域的广度和能力）、情感表达（情感的传达和共鸣）以及舞台表现（舞台存在感和互动能力）等方面。

多种音乐风格和曲目：表现评估应该涵盖多种音乐风格和曲目，以反映学生的多样性和音乐综合能力。学生可以表演古典音乐、流行音乐、民间音乐等不同类型的音乐，从而培养他们的多样性和适应能力。

反馈和改进：表现评估的目的不仅是评价学生的表现，还包括为他们提供反馈，帮助他们改进。教师和同学的反馈对于学生的成长至关重要。应该鼓励学生接受批评，并积极运用反馈来改善自己的表现。

示例图片：表现评估示例图片可以包括学生在音乐演出或声乐实践课堂演练中的照片，展示他们的表现和情感表达能力。这些照片可以捕捉到学生在音乐表演中的专注、表情和舞台存在感。同时，还可以使用示例图片来记录学生在不同音乐风格和曲目中的表现，以展示他们的多样性和发展。

评价方式 2：作品分析报告。

作品分析报告是声乐实践课教学中的一种重要评价方式，它要求学生深入分析选定的音乐作品，包括其结构、情感表达、文化背景等方面。这种评价方式有助于培养学生的音乐理解能力和文化意识。以下是对作品分析报告的扩展。

音乐作品的复杂性：音乐作品可以非常复杂，其中包含了多种元素，如旋律、和声、节奏、乐器编曲等。学生在分析音乐作品时需要深入挖掘这些元素，理解它们是如何共同创造出音乐的整体效果的。

文化背景的重要性：音乐作品通常受到其所属文化背景的影响。在作品分析报告中，学生需要考虑作品的文化背景，探讨它如何反映了特定社会和历史时期的特点。这有助于培养学生的文化自信和多元文化意识。

分析方法和工具：学生需要学习并运用不同的分析方法和工具来深入剖析音乐作品。这可能包括音乐符号分析、和声分析、歌词解读等。教育者可以指导学生如何有效地使用这些方法和工具来分析作品。

批判性思考：作品分析报告鼓励学生进行批判性思考。学生应该能够提出观点、支持他们的分析，并就音乐作品的各个方面提出自己的见解。这有助于培养学生的批判性思维和分析能力。

评价方式 3：学生反馈调查。

学生反馈调查是一种非常重要的评价方式，它有助于教育者了解学生对声乐实践课程的看法、满意度以及对教学改进的建议。通过定期收集学生的反馈意见，教育者可以及时调整教学方法和课程设计，以提高教育质量。以下是对学生反馈调查的扩展。

反馈的多样性：学生反馈可以来自多个渠道，包括口头反馈、书面反馈、在线调查问卷等。教育者应该灵活运用各种方式来收集反馈，以确保尽可能多的学生参与。不同的学生可能喜欢不同的反馈方式，因此提供选择是重要的。

问卷设计：设计有效的学生反馈问卷是至关重要的。问卷应该包括有关课程内容、教学方法、教师反馈、学习体验以及对改进建议的问题。问题的设计需要清晰、具体，并容易理解，以鼓励学生提供有用的反馈信息。

机会平等：学生反馈调查应该为所有学生提供平等的机会。教育者需要确保每位学生都有机会表达他们的看法和意见，而不受到任何歧视或偏见的影响。这有助于确保反馈的公平性和代表性。

反馈的用途：收集学生反馈后，教育者应该积极运用这些信息。反馈的用途可以包括调整课程内容、改进教学方法、提供额外的支持和资源，以及更好地满足学生的需求。学生应该能够看到他们的反馈被认真对待，并对课程的改进产生积极影响。

总的来说，表现评估、作品分析报告和学生反馈调查是声乐实践课中的重要评价方式，它们相互补充，有助于全面评估学生的音乐技能、音乐理解和思想政治素养。教育者应该结合这些评价方式，制定全面的评价策略，以支持学生的学习和发展。同时，教育者还应积极运用评价结果来不断改进课程和教学方法，以提高声乐实践课的教学质量和影响力。

四、结　　论

声乐实践课教学中的课程思政教学方法需要综合考虑音乐技能培养和思想道德素养提升。通过精心设计教学内容、选择合适的教学方法和进行多元化的教学评价，可以提高声乐教育的质量，为学生的全面发展作出贡献。希望本文所提供的表格和内容的指导能够帮助声乐教育实践课更好地实施课程思政教育。

教学效果与反思：在我们过去的实践课教学中，已经融入了很多思政内容，如在学院举行的班级合唱比赛中，同时就有 3 个教学班级不约而同地选择了《不忘初心》这首合唱曲目。在日常的声乐实践课教学中，老师们在选择教学曲目的时候也应经常选择一些积极向上、充满正能量的思政内容的作品。经过了多年的积累，一些经典的思政题材的作品已经植根于我们的教学中，还需要我们进行分类、归纳，并在今后的声乐实践课教学中更多、更系统地进行教学和研究。

《音乐创编》课程思政教学设计

李 屿[*]

课程名称： 音乐创编

任课教师： 李屿

课程内容： 学习器乐作品、声乐作品、钢琴小品及小型乐队作品的创作技巧。同时分析对应类型的经典作品，学习这些经典作品背后的思政知识，使学生思想和心灵上受到振奋与教育，树立良好的思想道德观念和意识。

课程思政目标： 本课程根据课程特性及专业教育要求设置多个章节，逐步完成社会主义核心价值观、中华优秀传统文化，中国特色社会主义"四个自信"的教育内容。教育学生爱党、爱祖国、爱人民。通过课堂呈现不同时期的优秀作品，让学生在学习作品的同时学习背后的故事，了解祖国的发展史、了解祖国的广袤山川、了解中华民族的传统文化与优秀品德。

课程思政教学设计及实现方式（示例）如表 1 所示。

---

* 作者简介：李屿，女，硕士，湖北工程学院音乐学院讲师。

表 1　　　　　　　　　**课程思政教学设计及实现方式**

课程内容	课程思政元素切入点	课程思政教学实现方式
器乐独奏作品赏析	中国民族器乐赏析	(1) 在课前通过线上课程平台投放学习资源夹，资源夹中分地区整理代表性民族乐器与器乐作品。 (2) 以翻转课堂的形式组织教学，课前学生选取资源夹中自己熟悉或感兴趣的乐器，查阅音视频及文献资料，整理该乐器的相关信息及这个乐器与地区传统文化的联系，并做课堂汇报。培养学生收集信息、获取新知识的能力。 (3) 引导学生探索各个民族乐器与民族或地区间的文化连接，挖掘乐器背后的人和事、风景和传统文化，教育学生敬爱我们的山川河流，热爱我们的祖国大地
器乐独奏创作	作品修改	(1) 学生各自选取中国民族器乐进行器乐独奏作品习作，并由老师逐一批改学生习作，帮助学生运用不同音乐要素去表达各个民族乐器所传达的文化与思想内涵。 (2) 在讨论修改作品的过程中引导学生感受美、表达美，树立文化认同感与文化自信
	作品排练	(1) 学生利用第二课堂召集演奏员对作品进行排练。培养学生组织与协作能力。 (2) 在排练的过程中再次翻转课堂，学生翻转角色担任主讲，为演奏员们传播民族乐器背景知识及德育内容，使演奏员理解作品立意，强化文化自信的意识，对作品进行表演的二次创作
器乐独奏作品展示	作品展示	(1) 在课堂上集体展示作品。演奏员和作曲者着民族服饰一起展示作品并讲解作品的立意与乐器对应的民族或地区风俗风貌。 (2) 学生集体对作品逐一探讨。由于每个学生都是按兴趣选择不同的民族乐器，这样的集中展示与讨论，让每个同学接触到的乐器量与德育内容大大增加，从而对中国广袤土地上的民间音乐及风土人情有了更全面的了解，让文化自信与热爱祖国的德育目标有了更实际的践行。 (3) 课后学生针对本章德育内容完成书面思想汇报，从理论上加深认识

续表

课程内容	课程思政元素切入点	课程思政教学实现方式
中国钢琴作品赏析	钢琴作品赏析	（1）在课前通过线上课程平台投放学习资源夹，资源夹中整理民间音乐音调及其钢琴改编版本，如《茉莉花》《沂蒙山小调》《小河淌水》等。 （2）以翻转课堂的形式组织教学，课前学生选取资源夹中自己熟悉或感兴趣的民间音乐素材，查阅音视频及文献资料，整理该素材的相关信息，并对其钢琴改编版本做音乐分析，完成课堂汇报。培养学生收集信息、获取新知识的能力。 （3）钢琴是西方乐器之王，民族的也是世界的。启发学生用中国音调进行西方器乐创作，这种中西结合的创作方式培养学生文化自豪感与增强专业上的表现能力，在学生心中种下中西文化交流发展的种子
钢琴小品创作与改编	作品修改	（1）由老师逐一批改学生钢琴小品习作，帮助学生运用作曲技法，用钢琴表达各个民间音乐音调所传达的思想内涵。 （2）在讨论修改作品的过程中引导学生理解中西文化在音乐艺术表达上的不同点，树立文化认同感与文化自信
	作品排练	（1）由于学生均有钢琴演奏课程与钢琴老师，在这个章节学生将以自编自演的形式进行排练，通过自己在钢琴上反复练习，进而内化对民间音调的把握与创作，同时深化文化交流与文化自信的认知。 （2）学生与自己的钢琴老师在相关课程上对作品的演奏技巧进行探讨，以完美地呈现作品改编后的艺术效果
钢琴小品展示	作品展示	（1）在课堂上集体展示作品。演奏员演奏作品并讲解作品的立意与乐器改编思路。 （2）学生集体对作品逐一探讨。由于每个学生都是按兴趣选择不同的民间音调，这样的集中展示与讨论，让每个同学接触到的民间音乐内容大大增加，从而对中国如花似锦的民间音乐素材有了更全面的了解，让文化自信与中西交流的德育目标有了更实际的践行。 （3）课后学生针对本章德育内容完成书面思想汇报，从理论上加深认识

课程内容	课程思政元素切入点	课程思政教学实现方式
声乐作品赏析	经典作品赏析	（1）在课前通过线上课程平台投放学习资源夹，资源夹中整理经典红色歌曲，如《映山红》《走进新时代》《不忘初心》等。 （2）以翻转课堂的形式组织教学，课前学生选取资源夹中自己喜欢的声乐作品，查阅音视频及文献资料，整理该作品的背景故事，并对声乐作品做音乐分析，完成课堂汇报。培养学生收集信息、获取新知识的能力。 （3）红色歌曲是时代的主流声音，这些经典作品不仅有较高的音乐艺术价值还记录着伟大祖国的发展史、奋斗史，记录着中华民族不屈不挠勇往直前的传统美德，是年轻一辈的精神食粮。通过赏析这些作品调动学生对时事政治、重大热点的关心，启发学生选取红色主题进行作品立意，创作歌曲，让中国声音、中国精神、中国风貌在一代又一代的歌咏中延续
声乐作品创作	作品修改	（1）由老师逐一批改学生习作，帮助学生学习作曲技法，用人声进行艺术的表达。 （2）在讨论修改作品的过程中引导学生了解伟大祖国的重大历史事件及人物，深化作品的立意
	作品排练	（1）学生利用第二课堂召集歌手对作品进行排练。培养学生组织与协作能力。 （2）在排练的过程中再次翻转课堂，由学生翻转角色担任主讲，对歌手进行红色主题教育，为歌手讲解作品立意，传播歌曲背后的故事，进而歌手对作品进行表演上的二次创作
声乐作品展示	作品展示	（1）在课堂上集体展示作品。歌手与作者一起讲解作品的立意与背后的故事。 （2）学生集体对作品逐一探讨。由于每个学生都是按兴趣选择不同的红色主题人物或事件，这样的集中展示与讨论，让每个同学接触到的德育内容大大增加，通过学习历史，并转化成音乐的表达，教育学生关心时事政治，强化"主人翁"精神进而自觉践行爱党、爱国、爱人民。 （3）课后学生针对本章德育内容完成书面思想汇报，从理论上加深认识

续表

课程内容	课程思政 元素切入点	课程思政教学实现方式
小型乐队 作品欣赏	作品赏析	（1）在课前通过线上课程平台投放学习资源夹，资源夹中包括以孝文化为主题的各类音视频作品，如《孝感动天地》《宝莲灯》《爸爸妈妈》等。 （2）以翻转课堂的形式组织教学，课前学生选取资源夹中自己熟悉或感兴趣的故事或作品，查阅音视频及文献资料，整理该作品相关的音乐作品，并做课堂汇报。培养学生收集信息、获取新知识的能力。 （3）孝文化是中国传统美德，也是孝感市的文化名片，赏析整理关于孝文化的音乐艺术作品，引导学生进行孝文化主题乐队创作，深化对孝文化的理解
乐队创作	作品改编	（1）由老师逐一批改学生习作，帮助学生运用小型乐队配器手法完成音乐改编或创作。 （2）在讨论修改作品的过程中引导学生了解孝文化内涵，理解父母，通过音乐表达对父母的爱，教育学生尊重关爱父母、孝顺父母
	作品排练	（1）学生利用第二课堂召集演奏员对作品进行排练。培养学生组织与协作能力。 （2）在排练的过程中再次翻转课堂，在排练的过程中学生翻转角色担任主讲，为演奏员们讲解孝道故事，传播孝文化德育内容。演奏员学习了孝文化相关知识，理解了作品的立意，对作品进行表演的二次创作
小型乐队 作品展示	作品展示	（1）在课堂上集体展示作品。演奏员与作者一起讲解作品的立意与背后的故事。并录制视频分享给父母。 （2）学生集体对作品逐一探讨。这样的集中展示与讨论，让每个同学接触到的德育内容大大增加，通过学习孝文化，并转化成音乐的表达，教育学生关爱父母，建立家庭责任感与家庭意识，体会父母的用心，在生活中自主践行孝顺父母。 （3）课后学生针对本章德育内容完成书面思想汇报，从理论上加深认识

教学效果与反思：通过系统的教学，学生不仅在课堂上学到了专业知识，还接受了各项德育主题的教育。相比单一的德育教育，学生通过赏

析—习作—排练—展示这四个教学过程，结合线上线下及第二课堂的不同教学时空维度，多层次多角度地学习感悟践行德育内容。这种先感受再践行的教学模式，学生将由内向外、自主践行，既有兴趣作为指导，又有真情实感作为实操动力。可以说德育教育的成效显著。

通过课程实践，在教学过程中也显现了一些问题，如线上资源库还需要更充实的素材；资源库中的知识产权还要更进一步完善授权；作品展示的范围还可以由课程向班级或社会扩展，以获得更加广泛的德育辐射范围等。

针对存在的问题可参考以下解决办法：组建教学团队，扩大对资源库的收集整理工作；涉及知识产权的教学案例与作者联系取得授权，无法授权的需设置保护措施，只用于课程教学；提高作品展示质量，充分利用第二课堂，联系更多的展示平台进行线下展示，还可录制成视频资料，在大学生网络学习平台进行线上发布以辐射更多的学生用户。

舞蹈剧目《红船》课程思政教学案例

陈嘉敏[*]

一、课程基本信息

课程名称： 舞蹈剧目排练

授课对象： 大学二年级舞蹈学专业本科生

课程类型： 专业核心课程

课程总学时： 64 学时

参考教材信息： 学习各届"桃李杯"舞蹈大赛及展演作品、各届"荷花奖"舞蹈展演作品

二、课程简介

《舞蹈剧目排练》是舞蹈学专业课程体系中的核心实践课程之一，该课程主要通过剧目排练的方式，培养学生对舞蹈作品的感知能力、理解能力、模仿能力，从而提升学生的自信心、审美能力、肢体技能、情绪情感表现力。因此，该课程的呈现能直观地反映学生各项专业基础课程的训练成果和综合素养。本案例中，教师通过有意识地运用以红色主题为主导的舞蹈剧作排演，引导舞蹈学专业学生自觉践行社会主义核心价值观，着力

---

* 作者简介：陈嘉敏，女，硕士，汉族，湖北工程学院音乐学院舞蹈教师，助教。

提升课程思政工作的广度、深度、向度，真正落实"学思政精神，扬时代正气"，提高思政教育在舞蹈专业教学中的实效性。

三、课程负责人简介

陈嘉敏，湖北工程学院音乐学院舞蹈系专任教师，江西省舞蹈家协会会员、孝感市舞蹈家协会会员，江西师范大学音乐与舞蹈学硕士研究生。主讲课程《舞蹈剧目排练》《舞蹈编导》《中国民族民间舞》等。多次参加学校青年教师讲课比赛并名列前茅，创作作品曾获江西省大学生艺术节、"白鹭奖"等多项省级舞蹈大赛奖项。

四、教 学 目 标

本课程主要通过剧目排练的方式，选定具有象征性、教育性、思想性的舞蹈剧目供学生赏析学习，并通过训练完成作品的复排和展示。

第一，结合专业知识技能的讲授与舞蹈情绪情感的培养，通过红色系列主题内容的教学和训练，植入思政元素，提升学生对中华文化的认知、敬仰和认可，在激发学生爱国情怀的同时完成精神建构、思想自觉与文化反思。

第二，聚焦学生专业能力的培养，因材施教，从"高阶性、创新性和挑战度"维度为学生创设学习提升点，让每个学生的专业能力都在自己原有水平上得到最大限度的提高。

第三，注重价值观的引领和核心素养的培养。以舞蹈为载体，以传承红色精神和经典与新创舞蹈作品为依托，引领学生形成"真、善、美"的正向价值观，提升核心素养。由里而外地推进美育和思政的共融，真正实现舞蹈课程思政。

五、教学方案设计及实施

（一）《舞蹈剧目排练》课程设计

本课程在教学过程实施中，坚持以生为本、课程教学与思政教育同向同行理念，通过舞蹈作品鉴赏、文化背景介绍、创作手法解析、情节段落划分、图形路线规划、角色选定与人员分配、舞蹈作品排练，按照设定步骤适时导入思政元素，营造"沉浸式"思政教学氛围，让学生在"思政"赋能下完成舞蹈剧目的学习，并呈现于"舞台表演"（见表1）。

表1　　　　　　　　　　课程思政教学设计

阶段计划	课程思政元素切入点	课程思政教学实现方式
第一阶段：分析舞蹈剧目与排练任务下达	体会舞蹈剧目主题精神，感悟作品的创新之处，培养学生的文化理解与艺术感知素养	（1）剧目时代背景讲解； （2）剧目框架与相关情境； （3）剧目主体与主题思想、中心事件/事物； （4）剧目风格与载体； （5）主要路线、片段分析、整体氛围； （6）根据剧目时长规定排练进度
第二阶段：角色分析与分配	思考角色内涵，设想情绪情感与心境情怀，加强对音乐舞蹈元素的认同感，提升民族自豪感与文化自信心的同时。在教学经营与管理中，培养学生沟通与协作素养	（1）角色行动发展的线索； （2）角色的贯穿行动与最高任务（包括道具选用、使用方式方法）； （3）角色的内外部性格特征与其他人物之间的关系； （4）角色在全剧中的地位和作用； （5）思考人物/事物的内在情感与思想感情（分配角色小组组队）； （6）捕捉人物/事物的外部形象（片段讲授及动作抠取）； （7）体现人物/事物的动作特征与整体情态（集体情绪情感训练）

阶段计划	课程思政元素切入点	课程思政教学实现方式
第三阶段：初排、细排与阶段性审查	在动作精准训练的过程中，不断强调角色的塑造与刻画，以及音乐节奏把控的稳定性，培养学生的思辨能力与合作素养	（1）初排：在学生间建立"朋辈教育"理念，以轮流组长制进行舞蹈剧目的段落排练任务分配，学生课下复排，教师课上验收； （2）细排：教师将每个舞蹈片段细分后，根据剧目中每个规定情境，将角色的性格刻画精细、精准化讲解和精细化排练教学确保音乐节奏节拍与动作的匹配度，肢体与表情的准确体现
第四阶段：合成展演与视频录制	通过复现"经典"的沉浸式表演与展示，激发学生对生命的敬畏感，对当下美好生活的珍视。培养爱国主义情怀，提升理想信念	（1）舞蹈片段串连、合成最终完整剧目，学生相互观摩； （2）将学生的作品进行视频录制，与原版视频拼接对比，进一步让学生感受自己复现的舞蹈作品与原作品的差异，师生共同协商调整； （3）最终敲定考试剧目作品的动作技巧、表情细节、服装道具、音乐版本，组织学生进行舞台呈现，并录制成视频存档保留

（二）舞蹈剧目《红船》排练前解析（见表2）

表2　　　　　　　　舞蹈剧目《红船》排练前解析

舞蹈剧目《红船》的创作背景	浙江艺术职业学院舞蹈系编排的舞蹈《红船》以嘉兴南湖的红船为故事背景，以意象性的动作语言来表达对未来新社会所产生的憧憬；一根红绸化作希望、信仰、生命，它是星星之火，可以燎原，同时也象征了伟大的红色革命事业
舞蹈剧目《红船》的表现内容	（1）舞蹈开场用极其昏暗的灯光渲染，隐藏在暖色灯光下的人们一点一点走动，女主手中攥紧红绸，望向远方。所有人伴随着水声慢慢走动，聚集在舞台后方，抬头仰望。

舞蹈剧目《红船》的表现内容	（2）29 秒音乐声起，灯光集聚，视线聚焦在舞台中央，演员造型定住，每一位都是战士。女主手握红绸冲到舞台前方转身与演员相呼应，每个人眼里都充满了希望。女主抛出红绸，被另一位演员接住，象征着希望与信仰的传递。 （3）2 分 39 秒，警笛鸣响，敌军入侵，整体节奏变快，演员脸上充满愤怒、惊愕和恐惧，但他们还是奋力抗敌，保卫家园，不停有人倒下，但是红绸却始终有人接替。4 分 05 秒，所有人手挽手站成一线，用血肉之躯筑起了一道坚固的围墙。所有人步调一致、变换队形，体现了中华儿女团结一心、众志成城、一致对外、英勇抗敌的优秀品格。 （4）5 分 39 秒，灯光熄灭，只留了舞台后方的白光，加深演员轮廓感，深度刻画每一个英雄形象。同时传出一阵小女孩稚嫩的歌声，伴随着歌声，不断有人倒下，凄凉感从心而生，男主手攥紧了红绸，眼看着战友亲人一个个倒下，悲痛万分。 （5）6 分 32 秒音乐回到最开场的音乐，用了首尾呼应的方式，回忆起还没有经历战争时的家园，人们安居乐业，其乐融融，舞台两侧不停向空中抛出数条红绸，用红光来烘托更显悲壮凄凉，红光也暗示了战争中，战士们为了守护家园挥洒了无数鲜血。 （6）最后，演员们每人手握红绸，步调一致，摇摇晃晃走向舞台前方，消失在灯光里
舞蹈剧目《红船》的情绪表达	《红船》的意义体现为一种精神力量的凝聚与爆发，传达给观众一种精神信念——以党的诞生地嘉兴南湖红船命名的"红船精神"，是中国共产党人在创建党的伟大实践中所形成的一种革命精神，即伟大建党精神。在整场舞蹈中，每一根红绸代表着国旗的一针一线，而满场的红绸聚集在一起的时候，代表了革命先辈团结一致的精神品质。习近平总书记认为"红船精神"是中国革命精神之源。开天辟地、敢为人先的首创精神，坚定理想、百折不挠的奋斗精神，立党为公、忠诚为民的奉献精神
舞蹈剧目《红船》的文化内涵	1921 年 7 月，中国共产党第一次全国代表大会由上海转移到嘉兴南湖一艘画舫上继续举行并闭幕，庄严宣告中国共产党诞生，这艘画舫因而获得了一个永载中国革命史册的名字"红船"。作品突出表现两个字："红"是延续革命信仰，无所畏惧、生生不息的民族灵魂，"船"是浓缩中国智慧，乘风破浪、勇往直前的民族希望

（三）增强舞蹈艺术实践的育人功效

充分利用"三重实践"的方式，增强舞蹈艺术实践的育人功效。"三重实践"即院内专业汇报（期末考试汇报）、校内大型文艺汇演（年级舞蹈专场、毕业晚会等）、校外文艺汇演（高雅艺术进校园、进社区、进企业，省级、国家级大型文艺汇演）。在舞蹈实践中通过借助红色经典剧目的艺术实践与表演，充分显示舞蹈文化的力量，促进舞蹈艺术实践与思想政治教育有机融合，培养舞蹈专业学生品格与性情，积极有效地锻炼了学生的舞台心理素质和舞蹈表现力。借助于舞蹈晚会的策划与编排，有意识地培养学生的组织沟通能力、应用能力和创新意识，将应用型的人才培养目标落到实处（见图1、图2）。

图 1　舞蹈剧目《红船》的排演与舞台合成

图 2　校内演出的新闻报道

（四）撰写剧目赏析文丰富课程评价机制

舞蹈剧目排练过程中，要求学生完成 2000 字左右的鉴赏文，作为考核学生平时成绩的重要指标。通过这种方式能较好地检测出学生对于排练剧目的把握，以及了解学生们学习的真实感受和动机，并可作为实施课程思政的有效评价依据，以便更好地促进教师的教学改革，提高教学质量（见图 3）。

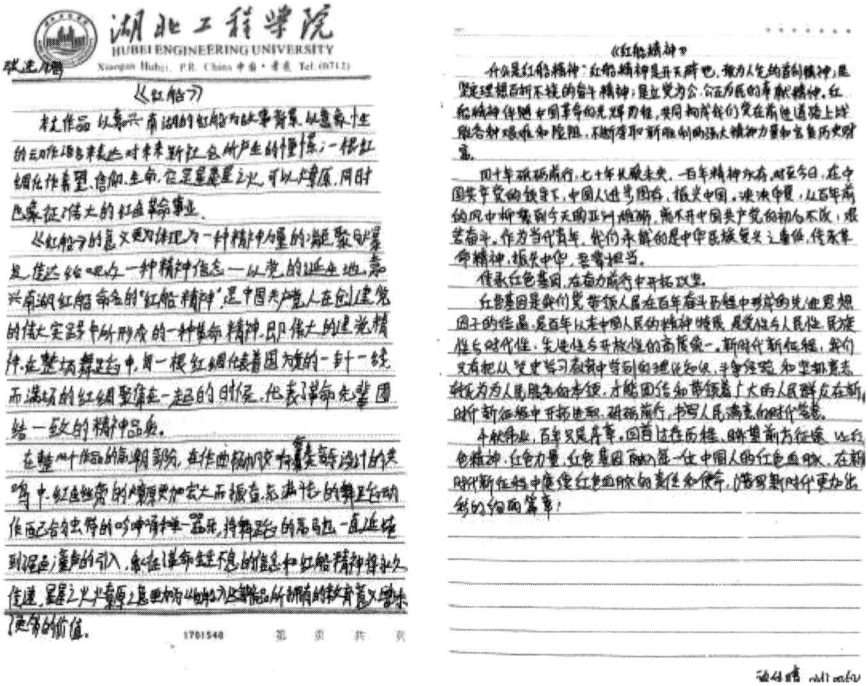

图3　学生手写的舞蹈剧目《红船》赏析文

六、教学考核评价

　　课程评价的内容既包含课程目标，同时也包括对课程实施过程中各要素的评判。对融入思政元素的舞蹈剧目排练课程目标及对应的具体能力指标点，从平时成绩和期末成绩分为 90～100 分、80～89 分、70～79 分、60～69 分和 60 分以下 5 个标准来对目标的达成度进行评价。评价方法为过程性评价与终结性评价相结合，如表 3 所示。

表3   评价内容

平时成绩			期末成绩		
考勤	课堂表现	小组作业	专业知识	专业技能	思政素养
迟到、早退、旷课、见习等	课堂行为规范、着装规范、主动提问、解决问题等	团队协作、尊重他人、具有领导力或配合力、排练完成度、鉴赏文写作	剧目相关专业理论，对背景知识、历史文化、红色主题文化内涵的感悟	以教考分离形式，对身体姿态、动作技术、动作风格、动作熟练度、与音乐配合协调度、动作表现力等综合评价	文化认同与感知素养、合作与沟通素养、审美能力与思辨素养

七、案例反思

舞蹈剧目教学进行思政元素的融入，让学生在舞蹈之中逐渐形成爱国情怀、逐渐具备奋斗意志、逐渐形成正确的价值观、逐渐养成良好的品德。剧目教学高效融入思政元素，促使学生在舞蹈剧目课的实践中感知自身所应该高度重视的内容，通过舞蹈剧目《红船》的学习，学习"红船"精神，提升学生在舞蹈教学中的学习效率，促使学生在舞蹈剧目课中形成正确的价值观和人生观。通过带有红色文化的舞蹈剧目复排，不仅培养了舞蹈专业学生的品格与性情、更在课堂互动中提升了师生整体的精神境界。在排练和表演中，师生们一次次受到革命精神的感召和洗礼，这正是文艺培根铸魂的生动诠释。

另外，也需从以下三个方面思考如何持续完善"课程思政"与舞蹈专业课程的深度融合：第一，"课程思政元素"融入舞蹈专业课程设计，课程内容要以更隐性的方式使思政教育润物细无声地融入舞蹈专业训练中。第二，课程教学方法应当随着思政教育内容的融入更加丰富多样。第三，分别对课程目标、课程内容、课程教学方法和课程评价进行设计问卷调查，积累问题，并注重对学生情感、尊师重道、传统文化、意志品质等具体内容的考查，最终形成具体完整的课程设计方案，完成改进。

《服装设计方法与原理》课程思政教学设计

徐天宇[*]

课程名称：服装设计方法与原理

任课教师：徐天宇、吴淑君、孙远、付曦

课程内容：《服装设计方法与原理》是服装与服饰设计本科专业必修课程之一，该课程作为一门连接基础课与专业课的桥梁性课程，在人才培养方案中起到承上启下的作用。《服装设计方法与原理》是从服装以及服装设计的含义出发，对服装设计过程中廓型设计、材料选择、色彩与图案设计等进行介绍，再由服装设计程序来介绍服装设计全过程的思维方法以及服装产品开发与推广，最后以案例分析对国内外设计师的优秀代表进行介绍。作为世界上最大的服装生产国与出口国，如何利用我国的资源优势，在设计理念、造型、色彩、文化传播等方面，开发出具有中国文化特色的服装产品，不忘本来、吸收外来、面向未来地进行设计方法与原理的学习，是我们要不断思考和探索的内容。

课程思政目标：

（1）培养学生爱国情怀与敢为人先的创新精神；

（2）树立环保意识与可持续时尚设计理念；

（3）激发文化自信与设计师责任意识。

课程思政教学设计如表1所示。

　＊ 作者简介：徐天宇，女，湖北工程学院美术与设计学院讲师，专业领域为服装与服饰设计、服装材料、服装品牌与营销等。

表1　　　　　　　　　　　**课程思政教学设计**

课程内容	思政要素切入点与实现方式	育人目标
第一章　服装设计概述 第二节　服装设计师的职业特征	马王堆汉墓出土的素纱襌衣：素纱襌衣是中国国家一级文物，于1972年在长沙马王堆一号汉墓出土，代表了西汉初养蚕、缫丝、织造工艺的最高水平，现藏于湖南省博物馆。几千年前我国蚕丝制作工艺就可以达到较高的技术水平，这与织造过程的耐心与细心有着密切关系	无法完全复制的素纱襌衣体现我国领先的织造技术与工匠精神，增强学生民族自信心。涉及设计师职业内涵中耐心与细致的内容
第一章　服装设计概述 第二节　服装设计师的职业特征	服装设计师"抄袭"与"借鉴"：原创与代工是目前服装企业的两类常见形态，作为未来的服装设计师，树立正确的职业观，坚持职业操守非常重要	通过探讨原创设计与代工，培养学生敢为人先的创新意识。涉及设计师职业素养中坚守职业道德与操守内容
第二章　服装廓形 第一节　服装廓形概述	胡服骑射：总体上赵国的服饰看起来比较束手束脚，行动起来较为不便。胡服大都是紧身的，袖口也是比较窄的，裤子也是以长裤为主，同时搭配皮革制成的靴子。服装的整体廓形对于日常生活有着深远影响	通过简述"胡服"的特点，分析其结构廓形与当时日常服的区别，理解服装廓形对于穿着的影响，感悟改革服装对于社会发展的重要意义，体会家国情怀对我们的意义
第二章　服装廓形 第二节　服装廓形变化的关键部位	楚王好细腰：楚灵王喜欢男子有纤细的腰身，所以朝中的一班大臣，唯恐自己腰肥体胖，失去宠信，因而不敢多吃，每天都是吃一顿饭用来节制自己的腰身。（每天起床后，整装时）先屏住呼吸，然后把腰带束紧，扶着墙壁站起来。等到第二年，满朝文武官员脸色都是黑黄黑黄的了。在廓形变化的关键部位之一——腰部，如没有充分的设计考量，就会影响身体健康	设计的适度原则，需要符合人体工程学并充分考虑服装压。涉及关键部位——腰部对廓形的影响

课程内容	思政要素切入点与实现方式	育人目标
第三章　服装材料 第一节　服装材料主导的服装潮流 常见纤维材料——棉	"新疆棉"与普通棉花的性能分析：新疆棉花品质优良，各项质量指标均超过国家标准，长 2~4 厘米，含纤维素 87%~90%，水 5%~8%，其他物质度 4%~6%。新疆棉花纤维长度 34.37 毫米，细度 7080 米/克，强度 4/84 克。通过数据可以直观看出新疆棉是性能良好的纤维	用数据体现"新疆棉"的优势，同时结合在线视频使学生懂得"半丝半缕恒念物力维艰"的意义
第三章　服装材料 第二节　服装面料再造设计 基于面料再造设计的可持续时尚设计基础	废旧服装与旧衣物捐赠：纺织行业已成为仅次于石油行业的全球第二大污染行业，每生产 1 千克布料就要排放 23 千克的二氧化碳气体，预计到 2050 年，时装产业将消耗超过全球 30% 的碳预算，因此纺织行业碳减排势在必行	通过面料再造设计的学习可以帮助学生树立绿色设计理念与环保意识。回顾过去、展望未来，艰苦朴素、厉行节俭一直都是我们踔厉前行的基础
第四章　服装色彩 第一节　服装色彩的基本知识 服装色彩基础	中华五色：融于生活，关照内心。相较于西方色彩文化更偏向于物理特性和科学理论，中国传统色彩来自天地万物，也来自古老文明的想象力。"五色"是中国传统色彩最基本的表达形式，是一切色彩的基本元素。其把青、赤、黄、白、黑视为正色，对应五行、五方等阴阳五行学说，赋予色彩独特的象征性	传统文化中服装色彩体系与含义：中国传统色，文化传承与延续
第五章　服装图案 第一节　图案概述与分类 图案的概述与象征性	中国传统图案龙纹与蟒纹：蟒纹与龙纹相似，区别在于龙为五爪，蟒则为四爪。明代"赐服"的涵盖范围还是比较广泛的，一般能得到这种特殊服饰的有三类人：各地藩王、功臣勋贵及其后裔、宫中宦官内侍。图案的象征性非常明显	了解中国传统文化对于图案发展的意义，通过图案讲好中国故事，进行文化输出

课程内容	思政要素切入点与实现方式	育人目标
第五章　服装图案 第二节　图案构成法则 民族图案	56 个民族中具有特征的服装图案构成分析：不同的民族有着本民族传承的图案、纹样，有些"非遗""村遗"需要传承与创新	具有民族特色的图案构成形式与创新设计应用
第六章　服装设计方法与程序 第一节　设计调研与设计灵感的确立	医用防护服的改良设计：医护人员与武汉樱花的三年之约，回想新冠疫情暴发到后疫情时代对于医用防护服的改良设计仍有必要	培养学生实事求是、科学严谨的设计调研态度
第七章　服装产品开发与推广 第三节　服装产品展示与推广 服装品牌与产品推广	"鸿星尔克"捐款与消费者的抢购：品牌的社会形象是产品推广的助推剂	感恩之心与社会责任对于品牌形象的树立与产品推广至关重要，而产品自身也应不断强化，提高市场占有率
第八章　著名服装设计师作品赏析 第一节　国内著名服装设计师作品赏析	晚会上的《山水霓裳》《唐宫夜宴》：人们对于服装的评价与接受度、理解度，服装文化的传承与发展	文化自信与文化输出，培养学生工匠精神

教学设计（举例）如表 2 所示。

表 2　教学设计（举例）

课程名称	《服装设计方法与原理》第三章　服装材料 第三节　服装面料再造设计	学时	1 学时
课程类别	设计学		
教学内容	1. 内容分析 （1）服装面料再造设计的设计技巧及分类（课前推送在线课程相关章节）。		

教学内容	（2）面料再造手法具体应用实践。 （3）围绕产品生命周期，形成绿色设计、绿色生产的可持续时尚设计理念，重点围绕服装面料再造设计进行讲解、分析与实践，并以牛仔面料为例进行介绍与延展。 2. 教材分析 （1）教材在"织物的表面设计"（第 85～92 页）一节中对印花、装饰、艺术染色、工艺整理和材料再造进行了介绍。 （2）通过知识迁移进行具体分析
教学目标	1. 知识目标 （1）掌握服装面料再造设计的意义。 （2）了解加法技巧与减法技巧在面料再造设计加工工艺中的运用。 2. 能力目标 根据服装材料的优缺点，选择不同面料再造设计方法并在服装、服饰设计中进行应用。 3. 素质目标 体会家国情怀，增强环保意识与设计师责任感
"课程思政" 教育内容	（1）思政小故事《73 个补丁》。 （2）基于"可持续时尚设计"的绿色设计理念与设计师的环保责任
教学方法 与举措	（1）以实例分析法、启发式分组讨论法结合多媒体在线课程进行实操演示。 （2）服装面料再造设计是基于原有面料的创新手法，有助于根据现有材料的再利用、再循环。 （3）利用课程在线平台结合教学资源库，做到课前预习完成前导任务，针对共性的问题进行讲解。 （4）通过翻转课堂、小组讨论、课前推进学习材料等，鼓励学生主动学习并进行课上交流。

教学方法 与举措	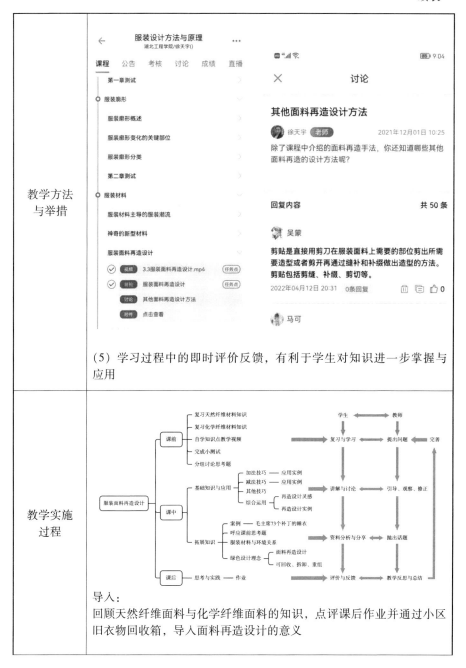 （5）学习过程中的即时评价反馈，有利于学生对知识进一步掌握与应用
教学实施 过程	导入： 回顾天然纤维面料与化学纤维面料的知识，点评课后作业并通过小区旧衣物回收箱，导入面料再造设计的意义

教学实施过程	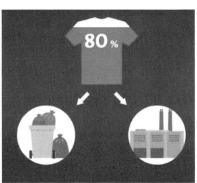 新课： （1）依托高教智慧平台，对湖北工程学院自建课程《服装设计方法与原理》进行章节推送，完成课前小测。针对共性的问题进行课上统一讲解，个性化问题通过学习小组或教师课后时间进行讲解以及作品点评回顾。 （2）以生活之中常见的牛仔面料为例，具体分析面料再造设计的手法及运用。 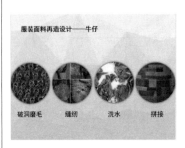 ①结合实际案例，探讨加法、减法技巧在牛仔面料再造设计中的优缺点并进行阐述。 ②针对小组讨论的其他技巧进行分析。 （3）可持续时尚设计理念。 纺织服装行业已成为全球第二大污染行业，仅次于石油行业。 ①服装生产加工过程，即纺织、印染、制作中产生的印染废水、纺织噪声、裁剪边角料废弃物等。 ②在服装废弃后，形成大量垃圾，尤其是化纤类服装对环境造成污染。 ③变废为宝——基于绿色设计理念的可持续时尚设计

续表

教学实施过程	 （4）面料的再造设计灵感来源与具体应用。 ①自然环境； ②历史古迹； ③建筑艺术； ④传统文化。 课后作业： 基于服装面料再造设计绿色设计理念，仍以牛仔面料为素材，完成除课堂讲授内容外的其他两款面料再造设计制作
预期的教学效果	（1）单次课的思想政治教育教学目标的设定主要基于课情、学情特点，具体呈现在教学设计中，对学生服装面料再造设计学习性调动以及课堂教学效果进行及时反馈，包含课程测试、思考题、作业、项目等完成情况对于职业道德、环保意识等方面的体现，分步达成课程德育目标。 （2）结合对思想政治教育元素的具体应用，立足与思政课程"同向同行"的理念，设定具体章节的思想政治教育教学目标。课程思政与思政课程在教学推进上并不是"亦步亦趋"，但在整体节律上要保持内在的一致性和关联性，学生能在提高专业水平的同时提高设计作品的内涵。 （3）通过让专业知识自己"说话"，如专业知识点背后的"故事""人物""现象""问题"等，考查学生回答与交流问题的情况，从知识、能力、情感、态度、价值观维度进行描述后，观察学生行为变化，将知识点与思政元素同时"入眼入心"，考查学生团队协作、互帮互助、解决问题的能力

续表

教学反思	（1）教学分析：教学内容选取符合学生的认知水平的常见牛仔面料，教学内容恰当，并紧扣教学要求，在进行基础知识与基本内容学习后，贴近生活、紧扣政策，为学生介绍服装行业发展的趋势和动态。 （2）教学目标确定：多数学生能够掌握服装面料再造设计的基础知识，能够形成使用面料再造知识解决设计创新问题的能力，但在创新意识的培养上还需要加强。 （3）教学策略：使用混合式教学模式结合翻转课堂，将理论与实践相融合，激发学生的学习热情，促进学生进一步提高主动学习的能力、思辨能力、分析能力、动手能力。使用OBE成果导向教学手段，有助于突破教学重点，易于学生掌握复杂知识的学习规律，形成解决问题的思路与有效方法。 （4）教学特色：教学设计中，通过案例教学、成果导向教学等方法，将学生置身于现实生活实际，在解决实际问题中，学习效果明显提升
使用到的 教学资源	在线资源： （1）国家高等教育智慧教育平台《服装设计方法与原理》（https：//www. chinaooc. com. cn/course/62354c9a9906eace048cdc39） （2）"学习强国" （3）纪录片：《布衣中国》《服装里的中国》 （4）百家讲坛：《中国衣裳》 书籍教材： 1. 王悦，张鹏. 服装设计基础（第三版）［M］. 上海：东华大学出版社，2018. 2. 肖琼琼，朱亮. 服装设计理论与实务［M］. 上海：上海交通大学出版社，2021. 3. 苏永刚. 服装时尚元素的提炼与运用［M］. 重庆：重庆大学出版社，2007. 4. 王晓林，栾海龙. 服饰图案设计方法与实践［M］. 西安：西安交通大学出版社，2015. 5. 涂静芳. 服装设计基础［M］. 北京：中国青年出版社，2011. 6. 李彦. 服装设计基础［M］. 上海：上海交通大学出版社，2013

教学效果与反思：通过将课程思政融入专业课程教学，学生能够主动关心、关注社会热点问题，增强责任感与使命感，主动参与大学生创新创业项目，并立足乡村振兴、保护环境等进行选题。

　　存在的主要问题是如何能够更加全面、科学、准确地评价课程思政的育人效果，现阶段未能对课程思政考核进行量化考评。

　　改进思路主要是进一步通过课程思政教学进行考核测评，注重与思政课程的同向同行作用。

《产品语义学》课程思政教学案例

龚怡慧*

课程名称：产品语义学

授课对象：产品设计专业本科生

课程类型：专业选修课

课程总学时：64 学时

教材信息：王振伟，龚怡慧编著 . 产品形态语义设计 [M]. 合肥：合肥工业大学出版社，2019.

一、课程简介（包含面向对象、开设目的、主要内容、课程特色等）

《产品语义学》是湖北工程学院产品设计专业的一门专业选修课程，课程兼具专业理论性和应用性。本课程系统介绍了关于符号学语境指导下的产品符号特征、产品设计的构成要素、构成方式，重点介绍了产品的功能性语义、象征性语义、趣味性语义、关怀性语义及文化性语义，通过讲授产品语义的五大特征，具体分析每一种语义特征下产品语言符号表达的形式和方法，综合应用产品符号各要素进行编码，探究产品符号编码方式及解码信息，构建具有逻辑性分析的产品设计应用方法。

《产品语义学》教学团队由本专业骨干教师组成，该课程 2023 年被认

---

* 作者简介：龚怡慧，女，湖北工程学院美术与设计学院教师，研究方向：文化融合产品创新。

定为湖北工程学院校级课程思政示范课程，课程以"专业理论＋设计实践"的方式展开，课程学生作品曾多次参与教育部 A 类学科竞赛，获得殊荣，课程受到学生的欢迎。

二、《产品语义学》课程思政教学实践

（一）产品语义学课程思政教学目标

产品设计专业人才教育培养的目标是培养具备创新意识、爱国爱家，具有正确的设计观念和职责的设计人才。本课程深挖课程思政资源，构建知识、能力、价值三位一体的教学目标，通过产品设计理论和方法与产品设计实践的联合化组织，在专业教学中将专业知识与思想价值融贯起来，一方面能开阔学生的设计视角，提高学生面对社会现状等复杂问题的创新研究能力；另一方面又能使学生理清自身专业与社会的联系，建立正确的职业职责意识。

（二）《产品语义学》课程思政教学模式

《产品语义学》课程创新构建四维一体课程思政教学模式，将课程通过知识点、作品线的推进实现学生综合能力的拓展和价值体系的构建。通过在专业知识传授中融入思政元素，把思想教育贯穿于整个专业教学活动中（见图1）。

图1 四维一体课程思政组织模式

1. 课程理论知识点思政资源融入（见表1）

表1　　　　　　　　课程理论知识点思政资源融入

教学内容	教学案例（课堂话题）	思政元素
符号学与产品语义学的关系	符号起源的中国案例：结绳记事；人面鱼纹彩陶碗；甲骨文	文化自信、创新精神
产品符号的价值	产品符号价值的中国案例：礼器中的图腾，透过图腾了解中国符号及符号背后的文化	
产品形态语义的构成	产品语义设计的中国作品：2008年北京奥运会火炬的设计分析	文化自信、爱国精神
产品语义的特征	语义特征中中国本土化商品实例分析	
产品形态语义的传达要素	东西方产品造型语言比较分析	爱国精神、文化自信、实践创新
产品语义设计的方法与步骤		
信息时代产品形态语义设计趋势	中国符号的传承、数字化创新设计	勤于实践、勇于创新

2. 课程实训中课程思政与专业交叉主题融入

以项目式教学方法为主的设计工坊，设置实训主题：（1）中国文化主题产品设计（思政元素：文化自信）；（2）红色文化主题产品设计（思政元素：爱国主义）；（3）人文关怀主题产品设计（思政元素：人文关怀）；（4）智享生活主题设计（思政元素：爱国爱家）。

3. 专业综合能力拓展、价值体系构建。

设计工坊主题训练，将课程思政与专业交叉，一是有利于在专业课中持续地融入课程思政内容，解决课程思政与专业教育"两张皮"的问题；二是有利于学生设计视角的提升，引导学生在专业实训的过程中对相关主题进行调研和分析，达到思政育人的自我构建。同时，实训有利于学生综合运用专业理论知识，提升发现问题和解决问题的专业综合能力。

　　专业主题的实训有利于学生从了解主题到挖掘主题，进而利用自身专业进行设计创新，学生也成为传播和创新优秀文化的践行者和责任人，从而达到学生人生观、价值观塑造的目标。

　　学生在课程中的原创作品如图 2 和图 3 所示。

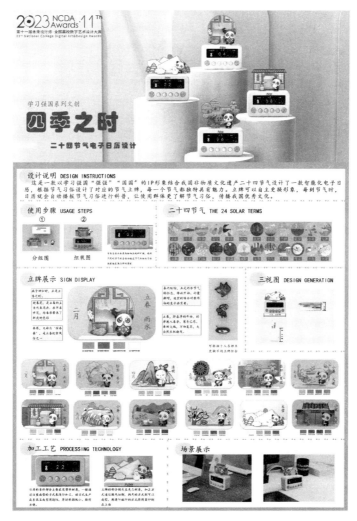

图 2　学生原创作品（一）

　　注：教育部 A 类学科竞赛 2023 未来设计师大赛、学习强国文创产品设计专项赛全国总决赛，二等奖。

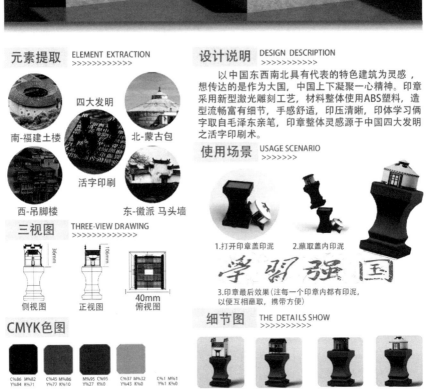

图 3　学生原创作品（二）

注：教育部 A 类学科竞赛 2023 未来设计师大赛、学习强国文创产品设计专项赛湖北赛区，二等奖。

三、案例课程信息

案例课程信息如表 2 所示。

表 2　　　　　　　　　　　案例课程信息

教学内容	第四章　第五讲　产品的文化性语义
教学目标	（1）知识目标：理解产品文化性语义特征的价值、表达方式和使用原则。 （2）能力目标：运用产品文化性语义特征理论知识分析相关产品的符号语义及人文内涵；能够应用产品文化性语义特征的表达方式进行产品创新。 （3）价值目标：培养学生热爱中国文化、树立文化自信与专业自信的价值观
教学内容分析	（1）课堂设计思路：采用参与式教学方法，通过 UOOC 线上课程预习 + 线下课程混同的方式开展课堂教学。 （2）教学重点：产品文化性语义表达方式（承其"形"、传其"意"）。 （3）教学难点：符号与设计对象在转换设计中的可行性原则；产品符号表现手法（抽象化、简化）
教学过程及内容	（1）课程导学：UOOC 联盟线上课程，产品语义特征——文化性语义（课前）。 （2）导入新课——事件导入：故宫文创产品异常火爆，特别受到年轻群体的喜爱。 由案例引起学生的兴趣，引导学生思考：故宫文创热，请从设计的角度分析一下产品受欢迎的原因。 故宫文创兼具了故宫文化的底蕴和流行时尚的元素，设计师们将独特的创意和箱包、服饰、首饰、手机壳等相结合，开发了具有较高文化产品附加值的产品。且产品的类型多样，能够满足多种人群的消费需求。

续表

教学内容	第四章　第五讲　产品的文化性语义
教学过程 及内容	（3）课堂前测——通过雨课堂发送问题：分析日晷时钟和流光香薰的设计符号，分析产品中文化性符号在设计中会受到哪些因素的影响，检查学生课前线上的学习情况，了解学生知识点掌握情况。  （4）参与式学习——引出课程重点。教师带领学生一起分析日晷时钟和流光香薰中的文化符号，讲述设计师创作的设计来源（中国文化故事、博物馆文物），由此，从设计案例分析中使同学们学习文化性语义构建的方法和设计思维角度。 产品的文化性语义表达形式——①承其形；②传其意。 承其形——"形"是一种直接符号，可以理解为产品符号的参考对象和设计对象两个部分。参考对象的选择要与设计对象之间构建出内部的联系，达到产品符号识别和领悟的作用；而设计对象在融入参考对象时要考虑产品设计中功能、情感、可行性等要素，保证产品本身的要求。 传其意——传其意是一种间接符号，其关键是将抽象的文化含义转变为产品中的视觉语言，借用形态、功能、材质、色彩等手法表现出抽象文化的精神内涵。 （5）［案例分析］：分析鼎壶和衡灯设计中的产品语言和设计手法——引出课堂难点——产品符号表现手法（抽象化、简化）。 

教学内容	第四章 第五讲 产品的文化性语义
教学过程及内容	符号与设计对象在转换设计中的可行性原则： 文化符号要满足现代审美需求、现代产品加工成型方式、设计对象功能的要求。因此，传统"形"需要借鉴性利用。产品的"形"与"神"，可以通过美学思想的借鉴，造物智慧的借鉴，传统与现代的融会贯通等方式创造性地继承和发扬。 产品符号表现手法：简化。 删繁就简，提取最基本特征，以比较简单的形象将事物再现出来，使物形单纯。 （6）［课堂实践活动］：小组发表和教师点评结合组织教学实践。以孝文化为主题，进行文化符号提取，以产品文化性语义特征设计手法绘制产品草图。 （7）［后测］：再思考：与刚开始上课时相比，你对文化性语义融入产品设计的价值有没有新的认识？ （8）［课程总结］： ①文化性语义符号表达方法——借鉴性利用，达到功能、情感、体验的统一。 ②文化性语义在构建时要在继承的基础上创新，创新才是继承的有效途径。 ③中国文化博大精深，是我们进行产品创新研究的资源和宝藏，同学们要热爱祖国的文化，这就要求大家在日常学习中要注意积累，不仅要积累文化符号的形式，还要研究文化符号背后的衍化过程与内涵意义，只有融会贯通，才能创新性地传承与弘扬我国的优秀文化，作为中国未来的设计师，这是每位同学都应该承担的光荣任务
预期的教学效果	（1）课堂上实现专业与思政并行、相互渗透的教学方式，提升学生的思想价值观。使得学生能热爱国家，热爱中国文化，建立文化自信。 （2）产品的文化性语义在设计中的应用，能加强学生的创新能力，加深学生作品的内涵性与原创性，同时，在学生心中建立起传播中华优秀传统文化的使命感和责任感
使用到的教学资源	UOOC联盟"产品语义学"在线课程、雨课堂智慧教学工具

《绩效管理》课程思政教学案例[*]

兰 兰^{**}

一、《绩效管理》课程思政教学主题

1. 《绩效管理》课程的基本情况

《绩效管理》是应用心理学（人力资源管理方向）本科专业的一门专业主干课，这门课程对提高应用心理学（人力资源管理方向）本科专业学生的科学研究能力和科学素养都起着十分重要的作用。《绩效管理》也是管理学学科中的其他一些专业（如工商管理专业、人力资源管理专业、行政管理专业）的重要专业课，它在管理学中有着十分重要的地位。

2. 课程目标

《绩效管理》是引导学生系统掌握绩效管理研究知识、学会如何开展绩效管理活动并探索绩效考核规律，从而培养学生的科学能力和科学精神的课程。通过这门课程的学习，学生要达到如下三个目标：

（1）知识目标：理解和掌握绩效管理的最基本概念，了解这一学科的基本构架和分析逻辑；掌握现代组织绩效管理的基本原理及其操作技巧。

（2）能力目标：学生要掌握绩效计划、绩效沟通、绩效评价、绩效评价主体的选择与评价者培训、绩效评价指标体系的设计、绩效评价方法的选择、绩效评价结果的应用等与有效的绩效管理有关的各个方面。

* 基金项目：湖北工程学院 2023 年度课程思政示范项目《绩效管理》（KCSZ202214）。

** 作者简介：兰兰，女，湖北工程学院教育与心理学院教授。

（3）情感、价值目标：通过《绩效管理》的学习，学生要形成一定的绩效管理研究意识，对绩效管理的原理和方法能够产生积极的情感，具备为探索绩效管理规律而勇于开拓、勤于研究的科学精神。

二、思政内容融入的理念和思路

湖北工程学院作为高素质应用型人才的重要培养基地，为区域经济社会发展提供智力支撑。应用心理学专业培养具备较丰富的心理学与人力资源管理等方面知识和技能的复合型、应用型专业人才。对接人才培养目标，《绩效管理》课程德育目标具体表现为：运用绩效管理的思维解读事业和人生，树立社会主义核心价值观，懂得用目标检验过程，过程就是最好的奖励，自我考核与内省，改进绩效，不断成长。

《绩效管理》课程思政内容的融入点主要在绩效管理以人为本的核心理念，梳理绩效管理理论和实践的发展脉络与方法要点，重点学习不同绩效考核技术的设计思想和利弊分析，注重绩效管理中管理者与员工的沟通原则和成长激励的人文情怀，提高学生热爱心理咨询和人力资源管理工作的使命感和职业认同感，为后续课程的学习打下坚实基础，提高学生专业理论素养和实践能力，树立正确的人生观、世界观和价值观。

三、课程思政教学设计及实现方式

课程思政教学设计及实现方式如表1所示。

表1　　　　　　　　课程思政教学设计及实现方式

授课内容	思政融入点	课程思政教学实现方式
绩效管理概论	（1）人文情怀； （2）社会责任； （3）职业理想	1. 教学过程 （1）绩效的概念、特征与影响因素（知识积累）； （2）绩效管理的界定与过程（知识梳理）；

续表

授课内容	思政融入点	课程思政教学实现方式
绩效管理概论	(1) 人文情怀； (2) 社会责任； (3) 职业理想	(3) 绩效管理的职责分工（情感熏陶与能力培养）； (4) 成功绩效管理的八大要诀（价值塑造与精神引领）。 2. 教学重点、难点 (1) 重点：绩效的主要特征；成功绩效管理的八大要诀。 让学生从身边观察到的例子出发来探讨绩效的主要特征，采用案例分析的方法组织学生理解如何成功实施绩效管理。 (2) 难点：明确"绩效的本质是行为"；绩效管理的"全员管理"理念。 采用辩论的方式引导学生思考不同绩效界定的局限和关注点，运用案例分析的方式组织学生研讨绩效管理的"全员管理"。 3. 教学方法 (1) 问题导学法——激发兴趣，拓宽视野（知识积累）。 采用问题导入法，一方面能启发学生思考，另一方面也能激发学生掌握专业知识的学习动力。 问题1：什么是绩效？ 问题2：如何解读绩效的特征？ 问题3：如何分析绩效的影响因素？ 通过以上3个问题，可以很快地引发学生的思考，围绕不同学科对绩效的界定，分析和总结绩效的结果论、行为论、能力论和综合论，了解每一种界定的不足之处，充分地理解绩效的复杂性，增加对于绩效特征的理解，通过具体的例子来阐释绩效的多因性、多维性和动态性，最终聚焦在绩效的影响因素上，更多地认知和了解技能、激励、环境和机会对组织和员工绩效的影响。 (2) 案例分析法——体会案例研究带给学生的触动和思考（能力培养与情感熏陶）。 引用"李君的困惑"案例，引发学生思考对绩效管理有哪些认识误区？李君所在公司的绩效管理是否成功？应该如何改进公司的绩效管理？ 在案例分析之前，让学生对绩效管理是什么进行解读，做出判断并说明理由，通过辨析和讨论加深绩效管理在企业中的正确理解，在这个基础上，查找李君对绩效管理的误解点，结合所学的理论知识，充分讨论，提出自己的见解，同时鼓励质疑与思辨，在脑力激荡中不断发现新视角和新观点。

续表

授课内容	思政融入点	课程思政教学实现方式
绩效管理概论	（1）人文情怀； （2）社会责任； （3）职业理想	这个过程不仅有助于学生融会贯通理论知识和实践，也有助于及时引导学生树立正确的人生观、价值观和世界观，秉持客观公正之心，以人为本，弘扬社会主义核心价值观，增加对管理责任的认知与担当意识，不断提升自己的绩效，也积极发挥组织公民行为，助力组织绩效的提升。 （3）辩论赛法——体会思辨带来的感受和思考（价值塑造与精神引领）。 设计辩论题目"科学发明没有第二名，第二名和以后多少名都一样"。让学生选择是否同意这个说法，分别组成正方和反方，经过充分的讨论，各派出四位辩手，代表正、反方发言。 此处设计辩论赛，是为了帮助学生认识到：外界用一个标准来看待比赛，标准之上有绩效，标准之下无绩效。但是，对于参加比赛的运动员或者科学家自身，每次努力的成果就是绩效。 通过充分辩论，加深学生对绩效的理解，对于绩效管理的复杂性有了更深刻的认知，意识到无论是作为管理者还是普通员工，进行绩效评价时，不仅要看重结果，也要看到员工的努力，即使最终结果差强人意，也要相信员工进一寸有一寸的欢喜，树立过程意识，并以此来激励自己在面对困难和逆境时，秉持以人为本的绩效理念和人文情怀，积极进取，努力提升绩效

四、教 学 反 思

1. 实施效果及成果

（1）升华了课程的价值目标。无论是问题导入、案例分析，还是辩论赛的形式，都重在培养学生的质疑、批判与探索精神，通过独立思考、团队分享，促进学生创新思维和成果的展示。在课堂上，让学生在教师的引导下，辩证分析、思维共振，培养创新意识，树立以人为本的管理理念和人文情怀，升华了《绩效管理》课程的价值目标。

（2）提高了学生的获得感。作为应用心理学专业的学生，具备心理学的专业素养，但是在管理领域如何激发学生的兴趣、热情并产生成就感，一直是《绩效管理》课程教学思考和琢磨的重点，通过丰富课程教学形式，贴近学生实际的学习生活，围绕学生能够看得见、摸得着的绩效实践，增强学生对绩效管理的认知，提高了学生的获得感。

（3）激发了学生的兴趣和热情。好的开始是成功的一半，绩效管理概论是《绩效管理》课程的第一章内容，通过精心设计和打造的教学内容、课程思政的巧妙嵌入，在润物细无声中，成功地激发了学生的兴趣和热情。学生增强了学好这门课的信心，主动去探索绩效管理的精髓，透过学习和生活，紧扣时政和社会现象与热点话题，展开讨论与表达，使课堂成为学生的舞台。

2. 存在的实际困难和问题

（1）理论教学与团队演练的课时把控。以学生为中心的课堂，在教学效果和学生互动上毋庸置疑，但是，重点难点知识的讲解也不可小觑，不然的话，容易导致课堂上讨论得轰轰烈烈，但是学生的思维和理解只是停留在已有的认知层面。如何提升学生认知，强化课程思政，从专业的角度来解读社会现象，分析案例，还是需要强调专业知识的传授和讲解。

（2）学生参与度参差不齐。因为专业的倾向性，学生中存在较明显的学科偏好，有些学生更喜欢心理学课程，对于人力资源管理方向的课程不太感兴趣，在课堂上表现为参与度不高，团队作业存在"搭便车"行为，满足于只是完成，对于延伸阅读和讨论不积极，理论知识的学习都是浅尝辄止，对课程思政的融入和践行缺少主动性，选择旁观者角色，相比全情投入的积极主动学习，不同学生的收获差异较大。

（3）学生线上学习进度不一。因为《绩效管理》是2021年省级一流线上线下混合课程，所以有22学时的线上课程，课程思政在录制线上课时也做了嵌入，但是在线下授课时发现学生看课进度不同，虽然线上课有看课时长的要求，但是有些学生习惯拖到最后抢时间看课，缺少线下课要求的知识储备，在课堂上占用了更多理论讲授时间，课程思政的切入有时会受到影响。

3. 今后的改进思路和注意事项

（1）采用 MOOC + SPOC + 翻转课堂教学模式。线上教学精讲基础知识，以绩效管理流程和考核技术介绍为主线，采用闯关模式，学生自主学习，参与讨论，顺利通过测验方可进入下一章节的学习。线下课堂侧重实战演练，在绩效考核指标选取、绩效计划制订、绩效反馈技巧等方面充分加入课程思政元素，注重以人为本的管理理念。同时采用翻转课堂形式，将绩效沟通、绩效反馈的知识点细分给学生，搜集整理案例，在课堂模拟绩效沟通过程，提交绩效反馈设计报告。

（2）推行考核方式改革。加强过程化考核，在课堂学习过程中，按照课堂互动、上课状态、团队演练、绩效方案设计等内容考核成绩，达到"进头脑"的目的，助力课堂教学模式改革。学生认知考评主要采用笔试的方式进行，笔试分为线上和线下两个环节，其中线上成绩采用"25% 视频观看 + 20% 课程每章节测验 + 10% 作业 + 5% 讨论 + 5% 签到 + 35% 线上期末考试"的综合评定方式，线下平时成绩按照"20% 到课情况 + 30% 课堂互动情况 + 20% 作业完成情况 + 30% 团队演练情况"的综合打分方式，线下期末考试成绩占 60%，最终学习成绩按照"线上 20% + 线下平时成绩 20% + 线下期末考试成绩 60%"进行计算。

期末试卷的命题方式和考核重点在于塑造并端正学生的人生观、价值观和世界观，引发学生深入思考，而不是机械记忆，使学生从理论层面和管理实践层面上入脑入心。学生情感考评和价值观考评具体体现在课堂互动环节，通过课堂提问、案例分析和团队演练环节进行观察打分，作为线下平时成绩的重要依据和来源。对于小组作业，增加每位同学的作业感悟和体会环节，不仅了解作业情况，还要分享如何做，提高团队意识和分工协作能力。

（3）开展课程思政示范课堂听课活动。拟开展 1 次以上学院教师参加的示范观摩听课，欢迎学院领导、督导和同行重点对融入课程课堂教学的思政元素进行把脉，集思广益，讨论课堂思政元素可以进一步深化与提炼的方向。落实以学生为中心，从"讲得好"向"学得好"和"做得好"转变，使习近平新时代中国特色社会主义思想能够得到更透彻的理解。

《幼儿园教育活动设计》课程思政
教学设计*

刘翠霞**

课程名称：幼儿园教育活动设计

任课教师：刘翠霞

课程内容：《幼儿园教育活动设计》是学前教育专业的必修课、学位课。本课程主要培养学生作为未来幼儿园教师的写、说、授、听、评等方面的教学技能。本课程教学使用自编教材，教材以学前教育学、学前儿童心理学、学前儿童保育学等学科为理论支撑，立足科学性和先进性；密切联系幼儿园实践教学和课程改革动态，以及当前国家中小学教师资格证考试（幼儿园教师）和全国职业院校技能大赛（学前组）的考核要求，具有较强的实用性和指导性，方便学生岗课证充分融通，将所学与就业相联系。

思政教学目标：坚持以德树人、以生为本的理念，通过对幼儿园教育活动内容相关知识的学习，引导学生遵守幼儿教师职业伦理，坚持从全育视角出发选择和实施幼儿园教育活动，充分挖掘中国传统文化对幼儿发展的作用。

课程思政教学设计及实现方式如表1所示。

---

  * 基金项目：湖北省教育厅哲学社会科学研究项目（项目编号21Q246）；大学生创新创业训练计划项目（项目编号DC2023012）；湖北工程学院"课程思政"示范项目（项目编号2020S12）。

  ** 作者简介：刘翠霞，女，硕士，湖北工程学院，讲师。

表1　　　　　　　课程思政教学设计及实现方式

课程名称	幼儿园教育活动设计		
教学内容	幼儿园教育活动内容的组织		
授课对象	学前教育专业学生	课时	2
课程教学目标	（1）系统地掌握幼儿园教育活动总目标和年龄阶段目标，形成正确的教学技能观、教学观和学习观，从传统幼儿教师知识单向传递转变为师幼共同建构知识，形成科学的幼儿教师职业理想和职业认同感，具备适应新时代幼儿教育高质量发展的核心素养； （2）具备幼儿园教育活动设计——写的技能、说课设计——说的技能、幼儿园教育活动实施——导的技能、幼儿园教育活动听课设计——听的技能、幼儿园教育活动评价——评的技能，在准确分析幼儿经验和学习需要等基础上形成上述五种教学和教研能力； （3）在幼儿园教育活动实践中提升自我的问题意识、反思意识，逐渐形成幼儿园教育活动反思能力、合作学习的品质和教研、科研能力		
章节教学目标	（1）认知目标：了解幼儿园教育活动内容的概念、幼儿园教育活动内容的种类、价值取向、来源以及组织幼儿园活动内容的注意事项； （2）能力目标：能够根据幼儿发展特点等因素独立、科学地选择适合幼儿年龄阶段的教育活动内容； （3）情感目标：以幼儿为本、坚持从幼儿视角出发，为幼儿提供科学的、规范的幼儿园教育活动内容； （4）思政育人目标：遵守幼儿教师职业伦理，坚持从全育视角出发选择和实施幼儿园教育活动内容，充分挖掘中国传统文化对幼儿发展的作用		
学情分析	（1）学生知识结构分析：学生已经系统地学习了幼儿园教育活动目标制定的相关知识，本课堂教学内容与前面所学章节知识从纵向角度看是循序渐进的，在横向上分析知识的框架结构相似。符合学生认知发展规律即由易到难、由此及彼。 （2）学生心理认知分析：本课堂教学内容实用性较强，贴近学生生活和专业认知；同时，本课堂内容通俗易懂、趣味性较强，可以更好地调动学生学习的积极性和主体性。 （3）学生学习过程中的问题分析：由于学生深入幼儿园见习和实习的机会不足，缺乏对幼儿园教育真实教学活动的了解，以及对幼儿的认知仅限于纸上谈兵。因此设置课前学生调研、课中学生进行分组探讨和合作学习		

章节教学内容	本节课的主要内容是幼儿园教育活动内容的组织，在对应章节知识结构具有承上（幼儿园教育活动目标的制定）和启下（幼儿园教育活动方法的）的作用，是非常重要的环节。 （1）幼儿园教育活动内容的概念； （2）幼儿园教育活动内容的种类； （3）幼儿园教育活动内容的价值取向； （4）幼儿园教育活动内容的选择来源； （5）幼儿园教育活动内容选择的注意事项
教学重点、难点	（1）教学重点：幼儿园教育活动内容的选择来源和注意事项； （2）教学难点：幼儿园教育活动内容的价值取向与选择来源之间的关系
教学方法策略	通过对学情、教学内容以及教学重难点等因素的分析与解读，采取以下教学方法策略。 （1）主线：首先，在宏观层面对幼儿园教育活动内容的概念进行认知；其次，中观层面了解学习幼儿园活动内容的价值取向和选择来源；最后，从微观视角出发思考幼儿园教育活动内容选择时应注意的事项。本节课的主线主要是在课堂中采取讲授法和谈论法来完成教学工作。 （2）辅线：学生课前通过"学习通"线上平台完成本节课预习任务（例如查找资料自学幼儿园教育活动内容的种类等），或课中进行自主学习，本环节需要学生通过研究式学习和探讨式学习完成课前的准备工作
章节教学过程	教学过程详见模板表格（见表2）
章节教学评价	由于本课堂采取了主线＋辅线相结合的教学策略，以及多种教学方法相辅相成，因此，教学评价采取诊断性评价＋形成性评价的评价模式。一方面，通过课前"学习通"上学生对问题的解答和反馈，了解掌握学生学习本部分已有知识的学习经验和个体差异表现；另一方面，在课堂通过教师的讲授保证本部分知识的系统性和全面性，提高学生学习的效率，同时课堂上师生互动、生生互动，又能较好地使学生头脑风暴，发挥学生学习的主体作用

续表

拓展教学资源	（1）亿童学前课程资源，http：//www. yitong. com/。 （2）本教材中的数字资源
章节板书设计	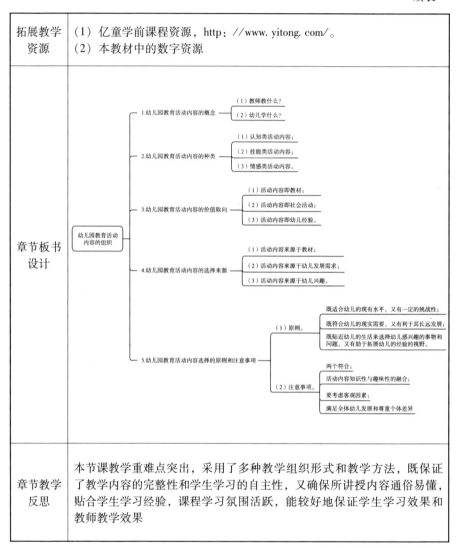
章节教学反思	本节课教学重难点突出，采用了多种教学组织形式和教学方法，既保证了教学内容的完整性和学生学习的自主性，又确保所讲授内容通俗易懂，贴合学生学习经验，课程学习氛围活跃，能较好地保证学生学习效果和教师教学效果

表2 章节教学过程安排

教学阶段	教学安排	教师活动	学生活动	设计意图	时间安排	课程思政
引发学习动机	导入新课:辩论赛。辩论的主题:幼儿是否应该学习拼音汉字和数字加减运算	角色:主持人。简单介绍辩论的主题和辩论赛的规则	角色:辩手。课前进行分组和资料查找;课上分正、反两组进行辩论	通过设疑、启发学生思考,引出教学内容;通过课前和课上探讨式和合作式学习,激发学生学习主动性	15分钟	尊重大学生身心发展规律和学习特点,重引导,少灌输
领会知识	内容提纲:教学内容(知识结构体系)介绍	教师介绍本节课内容提纲:(1)幼儿园教育活动内容的概念;(2)幼儿园教育活动内容的种类;(3)幼儿园教育活动内容的价值取向;(4)幼儿园教育活动内容的选择来源;(5)幼儿园教育活动内容选择的注意事项	回顾幼儿园教育活动目标的相关先验知识,并明确本节课的学习任务:幼儿园教育活动内容	一方面,学生对本次课程学习有明确的方向;另一方面,提高知识迁移学习能力	5分钟	用辩证的观点分析幼儿园教育活动内容的价值取向;挖掘中华民族优秀的传统文化,为幼儿选择具有中国特色的幼儿教育内容,形成民族文化的认同感和自豪感

续表

教学阶段	教学安排	教师活动	学生活动	设计意图	时间安排	课程思政
领会知识	启发式讲解的重点和难点：幼儿园教育内容的价值取向；幼儿园教育内容的选择来源	教师活动1： 案例教学＋问题导向 结合辩论主题：幼儿是否应该学习拼音和数字加减运算。引导学生通过回顾幼儿园教育目标价值取向进行知识迁移。 教师采用案例讲解、知识迁移、循序渐进的模式，引导学生理解幼儿园教育内容的价值取向。 教师活动2： 展示中国传统文化＋分析幼儿身心发展规律 教师分别展示中国传统文化和中国各地自然或人文特点，引导学生从中挖掘教育要求并引入幼儿园教育活动内容中。 教师引导学生回顾3～6岁幼儿身心发展客观规律，从主体发展的角度去选择幼儿园教育活动内容	学生活动1： 总结幼儿园教育活动内容选择和组织存在不同价值取向，不同价值取向反映教育的结构化程度和性质，反映教育活动是注重教师的"教"还是幼儿的"学"，反映教育活动是关注教育活动的过程还是关注教育活动内容；活动内容即教师的教材、活动内容即教师即社会活动、活动内容即幼儿经验。 学生活动2： 总结在不同的价值取向下的幼儿园教育内容来源，有着不一样的内容来源。活动内容即教材的价值取向，活动内容来源于教材；活动内容即社会活动的价值取向，活动内容来源即社会发展需求；活动内容即幼儿经验的价值取向，活动内容来源于幼儿的兴趣	打破以教师为中心和教师"一言堂"的教学传统，启发式讲解教学内容的科学性，又系统性和科学性能够积极引导学生	30分钟	用辩证的观点分析幼儿园教育活动内容的价值取向；挖掘中华民族优秀的传统文化，为幼儿选择具有中国特色的幼儿教育内容，形成民族文化的认同感和自豪感

续表

教学阶段	教学安排	教师活动	学生活动	设计意图	时间安排	课程思政
巩固、运用知识	研究式学习：幼儿园教育活动内容的种类	教师进行任务布置和分组安排，回顾第一单元第三课中有关幼儿园五大领域活动内容的分类，引导学生按照认知类、技能类、情感类进行举例说明和总结	学生以五大领域活动内容为基点进行信息检索和梳理、分类，最后总结出五大领域活动内容在三个不同维度的内容呈现	研究式学习强调以学生探索自主学习为主，提出问题并找到解决问题的方法，教师可以是参与者身份加入学生的小组合作，也可以是观察者身份游走在各个小组之间	20分钟	用辩证的观点分析幼儿园教育活动内容的价值取向；挖掘中华民族优秀的传统文化，为幼儿选择具有中国特色的幼儿教育内容，形成对中国文化的认同感和民族自豪感
检查知识	小结：幼儿园教育活动内容选择和组织时应注意事项	教师活动1：总结教学内容和学生研究式学习的结论，引导学生思考幼儿园教育活动内容选择和组织时应注意的事项。 教师活动2：拓展延伸，思考幼儿园教育活动内容的价值取向与幼儿园教育活动内容选择来源两者之间的关系	学生活动：回顾本节课知识点，结合本节课知识的梳理和记录，并思考本节课课的拓展内容	学以致用是对知识学习最好的阐释，通过本环节，学生对本节课知识点趁热打铁，做到及时复习和巩固知识	20分钟	坚持实践是检验真理的唯一标准，总结书本，注意用发展的眼光看待幼儿园教育活动内容

教学反思：

1. 实施的效果和成果

本节课从知识、能力、情感态度、思政教育等目标入手，既培养了学生应具备的知识和技能，还明确了人才培养的方向，即为社会主义国家幼教事业培养接班人；教学重难点突出，采用了多种教学组织形式和教学方法，保证了教学内容的完整性和学生学习的自主性，本节课所学内容通俗易懂，接近学生学习经验，课程学习氛围活跃，能较好地保证学生学习效果和教师教学效果。

本课程教学成果主要体现在两个方面，一方面是本校本专业学生幼儿教师资格证笔试和面试的合格率将近100%；另一方面是本课程进行课程思政经验总结。《幼儿园教育活动设计与实施》教材于2023年6月在华中科技大学出版社出版。该教材以立德树人为本，从教学目标的制定到教学内容的选择都潜移默化地融入了课程思政。

2. 存在的实际困难和问题

（1）大数据显示部分学生课前预习敷衍了事，课上参与课堂互动的积极性不高，课后与本课程相关学习内容拓展不达标。

（2）本课程教学过程中应把握好学前教育本科生和学前教育专升本学生对知识学习的侧重以及技能提高的差异化。

3. 今后改进的思路和注意事项

（1）针对大数据显示的问题，可以优化线上预习的方式和内容；铁打的营盘流水的兵，注重自我教学方式方法的与时俱进，走进学生，才能更好地调动起学生学习的积极性；同时要注重激发学生学习自驱力，使课后延伸学习效果得到最优。

（2）本课程在教学前需对学生做好课程的调查研究，方便对不同培养层次的学生"量体裁衣"。

《环境统计学》课程思政教学设计

刘华波[*]

课程名称：环境统计学

课程代码：ZX1404013

授课对象：环境本科大三学生

课程类别：专业必修

学分：3.5 分

课程学时：68 学时：理论 36 学时 + 实训 32 学时

任课教师：刘华波

一、课程主要内容

《环境统计学》是一门研究环境数据分析和解释的课程。该课程主要包括统计基础知识、概率分布、假设检验、回归分析等内容。学生将学习如何使用统计方法来描述和分析环境数据，从而更好地理解环境现象和问题。课程还涵盖了抽样方法、调查设计、可靠性分析和时间序列分析等内容，帮助学生掌握实际环境数据收集和处理的技巧。此外，课程还注重培养学生的数据解读和推断能力，通过案例研究和实践项目，使学生能够运用所学知识解决现实中的环境问题。通过学习《环境统计学》，学生们将获得在环境领域中应用统计学的能力，为他们未来的环境研究和管理工作

---

* 作者简介：刘华波，男，博士，湖北工程学院生命与科学学院副教授。

打下坚实的基础。

课程思政目标：《环境统计学》课程的主要思政目标是培养学生正确的环境伦理和社会责任感。通过学习统计方法在环境领域的应用，课程旨在引导学生关注环境问题，了解环境数据的真实性和可靠性，培养学生对环境数据分析和解释的批判性思维能力。课程通过案例分析和实践项目，让学生认识到环境统计学的应用不仅仅是技术工具，更是为了推动环境保护和可持续发展的决策和行动。同时，课程也强调科学精神和客观公正的原则，鼓励学生在研究和分析过程中遵循科学道德规范，不偏不倚地处理环境数据和信息。通过《环境统计学》课程的学习，学生将获得环境伦理意识和社会责任感的提升，以及在面对环境挑战时做出明智决策的能力。

二、课程思政设计思路

《环境统计学》课程的思政设计思路是将党和国家的环境保护政策、法律法规与环保理念有机地融入教学内容和实践活动中，以引导学生树立正确的环境伦理观念和责任感。

《环境统计学》课程的思政设计思路旨在通过问题导入、教师讲授、案例分析、思考与讨论等几部分，培养学生正确的环境伦理和社会责任感，并强调课程的专业性。

首先，课程每章节都设置了引人入胜的问题作为开篇，激发学生对环境统计学的兴趣。这些问题可以涉及环境数据的真实性、环境问题的影响因素等，通过引入问题，引导学生思考环境统计学在解决这些问题中的重要性，并对要讲授的内容有好奇和预期，从而能够更快地融入新内容的学习中。

其次，在案例分析部分，课程将提供具体的环境统计学案例，如水质监测、大气污染数据分析等，让学生运用所学知识进行实际应用。通过分析这些案例，学生将了解环境统计学在实际环境问题中的应用价值，并培养解决问题的能力。

最后，在每章课程讲授完后，均设计了思考与讨论问题，将组织学生进行小组或全班讨论，鼓励学生积极思考和交流。学生可以分享各自的观点和解决方法，共同探讨环境统计学在面对复杂环境问题时的应对策略。通过思考和讨论，学生将提高批判性思维能力和培养团队合作精神。

通过以上设计思路，课程既注重了专业知识和技能的培养，又强调了环境伦理和社会责任感的塑造。学生在实践中学习，并通过思考与讨论不断深化对环境问题的认识和理解，为未来的环境工作打下坚实的基础。

《环境统计学》课程思政设计大纲如表 1 所示。

表 1　　　　　　　　《环境统计学》课程思政设计大纲

课程章节	问题导入	思政元素	思考与讨论
第 1 章：绪论 1.1 课程介绍 1.2 环境统计学的概念与作用 1.3 环境统计学的发展历程 1.4 环境统计学在环境科学中的地位和作用	在环境管理中，如何科学高效地解决以下问题： (1) 如何确定某个地区空气质量是否达标？ (2) 如何评估某个湖泊水体的污染程度？ (3) 如何判断某个城市垃圾处理设施的运营效率？	(1) 树立环境保护意识和提高责任感，提高绿色生产和消费的自觉性； (2) 贯彻可持续发展理念，掌握低碳、循环经济等新型环保技术，推动环境友好型社会建设； (3) 培养人文素养，弘扬优秀传统文化，将环境保护融入国家意识形态建设中	(1) 如何利用统计学帮助人们更好地认识、把握和治理环境问题？ (2) 环境保护事关人类生存和发展，如何发扬爱国主义精神，落实生态文明建设？

课程章节	问题导入	思政元素	思考与讨论
第2章：环境数据的描述统计 2.1 数据的类型与分类 2.2 数据的收集与整理 2.3 基本统计量的计算与解释 2.4 频率分布与直方图 2.5 连续性数据的密度估计	对于以下环境问题，如何通过统计学手段来描述： （1）某河流的水质监测数据如何进行统计描述？ （2）如何分析某地区气温的变化趋势？ （3）如何对某种植物的生长数据进行统计分析？	（1）注重环境数据保密，保护国家及个人信息安全； （2）强调数据真实性和准确性，反对虚假数据、造假行为； （3）培养科学态度和方法，不断提高数据分析与解释能力	（1）统计学是描述和分析数据的学科，如何将其运用于环境统计分析中？ （2）数据是环境统计学研究对象的重要载体，如何保障数据的质量、规范数据收集和整理过程？
第3章：假设检验与推断 3.1 假设检验的基本概念 3.2 参数估计与信度区间 3.3 单样本假设检验 3.4 双样本假设检验 3.5 方差分析与多样本比较	要解决以下环境问题，可以采用哪些思路： （1）某种化学品对植物生长的影响是否显著？ （2）两个湖泊的水质指标是否存在差异？ （3）不同地区的大气污染程度是否有显著差异？	（1）强调公正、客观、透明的科学精神，不随意歪曲统计结果、不操纵统计数据； （2）讲求推理的合理性和准确性，以科学的研究方法解决环境问题，避免伪科学与浮躁情绪； （3）弘扬社会主义核心价值观，反对不合法、不合理的环境统计学行为	（1）假设检验是环境统计学中常用的统计方法，如何利用其判断环境问题是否存在显著差异？ （2）推断统计学是从统计样本推断总体的性质与特征，如何运用推断统计学解决实际环境问题？
第4章：相关与回归分析 4.1 相关分析的基本概念 4.2 相关系数的计算与解释 4.3 简单线性回归分析 4.4 多元回归分析	以下环境问题有何共性，如何解决： （1）大气污染水平与人口密度之间的关系如何？ （2）温度和降雨量对农作物产量的影响如何评估？ （3）水质指标之间是否存在相关关系？	（1）面对复杂的环境问题，贯彻系统思维和创新精神，不断寻求拓展环境统计学的新领域、新方法； （2）实施科技创新战略，加强环境统计学与信息技术的跨界合作； （3）强调数据共享和开放，提高资源利用效率，促进科技进步和形成知识共享文化	（1）相关和回归分析是研究变量之间关系的重要方法，如何将其应用于环境问题中？ （2）环境因素众多，如何通过相关和回归分析得出影响环境因素的主要因素？

续表

课程章节	问题导入	思政元素	思考与讨论
第5章：聚类与判别分析 5.1 聚类分析的基本概念 5.2 聚类算法与方法 5.3 判别分析的基本概念 5.4 判别分析方法与应用	以下环境问题有何特点？请考虑解决思路。 (1) 如何对某个地区的水质监测点进行分类？ (2) 如何通过环境指标判别某个地区的污染源类型？ (3) 如何区分不同地区的土壤污染程度？	(1) 推崇厚德载物精神，立足本土实践，弘扬工匠精神，培养人才，推进环保产业发展； (2) 积极探索人工智能与环境统计学的交叉应用，加强科技人才培养，推进创新型国家建设； (3) 坚持依法治理，完善法律法规，加强信息公开和社会监督，促进环保和社会治安的稳定发展	(1) 如何通过聚类和判别分析将复杂的环境问题转化为易于处理的问题？ (2) 现代科技已经无处不在，如何运用人工智能等新型技术手段进行聚类和判别分析？
第6章：主成分与因子分析 6.1 主成分分析的基本原理 6.2 主成分分析的计算与解释 6.3 因子分析的基本概念 6.4 因子分析的方法与应用	以下环境问题的解决思路是什么： (1) 大气污染指标众多，如何提炼？ (2) 如何评估城市环境综合质量指数？ (3) 如何简化多变量问题的分析与描述？	(1) 弘扬科学精神，尊重真理、严谨求实，以实证为基础，加强环境统计学与环境保护工作的协同发展； (2) 推进人才培养创新，培养拥有较高综合素质的环保人才，促进高质量发展； (3) 加强政府和企业监管，完善环保法律法规，落实企业环保责任，促进生态文明建设	(1) 如何利用主成分和因子分析提取环境问题的主要影响因素？ (2) 单一因素的影响有限，如何实现多因素共同作用的定量分析？

课程章节	问题导入	思政元素	思考与讨论
第7章：时间序列分析与预测 7.1 时间序列数据的特点与分类 7.2 时间序列的平稳性与非平稳性检验 7.3 时间序列的分解与平滑方法 7.4 ARIMA 模型的建立与诊断	以下环境问题有何共性？探讨解决思路。 （1）如何预测未来某地区的空气质量变化趋势？ （2）如何分析某个湖泊水位的长期变化规律？ （3）如何预测未来一段时间内的降雨量？	（1）加强环保意识宣传和教育，提高人们对突发环境事件的应急能力； （2）培育科学道德，维护环境法律法规，防止擅自排放污染物和违法行为； （3）倡导用心服务、诚信经营，推动环保和技术创新的协同发展	（1）如何通过时间序列分析和预测揭示环境参数随时间的变化趋势？ （2）时间序列分析和预测技术可以准确预测环境问题的发生，如何保障环境安全和社会稳定？
第8章：空间统计分析 8.1 空间数据的特点与分类 8.2 空间自相关分析 8.3 克里金插值及其应用 8.4 空间多元回归分析	以下环境问题有哪些共性？可有什么解决思路？ （1）如何推测未测得区域的土壤污染程度？ （2）如何评估不同区块的噪声水平差异？ （3）如何揭示城市绿地布局与大气颗粒物浓度的关系？	（1）加大环保投入，发挥市场机制，倡导绿色消费，推进绿色技术和产品创新，促进经济社会可持续发展； （2）强化生态文明建设观念，注重科技合作，加强环境信息公开，推进区域协调发展； （3）培养全球意识，积极参与国际环保事务合作，支持多边主义，共建人类命运共同体	（1）如何通过空间统计分析确定空间范围内环境问题的差异性？ （2）环境问题具有时空交互影响特点，如何实现从国家层面到地方层面跨区域、多尺度的环境问题研究？

续表

课程章节	问题导入	思政元素	思考与讨论
第9章：环境实证研究设计与案例分析 9.1 环境实证研究的基本步骤与方法 9.2 实证研究设计与抽样方法选择 9.3 环境统计学分析软件的应用 9.4 环境统计学案例分析与实践 9.5 学生小组项目展示与讨论	在以下环境问题中，如何设计实证研究并进行统计分析： （1）如何评估某种治理手段对大气污染的效果？ （2）如何确定某个地区的水资源需求量？ （3）如何进行城市土地利用的空间规划和优化？	（1）强调服务社会、造福人民的根本职责和社会使命，推广创新环保技术和管理创新经验，提高生态环境治理水平； （2）积极响应国家政策，加强环保产业发展，构建节约环保型社会，加快推进中国特色生态文明建设； （3）加强环保宣传教育，引导公众培养生态文明理念，倡导低碳绿色生活方式，共同建设美丽中国	实例分析能够帮助我们更好地理解环境统计学的应用和意义，如何将其运用于实际环保工作中？
第10章：环境统计学的前沿与发展趋势 10.1 环境统计学的新兴领域与挑战 10.2 数据科学与环境统计学的融合 10.3 大数据时代下的环境统计学方法 10.4 环境统计学的国内外应用案例介绍 10.5 学生讨论与总结 10.6 环境统计学未来发展的思考	是否了解以下科技名词：AI、big data、cloud computing、IOT、AR、VR、RS、ANN、ICT、meta-verse 等？这些科技名词与环境统计学有何联系？对环境统计学的发展有何影响？	（1）强调公共利益和社会责任，加强对环境数据的管理和保护，促进资源节约和环境保护的可持续发展； （2）积极探索新技术和新方法，提高环境问题处理效率，推进可持续发展战略的实施； （3）加强全球环保合作，鼓励各国间分享环保技术和经验，共同应对全球性环保问题	未来环境统计学如何应对以下挑战： （1）如何处理大规模、高维度的环境数据？ （2）如何将机器学习算法与环境统计学相结合？ （3）如何应用统计方法解决全球环境问题？

三、思政教学反思

在环境科学课程的思政教育中，成效如何的关键是看学生是否真正理解了环境保护的重要性，并能够内化到他们的行为中。如果学生能够树立正确的环境伦理观念，增强环保意识，形成可持续发展的价值观，那么"环境统计学"思政教学就取得了较好的成效。

某专业思政教育的效果好坏，并不是取决于某一门课程的思政设计和思政教学的质量，而是所有专业课程思政建设共同努力的结果。倡导推进课程思政建设，深入挖掘思政教育资源，将思政教育融入每一门课堂教学，是充分发挥课堂教学育人主渠道作用的必然路径。

经过几年的思政教学，对于环境科学专业的思政教学有以下几点反思和改进思路：

（1）注重实践知识。如果过于注重理论知识的传授，而缺乏实践操作的机会，学生可能难以将所学的环境统计学知识与实际环境问题相结合，缺乏实践应用的能力。增加实践操作的时间和机会，让学生亲自参与环境调查、数据收集和数据分析等实践活动。通过实践锻炼，加深学生对环境问题的了解和认识，同时提升了思政教学的效果。

（2）丰富教学方式。如果仅仅采用传统的课堂讲授模式，学生的参与度和主动性可能较低。应采用多元化的教学方法，如翻转教学、线上线下结合教学、案例分析、小组讨论、项目实施等，激发学生的主动性和创造力，提高学习的积极性和优化效果。

（3）挖掘交叉学科课程的思政元素。交叉学科类的课程日趋增多，如何深入挖掘其中的思政要素，做到特色突出、落实到位，是一项需要付出长时间探索和积累的艰苦而有意义的工作。如环境科学专业中，《环境统计学》《环境经济学》《环境信息学》等诸多课程都有跨学科性质，这些课程的思政设计不宜与《环境科学概论》等课程重复，也不能过于偏向统计学、经济学、信息学等课程，而应准确提炼出交叉学科课程的基础逻辑结构，从课程的基本原理和方法入手，挖掘出更加精准、更加贴合课程核心教学目标的思政元素。

（4）环保意识的延续性。思政教育的成果需要能够延续到学生日常生活中。一门课程的教学周期有限，如何使学生在课后能够继续关注环境问题、践行环保意识是一个重要的问题。在课程结束后，建立有效的跟踪机制，引导学生在日常生活中继续关注环境问题和践行环保意识。可以通过组织社会实践、举办讲座和工作坊等形式，持续引导学生关注和参与环境保护。

《中外园林史》课程思政教学设计

胡　平[*]

一、课程人员基本信息

课程负责人：胡平。

课程团队成员：胡凯华、刘杰。

二、教 学 设 计

本课程采用线上教学视频学习和线下课堂讨论答疑的混合式教学思路。课程内容和教学目标的设定采用层层递进的模式，借鉴 BOPPPS 教学方法，运用"五段七步法"（五段：预热阶段、铺垫阶段、提升阶段、拓展阶段、反馈阶段；七步：布置任务、视频自学、章节小测、分组讨论、总结答疑、课后拓展、交互反馈）进行混合式教学。

课程内容实施情况如表 1 所示。

---

* 作者简介：胡平，男，硕士，湖北工程学院建筑学院副教授。

表1 课程内容实施

教学流程	完成内容	实施步骤	教学目标
课前（线下学习） （预热阶段）	（1）指定自学内容； （2）线下课堂讨论题发放	布置任务	提高学生主观能动性，锻炼学生查阅、整理资料的能力
课前（在线学习） （铺垫阶段）	（1）完成教学微视频学习（包含知识点小题）； （2）完成PPT课件学习； （3）完成参考教材学习； （4）完成思维导图的绘制； （5）完成章节小测	视频自学、章节小测	激发学生学习兴趣，锻炼分析总结能力；检测自学效果，强化理论基础
课中（课堂学习） （提升阶段）	（1）分组讨论布置的讨论题； （2）小组总结汇报； （3）教师进行答疑和总结	分组讨论、总结答疑	帮助学生沉浸式体会各时期园林案例；总结造园手法及艺术成就和解决学生困惑
课后（课外巩固） （拓展阶段）	完成章节讨论题（优课联盟或学银在线平台完成）或案例PPT制作	拓展讨论	训练学生自主探索、研究和实践能力
课后（课外思考） （反馈阶段）	师生进行阶段性小结（反思、反省、反馈学习者和授课之间的教学效果）	交互反馈	训练学生总结思考能力，加强师生互动

在课程成绩评定方式上，该课程成绩评定主要以学习过程评价、结果评价和教学效果评价3个过程为主，分阶段构建多元化课程评价体系。不断反思、反省、反馈学习者和讲授教师之间的教学效果，方便教师适当调整教学进度、难度和方法，具体分布如表2所示。

表2   多元化课程评价体系

成绩构成	考核内容	评价过程	权重（%）
线上学习成绩 （45%）	1. 教学微视频（包含章节任务点）	学习过程、结果评价	10
	2. 作业/测验	学习过程、结果评价	25
	3. 线上讨论题	学习过程、结果评价	10
线下学习成绩 （55%）	1. 课堂考勤	学习过程评价	5
	2. 课堂讨论	学习过程评价	25
	3. 期末考试	学习结果、教学效果评价	20
	4. 拓展作业（线上讨论或实践）	教学效果评价	5

三、课程基本信息

课程基本信息如表3所示。

表3   课程基本信息

课程名称	中外园林史		课程编号	ZB1903012	总学时：48 课堂讲课：28 线上学习：20
			学分	3	
课程分类	□通识课 □公共基础课 ☑专业课				
	□思想政治理论课 □创新创业教育课 □教师教育课　　□实验课				
课程性质	☑必修 □选修				
授课方式	☑课堂讲授 □实践		考核方式	☑考试 □考查	
专业	风景园林		授课班级	0223019341	
教材名称	《中外园林史》	作者	陈教斌	出版社及出版时间	中国农业出版社，2018年

续表

指定参考资料	《西方园林史——19 世纪之前》《中国古典园林史》《中国园林史（20 世纪以前）》	作者	朱建宁、周维权、成玉宁	出版社及出版时间	中国林业出版社，2013 年 清华大学出版社，2010 年 中国建筑工业出版社，2020 年
教学目标要求	《中外园林史》是湖北工程学院风景园林专业的学位课程和城乡规划专业的专业选修课程。依据湖北工程学院坚持地方型、教学型、应用型的办学定位，结合风景园林、城乡规划专业学生的培养要求，培养文化自信、吃苦耐劳、特色鲜明，具备较强实践动手能力和服务社会的实践人才。课程面向大一、大二年级学生开设，需达到以下三个目标。 知识目标： （1）全面了解世界三大园林体系的设计思想和代表作品； （2）熟悉基本理论、造园手法； （3）传承造园手法和精髓。 能力目标： （1）具备由浅入深的思维能力； （2）具备场地分析能力和创新型设计思维能力； （3）具备沟通和汇报的能力。 素质目标： （1）培养展示传统园林符号和民族文化的意识； （2）培养爱国精神和工匠精神； （3）培养高度社会责任感和团队合作的意识				
教学重点难点	重点： （1）中国古典园林的起源和发展历程； （2）不同历史阶段园林的特点、不同园林类型之间的同异和交流。 难点： （1）内容覆盖面广、历史知识跨度大，具有理论性、抽象性、琐碎性等特点； （2）能在景观方案设计中展示传统园林符号、风格与特色，体现民族特色，传承民族文化，增强文化自信				
授课时间	＿＿2023～2024＿＿学年第＿2＿＿学期				

四、课程内容与课程目标

（一）课程内容

《中外园林史》课程是风景园林专业的主干课程，也是建筑学、城乡规划、环境艺术等专业的必修课程。该课程涉及历史、文学、绘画、建筑和工程技术等多个层面，主要讲述中国及世界其他主要国家和地区的园林发展历史、园林内容与形式的演变、造园实践经验、园林实例等。中国园林史将中国的自然地理和社会人文背景与园林的发展融合在一起，向学生传达中国特有的自然观、艺术观、园林观；而西方园林史为学生开阔视野、东西互鉴打下基础。

通过本课程的学习，让学生掌握中外园林的演变历史、不同类型园林的分类、不同时期园林的风格特色、古代园林的造景手法，不断认识、发掘和研究古典园林的特色与价值，能够运用基本理论与方法，针对相关问题，进行调查、分析和研究，端正对园林遗产保护的态度，在景观方案设计中展示传统园林符号、风格与特色，体现民族特色，传承民族文化，增强文化自信。

该课程内容覆盖面广、历史知识跨度大，具有理论性、抽象性、琐碎性等特点。通过学习本课程，可熟知中外园林中具有代表性的优秀案例，在此基础上进一步理解与掌握各个案例产生的社会条件与历史背景，思考如何在当今的环境下设计出真正具有时代精神的新时期作品，为未来的设计工作或进一步深造打下基础。

（二）课程目标

（1）了解中外园林的演变历史、不同类型园林的分类、古代园林的造景手法，建立不断认识、发掘与研究古典园林的特色与价值的意识。培养学生文化自信，了解中国灿烂的园林文化，具备正确的历史观和爱国主义精神。

（2）掌握中外古典园林的风格、特征、构成方式与不同时期园林的风格特色等基本知识，识别、发掘古典园林的特色与价值，结合文献资料研究，分析、表述古典园林的造景手法等相关问题。

（3）掌握中外古典园林设计运用的基本理论与方法，能够针对相关问题，进行调查、分析和研究，发挥传承地方古典园林文化的作用。培养学生理论自信和环境伦理素养，思考人与社会、人与自然、人与人的关系，提高学生的人文意识和生态意识。

（4）熟悉可持续性发展的景观设计的观念和理论，能够深入调查、测绘古典园林，不断发掘古典园林的价值，在景观方案设计中展示传统园林符号、风格与特色，体现民族特色，传承民族文化。

（5）锻炼方案汇报能力，在园林调查、测绘、研究、方案设计与交流的过程中，团队协作、有效沟通，正确表达思路与个性，承担责任，培养学生社会责任感，让学生充分理解园林设计师对土地、环境、资源、社会和人民的责任与价值。

五、课程思政融入点

课程思政融入点如表4所示。

表4 课程思政融入点

章节	知识点	课程思政点
园林的基本问题	世界园林体系	中国有"世界园林之母"的美誉，激发学生的民族自豪感，增强学生文化自信
欧洲园林体系	中世纪欧洲园林、文艺复兴时期的欧洲园林	动荡的时代下，人民生活困苦，有国才有家，国家兴亡、匹夫有责，培养学生爱校、爱国的理念

续表

章节	知识点	课程思政点
伊斯兰园林体系	伊斯兰园林渊源	从伊斯兰园林发展缓慢的现象，引出文化传承与创新的重要性
中国古典园林的生成期	中国古典园林的起源	用中国古典园林的起源引出社会发展的客观规律，体现科学发展观；天人合一思想在现代园林中的应用，以及与中国近几年来提出的"两山理论"、美丽乡村、乡村振兴、公园城市的关系
中国古典园林的转折期	魏晋南北朝时期私家园林的社会背景、园林类型和特征	用"魏晋风骨"的千年传承体现的文人风骨，让学生明白个人修养与学识积累同样重要，要注重个人品格的塑造
中国古典园林的全盛期	隋唐时期中国古典园林的造园特色，不同园林类型的应用与特点	盛唐具有开放、包容、创新等时代特点，此时期的园林成就是社会发展水平的体现，以此激发学生的民族自豪感与文化自信
中国古典园林的成熟期（一）	两宋时期文人园林特征	两宋时期文人园林大为兴盛，文人对于园林中的主题、诗情画意有独到的理解，以此引导学生运用所学知识，积极参与到园林建设的实践中，使得中国古典园林独特的造景方式再度得到传承
中国古典园林的成熟期（二）	元明清初时期皇家园林的类型和特征	圆明园是对外学习与本土创新相结合形成的艺术成果，以此引导学生领会创新精神，培养学生认真学习、仔细钻研的态度
中国古典园林的成熟后期	清朝中后期园林类型和特征	清朝后期皇家园林发展势头缓慢甚至衰亡，与朝廷的腐败、闭关锁国、西方列强的入侵等因素有关，引导学生关注我国政府实行反腐的决心，制定各项强国强军的政策和措施，努力创新，为加快科技进步和提高综合国力作出贡献

《环境心理学》示范课课程思政教学设计

——知觉研究及其设计应用*

刘　杰**

课程名称：《环境心理学》示范课——知觉研究及其设计应用

任课教师：刘杰

课程内容：《环境心理学》是研究环境与人的心理和行为之间关系的一门应用心理学课程，涉及社会学、心理学、环境规划设计、环境管理等多门学科，以真实环境为研究现场，以解决实际问题为取向，旨在改善环境、提高人类的福祉和身心健康。建筑学院的环境心理学课程是建筑学、城乡规划、风景园林三个专业共同的选修课，学生可以掌握环境心理学相关理论知识和研究方法，在环境规划设计中能够应用相关知识，创造更加符合使用需求的舒适人居环境。课程主要包括知觉研究及其设计应用、环境知觉、环境认知、场景和场所、环境应激、空间行为、景观偏爱等章节。因该课程性质偏向于人文类和应用类，课程思政要素很多，故选其中一个章节来介绍课程思政教学设计。

课程思政目标：

（1）培养学生爱国、爱地、爱校的情感；

（2）培养学生设计师的人文情怀；

（3）增强学生文化自信；

＊　基金项目：湖北工程学院教学研究项目（编号：2018C37）。

＊＊　作者简介：刘杰，男，硕士，湖北工程学院讲师。

（4）增强学生社会责任感；

（5）培养学生的工匠精神。

课程思政教学设计及实现方式如表1所示。

表1　　　　　　课程思政教学设计及实现方式

课程内容	课程思政元素切入点	思政目标	课程思政素材
1. 基于感觉和认知的知觉理论	不同感觉的相互作用——补偿作用	人文情怀	盲道的设计
2. 视知觉与环境设计	视知觉的组织规律——对称	工匠精神	埃及金字塔、明清故宫建筑群
3. 听觉与环境设计	听觉体验的经典应用	爱国、爱地、爱校	琴室、戏台、孝感澴川八景之北泾渔歌、校园三声亭
4. 嗅觉与环境设计	嗅觉体验的经典应用	文化自信	拙政园香洲、远香堂、荷风四面亭、藕香榭等
5. 触觉与环境设计	儿童和老年人的触觉体验	社会责任感	幼儿园、养老院的设计
6. 动觉与环境设计	风景区游览动觉设计	热爱祖国	泰山十八盘、华山长空栈道、峨眉山九十九道拐

（1）基于感觉和认知的知觉理论。

课堂上在讲不同感觉的相互作用之补偿作用时，提到盲人要靠听觉和触觉来弥补视觉的缺失，引出盲道的设计，解释盲道设计的必要性，引导学生注意观察和思考平常见到的盲道设计有何问题，教育学生要关爱残疾人，关爱特殊群体，做设计要做到人文关怀，要有人文情怀。

（2）视知觉与环境设计。

视知觉的理论很多，其中在讲对称的视觉规律时，列举了明清故宫和埃及金字塔的例子，这两个建筑都是对称布置的，分别代表了中西方建筑的辉煌成就和高超建筑技术，让学生体会这些宏伟建筑所体现的工匠精神，引导学生对于建筑设计建造也要有这种工匠精神。

（3）听觉与环境设计。

在讲述听觉体验的经典应用时，举例了中国古代戏台建筑和琴室建筑，工匠会在建筑下面埋设大缸增加共鸣，以增加演出的音响效果，说明中国古代建筑不只外形要美观，功能上也要应用科学原理追求设计精巧，引发学生对中国古代建筑的自豪感，增加爱国情感。还列举了孝感古八景之北泾渔歌的例子，来讲解孝感优美的自然环境、悠久的历史和灿烂的文化，引发学生对所居住城市的热爱之情，引导学生为孝感的建设贡献自己的知识和力量。此外还列举了校园里三声亭的例子，通过三声亭"风声雨声读书声，声声入耳。家事国事天下事，事事关心"的文化内涵，教育学生不仅要读好书，还要关心国家，关心政治，关心天下之事，培养学生的社会责任感，也增强学生对学校文化的认同感，增强学生的爱校之情。

（4）嗅觉与环境设计。

在讲嗅觉体验的经典应用时，主要列举了拙政园的例子，拙政园中有香洲、远香堂、荷风四面亭、藕香榭等以莲为主题，借用莲花的香味造景的系列建筑，这是中国园林建筑意境创造的手法之一，也是中国古代文人君子比德思想的体现，古人喜欢用植物的特点来形容人的优秀品格，以此引导学生对中国传统文化和传统园林文化的喜爱，增强文化自信。

（5）触觉与环境设计。

在讲授触觉与环境设计时，主要讲了儿童和老年人的触觉体验，这两类人的感觉比较特殊，需要通过增加丰富的触觉体验来感受环境，引导学生要重视幼儿园等儿童活动场所和养老院的景观设计，引发学生对尊老爱幼的重新认知，引导学生关注我国的人口结构，向学生介绍我国已经进入老龄化社会，引导学生关注人口年龄结构与国家经济发展的关系，增强学生的社会责任感。

（6）动觉与环境设计。

在讲授特殊的动觉体验时，讲到风景区游览的动觉设计，列举了泰山十八盘、华山长空栈道、峨眉山九十九道拐等惊险的动觉体验例子，通过这类风景照片的展示，感叹"江山如此多娇"，引发学生对祖国大好河山的热爱，激发学生的爱国情感。

教学效果与反思：由于《环境心理学》本章内容的特殊性，因此在授课时不需要刻意去牵扯案例，思政案例信手拈来、不胜枚举，而且基本能做到润物细无声，学生也非常乐意接受以举例的形式讲授课程，课程取得了教学和思政双赢的效果。从学生听课的效果可以看出学生能够共情，能接受课程思政的浸润。通过其他设计类课程的反馈结果，发现学生在做设计时做到了从视听嗅触等多种感官体验去做设计，也做到了对特殊群体的人文关怀，课程思政的效果显而易见。本章节的课程思政案例比较多，环境心理学其他章节的理论性稍强，还需要再深度挖掘与课程相关的思政元素。

《风景区规划与设计》课程思政教学设计

吴银玲*

课程名称：风景区规划与设计

任课教师：吴银玲

课程内容：本课程为风景园林专业的一门必修技能课程，是风景园林规划与设计系列课程的一个重要组成部分，《风景区规划与设计》是该系列课程的一个重要实训环节。教师指导学生在规定的时间内按要求完成风景区的概念性规划和某一节点详细设计，学习风景区概念性规划和详细设计的基本理论与方法，学生能够合作完成风景区的调研分析、整体概念构思和专项规划，主要景观节点设计等分析、设计绘图和成果文本编制任务。本课程的教学目的是通过风景区概念性规划与节点详细规划方案设计，培养学生资料收集、调研分析、设计分析、设计理念凝练、方案构思、完整表达等方面的能力。

课程思政目标：强化学生生态伦理教育，培养学生传承优秀传统文化，激发学生建设美好家园的家国情怀和使命担当，培养学生的个性品质，不断拓展学生的意识领域、开阔学生的视界、尝试多种方法，培养学生创新意识、职业道德、吃苦耐劳、团队协作等综合素质。

课程思政教学设计及实现方式：《风景区规划与设计》是理论与实践相结合的课程，其中理论学时 16 学时，实践学时 48 学时。课程思政基于理论与实践结合的课程特点，以党的二十大报告中马克思主义中国时代化

---

* 作者简介：吴银玲，女，硕士，湖北工程学院建筑学院副教授，主要研究方向：风景园林规划与设计。

新境界的"六个必须坚持"为指导，深入挖掘并凝练可以融入的思政元素，如文化自信、生态文明、创新意识、专业的责任观与使命感等，形成理论与实践相通、课上课下融合的风景区规划专业课思政课堂。思政元素融入点及实现方式如表1所示。

表1　　　　　　　思政元素融入点及实现方式

教学模块	教学内容	思政元素	教学活动主题	思政融入点
理论教学	（1）基础知识；（2）现状调研方法；（3）总体规划规范解读；（4）概念性规划的定位、布局、专项；（5）修建性详细规划设计的方法、内容	（1）"六个必须坚持"；（2）团队协作；（3）责任观、使命感	（1）理论讲授；（2）案例分析；（3）讨论交流	（1）风景区规划具有极强综合性，由此须有系统观念；（2）风景区有人文资源，引入自信自立、守正创新；（3）风景区以保护为主，引入可持续发展、生态文明理念，即要胸怀天下，有责任观、使命感；（4）项目规模大，综合性强，团队合作方能完成
实训教学	（1）现状调研及分析；（2）概念性规划；（3）修建性详细规划	（1）团队协作；（2）文化自信；（3）生态文明；（4）乡村振兴；（5）美丽中国、健康中国；（6）责任观、使命感；（7）系统观念、问题导向	（1）构思草图，反复琢磨；（2）反复讨论交流修改；（3）绘制套图；（4）展示讲评；（5）汇报、互评	（1）现状调研融入团队合作；（2）现状分析引入系统观念、问题导向；（3）项目定位融入文化自信、乡村振兴；（4）项目设置内容融入健康中国、美丽中国；（5）项目用地选择、方式融入责任观、使命感；（6）项目开发指导思想融入生态文明、"双碳"目标

续表

教学模块	教学内容	思政元素	教学活动主题	思政融入点
集中周	（1）完善各类规划、设计； （2）核算各类指标； （3）绘制成果套图	（1）生态伦理观； （2）工匠精神； （3）文化自信； （4）家国情怀； （5）责任观、使命感； （6）团队协作	（1）绘制成果套图； （2）讨论交流修改，优化成果； （3）汇报、点评	（1）规划、设计景点融入文化自信、家国情怀； （2）核算各类指标、细部设计融入工匠精神； （3）规划、设计指导思想融入生态伦理观、责任观与使命感； （4）各项内容顺利、有序完成，融入团队协作

《花卉学》课程思政教学设计与实践[*]

段丽君　　汪殿蓓　　王志芳^{**}

花卉学是研究花卉的分类、繁殖、栽培及应用的科学。[1]《花卉学》课程以植物学、观赏园艺学等学科理论知识和技术为基础，讲授花卉在园林建设和环境美化方面的应用、管理和养护等方面的知识，是高校生物科学、农学、园艺等专业的选修课程。课程系统地介绍了花卉的多样性与分类、花卉的生长发育与环境、花卉栽培设施及器具、花卉的繁殖、花卉花期调控、花卉的应用、花卉各论等内容。通过该课程的学习，学生可以了解花卉的分类、花卉生长发育的基础知识，掌握花卉栽培繁育的基本技术，增强花卉应用方面的实践能力。

湖北工程学院的《花卉学》课程开设时间较早。1992 年，原孝感师范高等专科学校的林特专业开设该课程；2000 年，林特专业由专科专业升格为本科专业，且根据本科专业目录更名为园艺专业，该课程根据本科人才培养要求进行了较大幅度的调整；2017 年 9 月，《花卉学》在优课联盟上线，面向全国高校学生开课；2019 年，该课程获湖北省首批本科精品在线开放课程，2021 年被认定为省级一流课程。

《花卉学》课程教学团队由生科院汪殿蓓、段丽君和王志芳三位老师组成，课程使用由汪殿蓓主编，中国农业出版社出版的《花卉学》教

　＊　基金项目：湖北工程学院教学改革研究项目（201937）、湖北工程学院 2023 年度课程思政项目（《花卉学》）。

　＊＊　作者简介：段丽君，女，湖北工程学院生命科学技术学院副教授，西南林业大学博士；汪殿蓓，女，湖北工程学院生命科学技术学院教授，博士；王志芳，女，湖北工程学院生命科学技术学院讲师、硕士。

材。该课程自上线以来，截至 2023 年 9 月，线上课程累计开课 26 次，选课人数总计 4774 人，累计选课院校数 37 所；师生互动数累计 14800 次，师生参与互动占比 79.32%，学生线上成绩优秀的比例均在 92% 以上。

一、科学确立课程教学目标

2019 年 6 月 28 日，在"绿水青山就是金山银山"理念诞生地，全国百余所涉农高校共同发布了"安吉共识——中国新农科建设宣言"，宣言提出要扎根中国大地，掀起高等农林教育的质量革命，为世界高等农林教育发展贡献中国方案。[2] 在"新农科"和课程思政背景下，《花卉学》课程目标设置主要包括知识目标设置、能力目标设置、思政目标设置。

知识目标设置：学生能够了解园林花卉的基础理论知识，识别多种常见花卉种类，熟悉常见园林花卉的观赏特点和栽培养护方法，并以此为基础结合社会需求进行园林花卉、庭院花卉、居家装饰等景观设计案例创作。

能力目标设置：让学生感受花之美，发现花之趣，热爱大自然，在园林建设中合理配置园林花卉；提高学生对庭院、居室的绿化、美化主要方法与技术要点的领悟能力，结合真实项目，提升动手能力和创新能力。

思政目标设置：紧紧围绕政治认同、家国情怀、专业素养、道德修养等方面进行优化和扩充，将中国特色社会主义核心价值观、生态文明建设、乡村振兴战略、美丽中国、低碳绿色农业发展理念与园艺专业教育内容有机融合，合理并潜移默化地贯穿到不同章节中，引导青年学生在学习专业理论知识的同时，将个人的理想追求主动融入和服务我国现代农业农村发展事业之中。

二、挖掘课程思政元素

习近平总书记强调：做好高校思想政治工作，"要用好课堂教学这个主渠道"，除了"思想政治理论课要坚持在改进中加强"外，"其他各门课都要守好一段渠、种好责任田，使各类课程与思想政治理论课同向同行，形成协同效应"。[3]贯彻习近平总书记的重要讲话精神，《花卉学》课程团队，以汪殿蓓教授主编的《花卉学》教材作为授课教材，根据每一章节的教学目的和教学要点，挖掘适宜的思政映射点，切实提升课程思政"育人"的实效（见表1）。

表1　　　　　　　　《花卉学》课程思政教学资源构建

教学章节	课程思政教学案例	思政目标
第一章　绪论	2019年中国北京世界园艺博览会、武汉市花博汇、云南世博园；中国园林花卉栽培应用简史	增强服务美丽中国建设的责任感和使命感，提升专业认同感；阐明中国古代园艺对世界园艺和花卉应用的影响和贡献，增强学生的国家认同感和民族自豪感
第二章　园林花卉的分类	《山海经》《尔雅》《本草纲目》《植物名实图考》对植物分类的贡献	阐明中国古人对世界植物科学发展的贡献，增强学生的民族自豪感
第三章　主要生态因子对园林花卉生长发育的影响	国家花卉工程技术研究中心抗病抗寒月季优良品种培育助力花卉产业升级	团队合作的重要性，树立正确的科研价值观
第六章　园林花卉的应用	通过图片和视频介绍我国著名的园林，如颐和园、拙政园等花卉应用情况	展现中国古代高超的造园艺术，弘扬劳动精神，培养学生工匠精神

续表

教学章节	课程思政教学案例	思政目标
第七章　一两年生花卉	走自主研发之路：中国食葵打败"洋"种子	乡村振兴、强国富民的重要作用
第八章　宿根花卉	南京农业大学菊花遗传与种质创新团队——瞄准科技前沿，服务乡村振兴	坚定其服务"三农"发展和美丽中国建设的责任心与使命感
第九章　球根花卉	球宿根花卉"科技小院"建设，助力鄂州开展春耕生产	文旅结合、乡村振兴和美丽中国建设的重要意义
第十章　水生花卉	广东"95后"小伙痴迷睡莲育种，获世界冠军	增加专业的认同感，激发创新能力
第十一章　岩生花卉和高山花卉	西南林业大学75岁老教授李乡旺参与治理云南石漠化80余万亩，并完成了专著《云南省石漠化综合治理技术规程》	生态文明建设的重要意义和科技是第一生产力的思想
第十二章　室内花卉	独爱红掌——三明市农业科学院花卉研究所尚伟	我国花卉科技工作者对科研事业的敬业精神
第十三章　兰科花卉	福建农林大学校长兰思仁教授在第二届兰科植物保育与利用国际研讨会上的专题报告《中国兰科植物保育的现状与展望》	生态文明建设的重要性，树牢生态环境保护和生物多样性保护意识
第十四章　多肉多浆植物	安徽"95后"大学毕业生回乡创业——多肉植物萌	走自主创业之路，助力乡村振兴

三、思政元素的融入促进课程教学改革

（一）思政元素的融入让课程思政更有深度

根据学科的不同和课程的个性差异，找准契合点，建立生成性关系，

是课程思政设计的第一要义。[4]为此，在总体把握《花卉学》课程思政元素的基础上，在每个章节找到一个准"契合点"，以建立思想政治教育与专业课程之间的"生成性"关系。比如，在绪论中立足于"我国丰富的花卉种质资源及其对世界园林的贡献"，以表格和图片的形式列举和展示原产我国的很多花卉资源状况，以及在欧美园林中的应用情况，增强学生的民族自豪感；介绍英国博物学家亨利·威尔逊根据其多次来华采集中国花卉资源的经历而写成的专著《中国乃世界花园之母》（*China*，*the mother of Garden*），从不同侧面反映中国极其丰富的花卉资源以及对世界园艺的影响和贡献[5]；介绍从19世纪开始，我国观赏植物资源遭到英、法等国掠夺式的引种，很多珍贵、有价值的植物资源外流的史实，让学生明白"落后就要挨打"的道理，激发和增强学生为中华民族伟大复兴而奋斗的信念和决心。

（二）线上线下混合教学让课程思政更有力度

《花卉学》基于MOOC的混合式教学，采用三段式的"翻转课堂"教学模式，将课堂教学主要分成课前、课堂上、课后三个阶段，在教学设计中将教师活动和学生活动两部分有机结合起来（见图1）

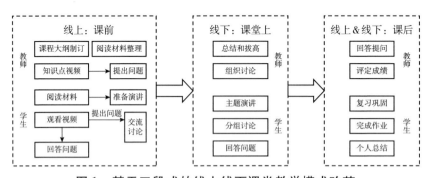

图1　基于三段式的线上线下课堂教学模式改革

课前，教学团队根据挖掘出的课程思政元素，更新、修订部分教学内容，上传蕴含思政元素的教学资源，学生观看后，在平台上发表思政感受、意见和建议。课堂上，根据前期收到的学生学习反馈，采用主题演讲的方式，让学生汇报线上学习后查阅资料、思考探索的结果；通过分组讨论的方式，就某个主题如"花卉诗词鉴赏""花卉与生活""国花与市花"等展开讨论；通过教师回答问题的方式，回答学生拍摄的花卉辨识、养花困惑、花卉地域差异等问题。课后，根据章节的内容，本着可行性和便利性原则，布置课后作业，引导学生将课堂上学到的理论应用于实践，如在讲述花卉市场营销内容之后，布置作业要求学生对当地的花卉产业现状作一个调查分析。

（三）插花实践活动让课程思政更有温度

"一花一世界，一叶一菩提"，插花艺术是集花卉学、美学与文学等为一体的造型艺术，是心灵与花的对话。[7]《花卉学》课程教学期间，首先，教师坚持安排一次课程进行插花实践教学，教师将新鲜花材带进课堂，给学生讲解我国插花艺术的起源发展、插花的寓意、花种的选择、插花的造型等方面；其次，以小组为单位，完成 3~4 种插花作品的设计；最后，让各小组选派学生代表，讲解作品的设计思路。通过教师讲解—分组插花实践—学生阐述思路—教师点评总结，让学生理解插花作品的构思、花材的造型、搭配及与创意相配器皿的选择等知识，不仅提高了学生的艺术鉴赏和审美能力，促进其综合素质提升，同时借助插花作品表达，可以托物言志、借花喻人，以融入中华民族优秀文化，如淡泊明志的意趣、宁静致远的志向、坚贞不屈的品质、顽强拼搏的精神等。

（四）课外自主实践活动让课程思政更有广度

在打造"美丽中国"的今天，校园、公园、街道、旅游景区花卉栽培和展示无处不在，也为学生自主实践活动提供了广阔天地，为此，教学团队将 5 名学生编为一组，自主实践小组通过观察分析并对照识别手册或相关书籍，观察、记载某一场所花卉主要观赏部位的形态，并记忆花卉中名和学名，归纳其所属类别，使学生在课上所学到的教材知识得到消化和吸收，同时，培养了学生的团结合作精神；自主实践小组，选择某一个常用的花卉栽培、养护、展示场景，在关键节点进行参观和观察，让学生认识到学习花卉栽培管理技术的重要性，如常用花卉栽培技术是在花卉生产实践中总结出来的，如何运用合理栽培技术解决花卉栽培养护管理等问题是课程重要目的之一，通过此过程，不仅与花卉产生紧密联系，而且通过花卉栽培养护技术实施过程，让学生学以致用、不断探索、不断追求。

（五）考核评价方式使"花卉欣赏"思政教学更有厚度

合理的考核评价体系能客观反映学生的学习效果，这也为后期教师完善教学内容、改进教学方式提供基本保障。[6]《花卉学》课程改革后的考核方式分为平时成绩（60%）与期末成绩（40%）两个部分（见表 2）。其中，平时成绩包括观看视频（20%）、课后测验（20%）、讨论（10%）、签到（10%）；期末考试占比为 40%。同时，明确各个考核项目的具体要求：（1）视频教学是课程学习的核心内容，每个视频必须观看90% 以上才算完成；设为任务点的视频全部看完可获得该项的满分。为保证学习质量，课后测验设置为闯关模式，60 分以下系统自动退回重做。（2）课后测验的最终成绩为所有任务点的课后测验得分的平均值。（3）发布讨论每条 20 分，回复讨论每条 10 分，获得满分为止。（4）签到：累计15 次得该项满分，每日只能签到一次（系统自动记录）。（5）期末考试为线上考试，答题时间 120 分钟，在规定的时间段完成；试卷设有 4~5 个题型，考核内容覆盖全部任务点。

表2　　　　　　　　　　《花卉学》考核方式

类型	考核方式	权重（%）	评分标准
公共选修课	观看视频	20	每个视频必须观看90%以上才算完成；设为任务点的视频全部看完可获得该项的满分
	课后测验	20	为保证学习质量，课后测验设置为闯关模式，60分以下系统自动退回重做。课后测验的最终成绩为所有任务点的课后测验得分的平均值
	讨论	10	发布讨论每条20分，回复讨论每条10分，获得满分为止
	签到	10	累计15次得该项满分，每日只能签到一次（系统自动记录）
	期末考试	40	期末考试为线上考试，答题时间120分钟，在规定的时间段完成；试卷设有4~5个题型，内容覆盖全部知识点
专业选修课	线上教学	同公共选修课	
	线下教学	成绩由线上成绩和线下成绩两部分构成，两部分占总成绩的比重按学校的要求设定。线下成绩由线下课堂作业、实验课成绩及平时表现而定	

四、教学反思与改革方向

"因事而化、因时而进、因势而新"不仅是对思想政治工作的要求，也是对课程思政的要求，因此，要坚持更新教学理念、丰富教学内容、改进教学方法，使思政教育与专业教育"基因植入""无缝衔接"，推动学生思政教育由"内化"向"外化"、由"被动"向"主动"转变。[7]经过2年的探索，《花卉学》课程取得了一些经验和成效，下一步，将在教学内容、教学形态、教学方法、教学手段、课堂教学实施等方面持续改革创新、做实做细。

（一）重新制定课程教学大纲

充分梳理《花卉学》课程所蕴含的思想政治教育元素和所承载的思想政治教育功能，融入课堂教学各环节，根据课程性质设计相应教学环节，将课程思政元素融入学生的学习任务和学习评价中。课程团队紧密合作，形成一体化反映《花卉学》课程大纲、课程教学方法等思政内容的授课教案。在课堂教学中体现"新农科""乡村振兴""美丽中国""绿水青山就是金山银山"等理念，以及科学精神、工匠精神等。

（二）持续更新课程内容

一是更新现有线上教学视频，根据《花卉学》学科发展及花卉市场物种种类的变化情况，对部分视频的内容进行调整、重新录制；二是补充录制新视频，计划录制学生感兴趣的专题花卉，如多肉花卉、宿根花卉等新视频；三是补充更多与视频相配套的最新的花卉种类及品种图片、课件、电子教案等教学资源；四是持续更新课后测验习题、作业及试卷题目，进一步丰富试卷题型。

（三）推进教学模式改革

一是落实以学生为中心，从"讲得好"向"学得好""做得好"转变，使习近平新时代中国特色社会主义思想入脑入心。二是持续开展直播教学，每学期进行直播教学 1~2 次，讲授学生感兴趣而视频中未涉及的知识点，如礼仪插花、室内花卉养殖。三是推行考核方式改革。加强过程化考核，在课堂学习过程中，按照课堂互动、上课状态、团队演练、插花实训等内容考核成绩，达到"进头脑"的目的。四是开展课程思政示范课堂听课活动。拟开展 1 次以上学院教师参加的示范观摩听课，欢迎学院督导和同行重点对融入课程课堂教学的思政元素进行"把脉"，集思广益，讨论课堂思政元素可以进一步深化与提炼的方向。

参考文献

［1］包满珠．花卉学［M］．北京：中国农业出版社，2003：81.

［2］安吉共识——中国新农科建设宣言［J］．中国农业教育，2019，20（03）：105－106.

［3］习近平．习近平在全国高校思想政治工作会议上强调：把思想政治工作贯穿教育教学全过程，开创我国高等教育事业发展新局面［EB/OL］．2016－12－08，http：//m.ccdi.gov.cn/content/f5/24/13511.html?from＝timeline&isappinstalled＝0，2023－09－07.

［4］陆道坤．课程思政推行中若干核心问题及解决思路——基于专业课程思政的探讨［J］．思想理论教育，2018（03）：64－69.

［5］罗桂环．西方对"中国——园林之母"的认识［J］．自然科学史研究，2000（01）：72－88.

［6］蓝蔚青，谢晶，李燕，等．花卉栽培与欣赏课程教学改革调查分析与思考［J］．高等农业教育，2012（09）：38－41.

［7］蓝蔚青，谢晶，孙晓红，曹剑敏．课程思政在高校"花卉欣赏"通识课中的改革探索［J］．现代园艺，2022（15）：190－192.

［8］刘鹤，石瑛，金祥雷．课程思政建设的理性内涵与实施路径［J］．中国大学教学，2019（03）：59－62.

旅 游 翻 译

——以孝文化名城孝感为例的课程思政教学设计*

周 巍**

一、基 本 信 息

本课程基本信息如表 1 所示。

表1   基本信息

课程名称	翻译理论与实践
任课教师	周巍
课程主要内容	旅游文本的范围和功能：通过著名景点的照片展示、汉英旅游文本的呈现、城市宣传片的观看，使学生了解旅游文本的范围及功能。 旅游文本的翻译方法：对专有名词（地名/人名/商标名）、文化特色词，以及外来词进行英译探讨，帮助学生归纳总结音译法；对独具特色的食物/景区名进行英译探讨，帮助学生归纳总结直译法，以及音译与直译结合法；对金卉庄园景区内文化特色景点和标识语进行英译探讨，演绎意译法。 相关旅游文本的翻译实践：翻译宣传片视频文本中的旅游景点名称，并分析所使用的翻译方法；以 PPT、短视频等方式呈现对于"孝感与孝文化"的理解与认识，需用所学的三种翻译方法对视频中的文本进行英译

---

* 基金项目：湖北工程学院新技术学院 2023 年度教学研究项目（项目编号：2023JY07）。

** 作者简介：周巍，女，硕士，湖北工程学院新技术学院副教授。

续表

课程名称	翻译理论与实践
课程思政目标	（1）依托旅游文本案例，让学习者在理解和应用翻译方法的同时，感受祖国的大好河山、人文风情。 （2）充分利用翻译课程独具的复合性和跨学科性优势，因地制宜，将具有孝文化底蕴的特色文本有机融入翻译实践，使地方文化得到更好的传承弘扬和发展创新；通过对"孝感"之名的由来和"舜帝孝感动天"的讨论，呈现对于"孝感与孝文化"主题的理解与认识，帮助学生更加深入地理解孝道，明白欲先做人、必先行孝的道理，使学生担负起用英语讲好中国故事的责任。 （3）通过线上线下的小组活动，在加深对"孝感与孝文化"认识的同时，提升学生的团队协作精神、信息整合能力和自主学习能力

二、课程思政元素融入点

本课程思政元素融入点如表 2 所示。

表 2　　　　　　　　　　课程思政元素融入点

序号	授课知识点	思政元素融入点	教学方法	教学内容简介
1	翻译方法介绍；如何翻译"孝感动天"？	在试错容错纠错中有担当、有作为； 在翻译实践的同时，帮助学生更好地认识孝感、理解孝文化	SPOC；完成相关作业和测试	翻译有"道"第9讲：英汉翻译为什么这么难？
2	旅游文本的翻译方法	依托旅游文本案例，让学习者在理解和应用翻译方法的同时，感受祖国的大好河山、人文风情	微课；讲授；案例分享；小组讨论	旅游文本需要使用到的三种翻译方法：音译、直译、意译
3	译文对比分析	锻炼学生的分析能力、思辨能力、评价能力和归纳总结能力、实践翻译能力	展示；讨论；同伴互评	分析翻译过程中的困难和解决方法，比较译文优劣并反思原因，提出改进措施

三、课程思政教学设计及实现方式

旅游翻译——以孝文化名城孝感为例（上）单元思政教学设计

一、课前

线上课程：翻译有"道"第9讲：英汉翻译为什么这么难？

微课学习：旅游文本的翻译方法（教师本人制作微课并出镜）。

课前练习：查找有关孝文化名城"孝感"之名的起源，翻译董永公园里的旅游景点介绍文本，进行"孝感与孝文化"主题介绍（以PPT、短视频等方式呈现）。

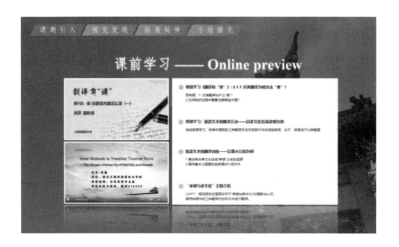

设计目的：引导学生关注英、汉两种语言互译中需要注意的问题并总结；通过微课学习，使学生根据自身已有的知识根底与新知识所需的知识点之间进行更好的衔接；查找孝文化名城"孝感"之名的起源，激发学生的学习积极性；翻译董永公园里的旅游景点介绍文本，在翻译实践的同时，帮助学生更好地认识孝感、理解孝文化。

二、课中

课题引入：观看"舜帝孝感动天"（汉语）的小视频，根据故事内容进行英译，请小组代表用英文介绍"孝感"之名的起源，并谈一谈从中受到的启发。

设计目的：在汉英翻译的前提下，帮助学生进一步认识和理解"孝感"之名的起源，也为下一步的教学内容做好铺垫。

探究发现：

（1）对中国著名景点的照片进行展示（图片、地图、标识语、导游词等），帮助学生认识旅游文本的范围。

（2）通过2个汉英对照文本［选自孝感市高新区招商宣传片（双语文本）视频（教师本人出镜）、孝感市劳动局返乡创业推介片文字节选］的呈现与分析，帮助学生归纳旅游文本的2个功能。

汉英对照文本：孝感，紧邻中国中部天元——武汉市。优越的地理区位、便捷的交通网络，为孝感引进国内外投资提供了得天独厚的条件。

——创新高地 兴业首选 摘自孝感市高新区招商宣传片（文字节选）

译文：Xiaogan is geographically close to Wuhan City. With a favorable geographic location and convenient transport network, Xiaogan boasts uniquely advantageous conditions for accepting domestic and foreign investments.

汉英对照文本：相同的血脉，共同的未来。家乡永远是你梦开始的地方。你的梦想，我们一起实现。回乡创业后，感觉找到了归宿。

——春风唤得雁归来 摘自孝感市劳动局返乡创业推介片（文字节选）

译文：Same blood, common future. Hometown is always the place where your dream begins. We will realize your dream together. After returning hometown to start a business, I feel I have found my home.

宣传片文本：

我们邀您赴一场山水之约！春观百花烂漫，夏沐荷风莲香，秋观斑斓彩叶，冬泡温泉听雪。

我们邀您赴一场人文之旅！跨越千年的楚文化、孝文化，30 余项非物质文化遗产、百余处历史文化遗存汇聚于此。千年回响中构筑起孝感文化之魂。

——不负相遇 共赴未来 摘自孝感市招商局对外宣传片视频

译文：We'd like to invite you to have a tour in Xiaogan! Admire the flowers blooming and indulge in the lotus fragrance in spring and summer; appreciate the colorful leaves in autumn, and enjoy snowing and soaking in winter.

We'd like to invite you to have a humanity journey in Xiaogan! Chu culture and filial piety culture have spanned thousands of years. More than 30 intangible cultural heritagesand over 100 historical and cultural relics are gathered here. The cultural soul of Xiaogan has gradually formed in the echoes.

（3）让学生记录视频中出现的旅游景点名称，在学完三个翻译方法后可尝试进行英译。

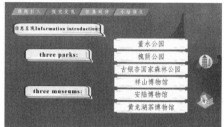

设计目的：通过归纳法锻炼学生的分析能力和归纳总结能力；通过著名景点的照片展示、汉英旅游文本的呈现、城市宣传片的观看，使学生在了解文本范围和功能的基础上，热爱祖国的大好河山。

（4）对专有名词（孝感本地特色的地名/人名/商标名）、文化特色词，以及外来词进行英译探讨，帮助学生归纳总结音译法。

		翻译方法	汉语旅游文本案例	译文
专有名词	地名		孝感	Xiaogan
	人名		董永	Dongyong
	商标名		神霖	Shenlin
特定文化词		音译	大极	Taiji
			饺子	jiaozi
外来词汇			麦克风	microphone
			咖啡	coffee

方法1：音译（transliteration）

专有名词（proper names）：

孝感——Xiaogan（place name）

董永——Dongyong（name of a person）

神霖——Shenlin（brand name）

特定文化词（culture-specific words）：

太极——Taiji

饺子——jiaozi（与 dumpling 对比）

外来词汇（alien words）：

麦克风——microphone

咖啡——coffee

（5）对孝感本地特色的食物/景区名进行英译探讨，帮助学生归纳总结直译法，以及音译与直译结合法。

方法2：直译（literal translation）

米酒——rice wine（备注：人类非物质文化遗产代表作）

麻糖——sesame sugar（备注：人类非物质文化遗产代表作）

双峰山——Twin-peak Mountain（备注：国家 AAAA 级旅游景区）

方法3：音译+直译（transliteration+literal translation）

董永公园——Dongyong Park（备注：国家AAA级旅游景区）

孝感米酒——Xiaogan Rice Wine（备注：人类非物质文化遗产代表作）

金卉庄园——Jinhui Manor（备注："四时有景"生态旅游度假庄园）

（6）对景区内文化特色景点和标识语进行英译探讨，演绎意译法。

方法4：意译（liberal translation）

饮花厅　Yin hua ting by transliteration ×

　　　　Flower Drinking Hall by literal translation ×

　　　　Chinese Restaurant√

设计目的：个人翻译可以锻炼独立思考问题、独立分析问题、解决问题的能力；小组讨论可以培养学生的合作意识，互相借鉴、共同切磋，调动学生积极性和主动性，培养学生发现问题的能力。

拓展延伸：

（1）翻译实战（翻译宣传片视频文本中的旅游景点名称），并分析所使用的翻译方法。

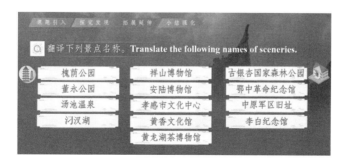

例：槐荫公园 Huaiyin Park

董永公园 Dongyong Park

汤池温泉 Tangchi Spring

汈汊湖 Diaocha Lake

祥山博物馆 Xiangshan Museum

安陆博物馆 Anlu Museum

孝感市文化中心 Xiaogan Cultural Center

黄香文化馆 Huang Xiang Cultural Center

黄龙湖茶博物馆 Huanglong Lake Tea Museum

古银杏国家森林公园 Ancient Ginkgo National Forest Park

鄂中革命纪念馆 Revolutionary Memorial Hall in Central Hubei

中原军区旧址 Former site of the Central Plain Military Region

李白纪念馆 Li Bai Memorial

设计目的：通过小组讨论，促进学生用所学知识来解决翻译实际问题。

（2）同伴互评。

先给出原文，让学生独立翻译后进行小组讨论，分析英、汉两种语言在转换过程中表达的异同；

从学生作业中挑选2个宣传片视频文本中的景点介绍英译文本，给出评价量表，让学生对比分析2篇译文中的优劣并反思原因，提出改进措施。

例：我们邀您赴一场山水之约！春观百花烂漫，夏沐荷风莲香，秋观斑斓彩叶，冬泡温泉听雪。

译文 A：We invite you to enjoy Xiaogan's scenery in each season!

Admire the flowers blooming and indulge in the lotus fragrance in spring and summer; appreciate the colorful leaves in autumn, and enjoy snowing and soaking in winter.

译文 B：We invite you to go to a mountain-water invitation!

Spring watch flowers blooming, summer shower lotus and fragrance, autumn see colorful leaves, winter soak spring and listen to snow.

设计目的：通过同伴互评，调动学生积极性与主动性，培养发现问题的能力；进一步促进学生对于中西方语言及文化差异的认识。

小结强化：

（1）回到课前的问题：如何翻译"孝感动天"（How to translate "孝感动天" in English）？

（2）学生结合本节课所学知识，分析"孝感动天"需要使用的翻译方法：音译、直译、意译。

课后

复习反馈与作业布置：

"孝感与孝文化"主题介绍——以 PPT、短视频等方式呈现学生对于

"孝感与孝文化"的理解与认识。需用所学的三种翻译方法对视频中的文本进行英译，并用英文展示。

四、教学效果与反思

(一) 思政教学设计创新点

(1) 通过分析总结旅游文本的翻译方法，借助任务型教学法和情境教学法，运用任务情境将学生带入学习进程中，学生对于"孝感与孝文化"主题相关的旅游文本有了更进一步的认识，增强了民族文化认同感；

(2) 通过对生成性问题及时反馈总结，学生对于语言翻译类、语用翻译类以及文化翻译类等知识有了深入理解，拓展了学习的深度、广度并提升了温度；

(3) 对不同译文之间的赏析与评价，极大程度上锻炼了学生的思辨能力。

(二) 改进方向

(1) 学生在学完本课后，对于旅游文本以及相应的三种翻译方法已经有了一定程度的认识；还需进一步通过翻译实践，强化理论与实践的结合。

(2) 下一节课上，学生将通过作业汇报的形式来展示其实践翻译能力，以及分析能力、评价能力和思辨能力，教师需注意总结归纳翻译过程中的生成性问题，注意语言翻译点、语用翻译点和文化翻译点等方面学生易出现的问题。

第三篇

第二课堂课程思政实践

雷锋精神进社区，反诈宣传入民心

——社区志愿服务活动

彭　桦[*]

活动名称："雷锋精神进社区，反诈宣传入民心"——社区志愿服务活动

负责教师：彭桦、雷梦星、王春茹

参与学生：经济与管理学院学生

活动主题：宣传反诈知识 弘扬雷锋精神

活动思政目标：通过传承和发扬学雷锋精神，倡导"奉献、友爱、互助、进步"志愿精神，深刻把握雷锋精神的时代内涵，鼓励和引导大学生参与基层实践，以社区共建为服务平台，让大学生充分运用所学知识，施展才华，服务社区，奉献社会；同时让大学生充分了解社区居民的实际需求，认识真实的社会。

活动方案及实施过程：

一、活 动 方 案

"雷锋精神进社区，反诈宣传入民心"——社区志愿服务活动方案

（一）活动背景

在当前这个网络时代，网络的隐蔽性和便利性为不法分子带来了可乘

---

* 作者简介：彭桦，女，硕士，湖北工程学院经济与管理学院教师。

之机，个人信息被泄露窃取，甚至作为产品被买卖交易，很多不法分子利用虚拟的身份或者虚假的事实在网络上骗取他人财产，我们或许无力阻止这些非法交易和诈骗事件的发生，但是我们可以将应对电信诈骗的知识教授给诈骗团伙"钟爱"的老年人群体，在弘扬雷锋乐于助人的优秀品格中帮助他人以反诈知识为武器，以国家反诈中心 App 为护盾，保护自身财产安全，守护家庭和睦。

（二）活动主题：宣传反诈知识 弘扬雷锋精神

（三）活动地点：孝南区渔门径社区

（四）活动时间：2023 年 3 月

（五）活动对象：社区居民

（六）活动流程

1. 活动介绍

此次活动结合经管学院学生的专业特长，开展"四个一"活动的实践服务，即为社区居民举行一场反电诈知识宣讲会，为社区居民带来一场歌舞表演、组织一场情景剧表演，发放一张经济与管理学院学生制作的防电诈宣传单，带领大家普及国家反诈中心 App 的下载，既避免了普通宣讲会枯燥单调的弊端，又让社区居民可以在娱乐中了解电诈的危害性，学习防电诈知识。

2. 前期准备

（1）组建学院志愿者服务队，根据自己的专长准备需要服务的项目内容，为走进社区、服务居民做充分的准备。

（2）提前联系好社区管理人员和活动场地，并沟通项目活动计划。

（3）反诈 PPT 的制作和演讲、宣传单的设计和制作。

（4）编写情景剧剧本，组织情景剧的排练，精心挑选歌舞类节目，确定宣讲会的流程安排。

3. 活动内容

（1）场地布置与准备：联系社区管理人员，志愿者在活动开展地点准备活动物料和道具、布置横幅、音响调试等。

（2）宣讲会先以歌舞类节目开场，活跃现场气氛，引起居民观看兴趣。

（3）歌舞类节目后安排情景剧表演，先以诙谐有趣的情景剧帮助居民认识到诈骗的危害，为 PPT 演讲铺垫。

（4）在情景剧后安排 PPT 演讲，展示经典诈骗案例与新型诈骗案例，披露诈骗常用话术，教授应对诈骗的知识，普及国家反诈中心 App 的下载。并在 PPT 演讲后再安排歌舞类表演，让学习了解诈骗知识后的各位居民放松心情。

4. 活动后期

（1）志愿者注意还原现场，打扫环境卫生，结束后带走场内垃圾。

（2）活动结束后，开展汇报交流活动，分享活动心得，提出活动改进建议。

（3）整理活动图片，运用新媒体制作并发布推文和新闻。

二、活动思政结合点

学习宣传雷锋精神，弘扬中华传统美德，坚守奉献初心，用实际行动践行社会主义核心价值观，将学习雷锋与学习党的二十大精神、践行马克思主义劳动观、助力学校 80 周年校庆等内容相结合，培养学生关注时事、服务学校、奉献社会的意识，注重宣传教育，营造全校学习雷锋精神的浓郁氛围。

深入推进"大学生社区实践计划"。按照湖北省大学生社区实践计划要求，由学院共青团带领团员青年积极与社区结对，围绕参与社区治理、开展课后服务、组织社会调查、开展文体活动、促进基层团建等方面常态化开展青年志愿服务，发挥专业特长，增强时代责任，助力基层治理水平提升。

三、活动实施过程

2023年3月18日上午，伴随着温暖的春风，正值雷锋月与湖北工程学院喜迎80周年之际，经济与管理学院青年志愿服务团队在孝南区渔门径社区举行了反诈宣传活动，经济与管理学院部分领导、辅导员老师及若干学生干部参与了本次反诈宣传入社区活动，同时，孝感市电视台的记者也来到了现场。

参加此次活动的居民对我们的到来表示热烈欢迎，在社区负责人的带领下开始布置场地、悬挂横幅、摆放桌椅、调试音响设备等（见图1）。

图1　现场布置

　　志愿者们分成两个小分队，一队成员深入居民，调查社区群众的防电诈意识并送出宣传单和礼品；另一队成员为表演团，为居民带来精彩的表演（见图2）。

图2　介绍开场

　　活动现场，首先是一曲耳熟能详的《最炫民族风》，Rap版本的防电诈小口诀将活动现场的气氛瞬间点燃，现场的大朋友小朋友一起跟随音乐打着节拍，热烈的现场氛围吸引了周边更多的居民前来观看。随后的情景剧围绕人们的生活日常，以网络购物被骗为故事主线，演绎了被骗的经过、求助的方式以及处理结果等内容，生动直观地向居民们展示电信诈骗的套路，提升社区居民的防骗反诈意识，切实保护居民的"钱袋子"。紧接着，由经济与管理学院金融专业的学生向社区居民普及正规的金融机构和理财方式，提醒老年人正确接受金融服务，通过生动的案例分析，向居民讲解最新的电信诈骗、网络诈骗手法，以及如何辨别和防范这些诈骗行为，居民对各类诈骗手段有了更加深入的了解，可以提高自我防范意识，避免成为受害者。其间穿插各种有奖问答、帮助居民下载安装国家反诈中心App等互动环节，观众们的参与热情不减，最后由22级新生带来舞蹈《烟雨行舟》和歌曲《如愿》，更加拉近了与观众们的距离（见图3）。

图 3　活动现场

四、活动效果与反思

通过此次活动，湖北工程学院经济与管理学院的志愿者们用实际行动践行了雷锋精神，传递了社会正能量，书写了新时代的雷锋故事。从活动组合、策划到实施，志愿者们精心筹备，丝毫不敢松懈，大家都铆着一股劲儿，坚决要把最好的一面展示在大众面前，充分诠释了"做一颗永不生锈的螺丝钉"，诠释了新时代青年对个人与集体关系的理解。雷锋精神永不过时，雷锋是时代的楷模，雷锋精神是永恒的，我们既要学习雷锋的精神，也要学习雷锋的做法，把对雷锋精神的追求转化为具体行动，体现在平凡的工作生活中，做出自己应有的贡献，把雷锋精神代代传承下去。

本次活动得到了学院领导以及孝感市相关领导的高度赞赏，活动现场反馈效果非常好，孝感市电视台记者也对居民和经济与管理学院领导进行了采访，相关视频和新闻还在孝感市电视台以及"学习强国"等平台上发布（见图4）。社区居民也纷纷表示感谢学生们的精彩表演以及对反诈知识的普及，让他们了解到了很多新型的诈骗方式，真正将反诈知识入脑入心，切实让广大群众了解电信诈骗从而远离电信诈骗。渔门径社区也表示这次活动非常有效，感谢我们的辛苦付出和积极参与。

图4　相关报道

讲红色故事　传红色精神　担时代使命

——经济与管理学院"迎七一建党节　师生同台讲红色故事"活动

雷梦星[*]

活动名称：迎七一建党节　师生同台讲红色故事

负责教师：雷梦星、吴俊成、黄卓航

参与学生：经济与管理学院所有党员、预备党员、入党积极分子

活动主题：讲红色故事 传红色精神 担时代使命

活动思政目标：以党史为主题的红色教育活动，以多变的形式和丰富的内容，激发了青年坚定理想信念，传承红色基因，弘扬革命精神的热情和激情，培养了青年的责任意识和担当精神。

活动方案及实施过程：

一、活 动 方 案

讲红色故事　传红色精神　担时代使命

——经济与管理学院"迎七一建党节　师生同台讲红色故事"活动方案

（一）活动背景

"一寸山河一寸血，一杯热土一杯魂。回想过去的烽火岁月，金寨人

---

* 作者简介：雷梦星，女，硕士，湖北工程学院经济与管理学院教师。

民以大无畏的牺牲精神，为中国革命事业建立了彪炳史册的功勋，我们要沿着革命前辈的足迹继续前行，把红色江山世世代代传下去。"

（二）活动目的

为庆祝中国共产党成立101周年，深入学习贯彻习近平新时代中国特色社会主义思想和党的十九届六中全会精神，坚持推进"不忘初心、牢记使命"主题教育常态化、制度化。开展以党史为主题的红色教育，可以促进红色基因传承、培育和践行社会主义核心价值观，也是落实立德树人根本任务、帮助青少年扣好人生第一粒扣子的有力举措。

（三）组织机构

主办单位：湖北工程学院经济与管理学院

承办单位：湖北工程学院经济与管理学院学生会

　　　　　共青团湖北工程学院经济与管理学院委员会

（四）活动组织

组长：刘莉萍　张辉

副组长：胡涵　黄宏磊　张承龙

成员：雷梦星　吴俊成　黄卓航

下设活动筹备组

组长：雷梦星

副组长：王琪　方梦圆　张星　凌晶

（五）活动对象

经济与管理学院所有党员、预备党员、入党积极分子。

（六）活动主题

讲红色故事　传红色精神　担时代使命

（七）活动时间

2022 年 6 月 23 日 19：00～20：30

（八）活动地点

文学楼报告厅

（九）活动安排

1. 初赛阶段

个人申报：个人按照活动要求准备演讲征文。

行文要求：征文字数为 1500～2000 字，要求讲述自己心中的红色故事，可以是自己所看见过的身边的人或事，也可以是自己心里最尊敬的革命先烈的故事。用朴实的语言写动人的故事，切勿假大空，要具有感染力，语言自然、简洁质朴、以情动人。

报送方式：2022 年 6 月 3 日前将征文发送到接收邮箱。邮件报送主题为"班级+姓名"。

2. 决赛阶段

根据个人报送的征文选择 10 篇优秀作品进行演讲决赛，演讲主题与征文一样，可以在征文的基础上进行修改。

演讲时长：每个人的演讲时长控制在 6 分钟之内。

决赛流程：

（1）评委、参赛人员、观众到齐后，由主持人宣布比赛正式开始；

（2）表演开场节目《当那一天真的来临》；

（3）主持人介绍出席的人员、活动目的以及相关要求；

（4）本次新接收预备党员代表兼决赛选手发言，并由党员老师带领本次接收的预备党员宣誓；

（5）参赛人员按照比赛顺序依次演讲；

（6）1号选手演讲时，2号选手需在舞台旁准备；

（7）每一位参赛人员演讲完毕后，工作人员回收打分表；

（8）所有参赛人员演讲完毕后，邀请相关领导对本次演讲比赛进行点评，同时工作人员统计分数、排名次、写奖状；

（9）邀请学校关心下一代工作委员会（简称"关工委"）优秀党员老师进行特别演讲；

（10）主持人宣布最终结果（由三等奖到一等奖），由评委为获奖同学颁发奖状和奖品；

（11）比赛结束，领导老师与参赛人员合影。

（十）演讲评分细则（总分100分）

1. 语言（40分）

演讲者普通话标准、语言规范、吐字清晰、声音洪亮圆润、语言技巧处理得当，表达自然流畅。

2. 感染力（40分）

语速恰当，语气、语调、节奏张弛符合思想感情的起伏变化，具有感染力。

3. 态势语（20分）

精神饱满、自然得体、端庄大方，能较好地运用姿态、动作、手势、表情，表达对演讲内容的理解。

（十一）准备工作

（1）准备开场节目《当那一天真的来临》；

（2）根据参赛人员的课表，安排演讲时间和地点；

（3）做好宣传工作，在班长群里发通知，让参赛选手提前做准备；

（4）邀请院外及院内相关老师担任评委；

（5）提前租借好比赛场地并布置；

（6）准备好评委打分表、笔、计算工具和若干矿泉水；

（7）联系网络宣传部（简称"网宣部"）制作"我心中的红色故事"演讲比赛的宣传海报并张贴在一楼海报板宣传；

（8）决赛时，提前调试好需要的设备；

（9）决赛联系网宣部做好拍照记录，及时撰写新闻稿；

（10）活动结束后，及时将获奖名单交给网宣部，及时作出活动总结并上交给负责老师。

（十二）注意事项

（1）参赛人员必须提前15分钟到达比赛地点，准备候场；

（2）比赛时，请现场人员保持安静，不得随意走动；

（3）所有参赛人员演讲完毕后方可离场；

（4）工作人员注意维护现场秩序。

（十三）人员分配

计时及举牌人员：2人

收发评委评分表：2人

统计分数：2~3人

联系选手候场：2人

机动人员：2~4人

奖状填写：2人

（十四）奖项设计

一等奖1名

二等奖2名

三等奖3名

优秀奖2名

二、活动思政结合点

庆祝中国共产党成立 101 周年，深入学习贯彻习近平新时代中国特色社会主义思想和党的十九届六中全会精神，激发青年学子的责任意识和担当精神，通过举办师生同台讲故事活动，在七一建党节这个时间节点给学生上一堂生动的党课，进行一次精神的洗礼。

中国共产党的发展与壮大离不开一代又一代党员的努力与奉献，党的先进性也需要"新鲜血液"注入的活力来维持。中国青少年就是党的下一代继承者，为了更好发挥出党史学习的"铸魂育人"作用，把党史教育融入学校课堂是课程思政的新需求。以党史教育为出发点，把党史教育融入校园文体活动之中，以润物细无声的方法，把红色文化传递到每一位学生的内心深处。

三、活动实施过程（图文）

活动在退伍大学生代表演唱的《当那一天真的来临》歌声中拉响了序幕（见图1）。院党委青年委员带领新党员进行了庄严的入党宣誓（见图2）。

图 1　退伍大学生演唱《当那一天真的来临》

图2　新党员同志宣誓

接着，学生开始讲故事。故事分为三个篇章：聆听红色故事，革命精神代代相传；续写中国精神，众志成城抗击疫情；勇担时代使命，谱写青春奋进华章。同学们深情地讲述了刑场上的婚礼周文雍和陈铁军、"监狱中的秘密党支部书记"彭真、"徐老虎"徐海东、独臂将军贺炳炎等一个个令人敬佩、震撼人心的故事；讲述了新冠疫情防控中的逆行者和身边的志愿者、扶贫干部、老师等平凡而伟大的故事，深深地打动了在场每个人的心（见图3）。

图3　选手进行演讲

相关领导对学生的演讲进行了深刻点评，高度肯定了师生讲红色故事是一堂鲜活的党课，主题鲜明突出、政治站位很高、目的很明确，充满逻辑的力量、激情的力量和信仰的力量，是一次精神洗礼。

学校关心下一代委员会副主任分享了学校发展的故事，教育青年们要热爱祖国、热爱中国共产党、热爱母校。遇上好时代，生在好时代，青年们要更加自信，不负韶华、不负人民，跑出新时代青年的最好成绩！

最后，学校党委副书记陈伟对参加本次活动的九名同学进行了颁奖，并发表讲话。他高度肯定了此次活动组织有序、形式新颖、内容丰富，深受教育。他指出，广大党员和青年学子通过学习英雄人物精神，要更加坚定自己的理想信念，树立远大目标，将个人价值追求融入党和人民的事业之中；要坚守初心、担当使命；要直面困难、敢于担当。中华民族伟大复兴，需要一代又一代人脚踏实地、艰苦奋斗、锐意进取，青年党员要砥砺前行，不负韶华！

四、活动效果与反思

（一）成效

祖国的繁荣昌盛离不开革命前辈的英勇奋斗，当前生活的美化更应该促使我们牢记革命前辈们奋斗的初心。党史教育不断地深入现代教育之中，就是为了让我国新时代青年通过学习革命前辈的英勇事迹，明白幸福生活是多么的来之不易。尤其是当代大学生更是肩负着祖国复兴的重任，把党史教育融入学生活动之中，学生不仅锻炼了胆量和语言表达能力，也了解到中国共产党的发展历程和前辈们的英勇事迹，能充分发挥党史育人的作用。

（二）存在的问题

"00 后"生在红旗下，长在春风里，是幸福的一代。他们没有见证过历史的转折、没有参与过历史的洗礼，缺乏对马克思主义理论知识的认知，有时不能正确认识和理解党的性质、任务和纲领，因此他们对红色教育活动参与热情不高，参与活动浮于形式，很多人实用主义功利化目的比较强，只是被动参与或者为了其他荣誉，没有将第二课堂会给自身带来的潜移默化的积极影响列为参与活动的首要目标。

（三）改进方法

教师需要深挖课程内涵，把党史蕴含的哲理生动融入日常教学之中，把党史与教学内容合理联系，在丰富学生专业知识的同时提升他们的道德内涵，达到使学生知党情、报党恩、跟党走的境界。通过各种新媒体渠道和主课堂加强学生的思想政治教育，引导学生多参加校园文化活动和社会实践活动。

青春心向党，喜迎党的二十大

王春茹[*]

活动名称：诗歌朗诵比赛

负责教师：彭桦、王春茹、雷梦星

参与学生：经济与管理学院 2022 级全体学生、学生党支部、教工党支部

活动思政目标：为迎接党的二十大的胜利召开，进一步加强新时代爱国主义教育，弘扬时代主旋律，丰富校园文化生活，让学生通过诗歌朗诵来加深对祖国的情感，继承和发扬对民族文化的认识，在党的二十大召开之际，通过诗歌朗诵比赛引导学生用青春传承红色文化，用艺术赞颂伟大时代，厚植爱党爱国情怀，以饱满的热情和昂扬的精神面貌迎接党的二十大的胜利召开。

活动方案及思政教学实施过程：

一、活 动 方 案

"青春心向党，喜迎党的二十大"诗歌朗诵比赛活动方案

（一）活动背景

2022 年是党的二十大召开之年，党的二十大是在我国迈上全面建设社

---

* 作者简介：王春茹，女，硕士，湖北工程学院经济与管理学院教师。

会主义现代化国家新征程、向第二个百年奋斗目标进军的关键时刻召开的一次十分重要的大会，举国关注、世界瞩目。深刻理解和认识党的二十大的重大意义，对于我们不断谱写新时代中国特色社会主义新篇章、奋力实现中华民族伟大复兴的中国梦有着重要的指导作用和现实意义。在党的二十大召开之际，以诗歌朗诵比赛迎接党的二十大召开，引导大学生铭记党的历史、传承革命精神、厚植爱党爱国情怀。

（二）活动目的

为庆祝党的二十大胜利召开，围绕"喜迎二十大、永远跟党走、奋进新征程"的主题教育实践活动，引导学生充分学习党史、铭记历史，为学习贯彻党的二十大精神营造浓厚的氛围；展现经济与管理学院青年积极向上、朝气蓬勃的精神面貌，表达对党的忠诚与热爱，抒发对祖国的美好礼赞。

（三）活动主题

青春心向党 喜迎党的二十大

（四）活动对象

2022 级普本、专升本学生

（五）活动时间

2022 年 10 月 14 日 19：00 ~ 21：00（彩排时间：10 月 13 日下午）

（六）活动地点

文学楼报告厅

（七）活动内容与要求

（1）结合"青春心向党，喜迎党的二十大"主题，经济与管理学院

2022 级新生班级团支部、学生党支部和教工党支部各组织一支队伍参赛，人数不限，自选诗歌作品，力争本次活动具有艺术性、观赏性，有特点、有亮点。

（2）朗诵作品题材不限，但内容必须紧扣主题，富有时代气息，语言优美、思想健康，充分展示青年大学生传递"青春心向党、建功新时代"的决心和意志。

（3）朗诵形式：以朗诵为主，可以单人朗诵、多人朗诵、全班齐诵、表演朗诵、配乐诵读等多种形式进行表演，要求脱稿。

（4）服装要求整洁、规范、整齐。

（5）网络宣传部做好活动的宣传报道工作，引导广大学生参与到此次活动中来，让更多的学生参与活动，在活动中受教育。活动结束后做好微信推文和新闻稿的发布。

（6）10 月 6～9 日，各班、各支部高度重视、积极报名、精心组织、认真准备，确保节目高质量完成。10 月 9 日前将节目内容（诗稿、配乐）发送到指定邮箱。10 月 13 日下午进行节目彩排。

（八）评分方法及标准

评分方法：采用百分制，评委当场评分，统分时去掉一个最高分，去掉一个最低分，取其余的平均分为选手最后得分。

评分细则：

1. 演讲内容（40 分）

（1）紧扣主题，立意新颖，具有启示意义、时代意义；（20 分）

（2）内容充实、例证典型、贴合实际。（20 分）

2. 朗诵能力（40 分）

（1）表达流利，吐字清晰，发音标准；（10 分）

（2）整体性强，配合好，朗诵声音整齐；（10 分）

（3）感情真挚，有感染力和带动力，观众反响大、印象深。（20 分）

3. 形象风度（20 分）

（1）上、下场敬礼、答谢整齐合体；（10 分）

（2）仪表端庄大方，服装得体、精神饱满。（10 分）

（九）奖项设置

一等奖：1 名

二等奖：3 名

三等奖：6 名

优秀作品奖：2 名

二、活动思政结合点

（1）中国特色社会主义进入新时代，习近平总书记立足于"确保党的事业薪火相传，确保中华民族永续发展"[1]的深远考虑，将青年工作放在党和国家发展的战略高度去考量，把青年视作民族复兴中不可或缺的先锋力量，激励广大青年担当起党和人民赋予的历史重任。

为了让青年学生牢记历史、不忘嘱托、勇担大任，在党的二十大召开之际，开展此次主题教育活动，是对青年学生的一次鞭策和激励。学生在准备朗诵比赛的过程中能加深对党史的认识和理解，提升作为新时代中国青年的责任和担当，牢记习近平总书记嘱托，坚定理想信念，筑牢精神之基，厚植爱国情怀，矢志不渝跟党走，以实现中华民族伟大复兴为己任，增强做中国人的志气、骨气、底气，不负时代，不负韶华，不负党和人民的殷切期望。

（2）2014 年 5 月 4 日，习近平总书记在北京大学考察时指出，"青年的价值取向决定了未来整个社会的价值取向，而青年又处在价值观形成和确立的时期，抓好这一时期的价值观养成十分重要"[2]。青少年阶段是人生的"拔节孕穗期"，高校教师要抓住青少年价值观形成和确定的关键时期，引导青少年扣好人生第一粒"扣子"。此次朗诵比赛是一次很好的新生入学教育活动，不仅提高了同学们的综合素质，增强了集体荣誉感和班级凝聚力，同时再次将爱国主义精神根植在湖北工程学院学子们的心中，进一步坚定了全体师生"时时听党话，永远跟党走"的理想信念，让爱党、爱国、爱社会主义新时代的主旋律响彻校园，为党的二十大召开后学习党的二十大精神烘托了良好的氛围。

三、活动实施过程

此次朗诵比赛是一次由学生、党员和教师共同参与的大型活动。2022级新生班级含专升本共10个班，每个班级团支部负责推出一个朗诵作品，班级朗诵节目参与比赛，由评委评分后颁发一、二、三等奖，教工党支部和学生党支部各推出一个表演节目，颁发优秀作品奖。

活动方案发出后，各班和党支部均开始了紧锣密鼓的准备工作，从朗诵作品的选取、配乐到背景视频的选择、服装的搭配、队形的排列等都进行了精心的准备。确定朗诵作品后，各班将朗诵稿件和背景音乐发到邮箱，审核通过后，各班利用午休和晚自习时间不断排练，力争展现出形式新颖、内容丰富、主题深刻的朗诵节目。

经过一段时间的练习后，10月11日，所有参赛人员在经法楼报告厅进行第一次排练，调试话筒、背景音乐、队形站位等，每个班级上台表演后，由指导老师和班级负责人沟通节目细节，提出改进建议，争取提升节目效果。

10月13日下午4点，全体演职人员在文学楼报告厅进行最后的彩排，工作人员调试背景屏幕、电子显示屏、话筒后，各班按照抽签顺序依次上台排练，确定话筒和音乐播放无误后开始表演，表演结束后由指导老师再提出改进建议。一轮彩排后还有问题的班级再进行二轮彩排，直到所有节目都演出无误。

10月14日晚上7点，朗诵比赛在文学楼报告厅正式拉开了帷幕，12支队伍带着他们精心准备的朗诵作品开始了精彩的表演。2022级441班表演的朗诵作品《喜迎党的二十大，青春著华章》赞颂了伟大时代下青年的发展机遇，时代造就青年，盛世成就青年，新时代中国青年生逢中华民族发展的最好时期，拥有更优越的发展环境，更广阔的成长空间，面临着建功立业的难得人生机遇。2022级141班表演节目《与时代同响，与祖国同行》，他们高呼新时代湖北工程学院青年应衷心拥护党的领导，奋力走在时代的前列，追求远大理想，深植国家情怀，与国家同呼吸，与祖国共命运。2022级542班的朗诵作品《青春，向党报告》，回首了中国共产党的百年历史，表达了要坚定不移听党话、跟党走的忠贞初心。2022级541班的朗诵节目《百年颂歌》重温了中国共产党波澜壮阔的奋斗史诗，祝福我们的党续写光辉历程。2022级341班的节目《新时代好青年，强国有我》赞颂了中国青年的觉醒，点燃了中华民族伟大复兴的希望之光。2022级124班的节目《党旗红》，深情地表示要"赓续党的红色血脉，弘扬党的优良传统，在斗争中经风雨、见世面、壮筋骨、长才干"。2022级144班表演的《党的赞歌》深刻地昭示没有中国共产党，就没有新中国，矢志不渝跟党走，是中国青年百年奋斗的最宝贵经验。2022级142班的《红船，从南湖起航》追源溯本，党的一大召开于浙江嘉兴南湖的一艘普通渔船上，这艘红船在狂风暴雨中仍稳健行驶着，它是共产党人的精神源头。2022级423班表演的《党的二十大之歌》紧扣主题、声情并茂，表达了即将召开的党的二十大是进入全面建设社会主义现代化国家新征程的关键时刻召开的一次十分重要的大会，将科学谋划未来5年乃至更长时期，党和国家事业发展的目标任务和大政方针，事关中华民族伟大复兴。2022级143班表演的《盛世中国》讲述了新中国成立以来的辉煌成就，如今的中国再次站上了世界的舞台中心，今日的祖国展现了前所未有的盛况。由院学生党支部表演的朗诵作品《喜迎党的二十大，湖工颂中华》为党的二十大的胜利召开献上最真挚的祝福。青年兴则国兴，青年强则国强，在此次朗诵比赛中，各班级和学生党支部表现出来的精神风貌让人感动，他们也表示将牢记党的嘱托，只争朝夕，不负韶华，与祖国同呼吸共命运心连心，唱出时代最强音。由经济与管理学院教工党支部选送的《永远跟党走》朗诵作品最后登场，"永远跟党走，实现我们的抱负和远大的理想；永远跟党走，担当未来的责任和民族的脊梁"，赞颂了一代又一代中国共产党人把青春和热血融进理想的滚滚洪流中，团结带领全国各族儿女一步步从光明走向未来，从一个胜利走向另一个胜利。最后，教工党支部以饱满的热情和昂扬的姿态喊出了我们的口号——"百年征程照初心，铮铮誓言践使命；喜迎党的二十大，踔厉奋发向未来；湖工师生齐努力，挥洒青春育英才"。

评委老师们对 10 个班的朗诵作品进行了现场打分评选，其中 2022 级 423 班《党的二十大之歌》荣获一等奖；2022 级 142 班《红船，从南湖起航》、2022 级 143 班《盛世中国》、2022 级 124 班《党旗红》荣获二等奖；2022 级 341 班《新时代好青年，强国有我》、2022 级 141 班《与时代同响，与祖国同行》、2022 级 441 班《喜迎党的二十大，青春著华章》、2022 级 144 班《党的赞歌》、2022 级 542 班《青春，向党报告》、2022 级 541 班《百年颂歌》荣获三等奖；院学生党支部和教工党支部表演的《喜迎党的二十大，湖工颂中华》《永远跟党走》荣获优秀作品奖（见图 1）。

图1　比赛现场

四、活动效果与反思

（一）活动成效

总体而言，此次"青春心向党，喜迎党的二十大"诗歌朗诵比赛圆满落幕，活动取得了预期的效果。参与此次演出的同学们通过朗诵作品进一步了解了中国共产党的光辉历史和发展历程，通过舞台展示，他们更能发自肺腑的体会到中国共产党的伟大，从而加深爱党爱国之情，锤炼思想作风。其他同学在观看的同时，也被现场浓烈的爱党爱国氛围所感染，提高了同学们的党性修养。在整个活动的筹备过程中，既为迎接党的二十大胜利召开营造了浓厚氛围，也为党的二十大召开后集中学习党的二十大精神做了良好的铺垫。

（二）存在的问题

其一，由于场地和时间有限，此次活动参与人员主要是2022级新生，没有覆盖到更多的人群；其二，排练时间较短，朗诵节目形式单一化，基本上为多人朗诵或全班齐诵，缺乏形式上的创新。

（三）改进思路

通过其他第二课堂活动如主题班会等在全院营造浓厚的学习党的二十大的氛围，激发全体学生的学习热情；通过抖音、微信公众号等多种新媒体渠道大力宣传此次活动，全方位加强对学生的思想政治教育，引导学生积极参与丰富多彩的校园文化活动，在实践中感悟真理，提升自己。

参考文献

［1］习近平：在纪念五四运动 100 周年大会上的讲话［EB/OL］. 新华网. http：//www. xinhuanet. com/politics/leaders/2019 － 04/30/c ＿ 1124436427. htm，2019 － 04 － 30.

［2］习近平考察时强调：青年要自觉践行社会主义核心价值观［EB/OL］. 中国政府网. https：//www. gov. cn/xinwen/2014 － 05/04/content ＿ 2671253. htm，2014 － 05 － 04.

让传统孝文化"活"起来

——孝文化艺术元素融入思政实践

张　艳*

活动主题：编创孝文化音乐作品参与音乐会演出；在社区中小学生音乐培训中推广孝文化音乐艺术

活动参与学生：音乐学院 2018 级学生石琪琪、李莹、严佳荟、徐明会、肖佳丽、冯予暄、谢沁园、钱雪、黎叶、王靖

活动思政目标：学深悟透习近平新时代中国特色社会主义思想，是当前思想政治教育工作领域的重中之重。"孝文化"艺术元素融入思政实践能够促使艺术类专业教学更有深度，高校中各种课程应该和思政课程协同进行，可使中华优秀传统"孝文化"更好的传承与发展，不断完善大学生的人格以及树立正确的价值观，促使大学生全面发展。在建党百年的峥嵘岁月里，歌声一路相随，像一部留声机，不忘初心，不变中国梦，以匠心的态度、以最有腔调的姿态向党致敬，共同谱写美好篇章。

一、背　景

实施此活动的高校，地处湖北省孝文化名城——孝感。孝是中国传统文化的首要伦理，是中华传统伦理体系的起点。它源远流长，起源于殷商

---

* 作者简介：张艳，女，湖北工程学院音乐学院副教授。

时期，形成于周代，逐渐成为中国传统文化的核心，内涵丰富，精华和糟粕并存。其精华主要体现为赡养父母、敬爱父母、适时谏诤、尊老爱幼、兄友弟恭等，糟粕如愚孝愚忠、父子相隐、厚葬久丧等。要活化传统孝道的内涵，实现其创造性转化和创新性发展，可以将孝文化艺术元素融入校园思政创新实践活动，主动改造和创新传统孝道的内涵和形式，传承并弘扬传统孝道中与现代社会相契合的成分，创新发展传统孝道，持续深化新时代思想道德建设，推行新二十四孝，树立新孝道榜样。

2017 年 10 月 18 日，习近平总书记在中国共产党第十九次全国代表大会上的讲话中指出："坚定文化自信，推动社会主义文化繁荣兴盛""培育和践行社会主义核心价值观""深入挖掘中华优秀传统文化蕴含的思想观念、人文精神、道德规范，结合时代要求继承创新，让中华文化展现出永久魅力和时代风采"。① 学深悟透习近平新时代中国特色社会主义思想，是当前思想政治教育工作领域的重中之重。在中国社会经济飞速发展的大环境下，我国的教育工作得到了前所未有的发展，尤其是在传统优秀文化与现代教育融合工作中也有了新的突破。以孝文化为代表的优秀传统文化能够充分发掘学生最朴素的家国情感，将其融入艺术类专业教育中能够促使教育内容更具有深度，以此提升教育质量和水平。新时期对大学生有着新的要求，仅仅提升自身专业水平是远远不够的，因此在高校教育中必须建立起以专业课程教育为基础的全方位核心教育，让现代大学生学习专业知识的同时，形成正确的三观和健全的人格。本案例将孝文化艺术元素融入校园思政创新实践活动。充分整合运用在音乐学专业理论课程中所学知识对二十四孝故事进行音乐舞蹈创编活动，使理论知识实践化，提高创新能力和理论课程学习兴趣。让更多的人在孝文化艺术的熏陶下陶冶情操、完善人格、提升个人素养。帮助更多的人形成正确的人生观、价值观，从

---

① 习近平：决胜全面建成小康社会 夺取新时代中国特色社会主义伟大胜利——在中国共产党第十九次全国代表大会上的报告［EB/OL］. 新华网，http：//www.xinhuanet.com//politics/19cpcnc/2017－10/27/c_1121867529.htm，2017－10－27.

而促使更多的人更好地承担起为国谋发展的责任意识。我们只有齐头并进，让传统孝文化"活"起来，赋予传统孝文化新的时代内涵，不断地去创新、顺应时代潮流。在传承中进行创新，在创新中进行传承，激发传统文化内在的生命力，更好地弘扬传统文化，彰显独特的文化自信，进一步提升我国的文化软实力和影响力。不仅仅可以用孝文化艺术与思政实践这一途径让孝文化"活"起来，更要把我国优秀的传统文化全方位融入国民教育各个领域、各个环节，与人民生活相融合，才能有旺盛的生命力，真正实现传统文化"活"起来。此次研究主要对孝文化在大学艺术类专业教育中的融合进行了全面的分析与研究，旨在为今后的相关教育提供一定的借鉴。

二、做　　法

（1）挖掘二十四孝故事，收集二十四孝故事原诗歌，了解传统二十四孝经典文化，树立新孝道榜样。

（2）重新理解"移孝作忠"，把孝由爱父母、爱家人转化为对中国共产党、对中华民族、对人民、对祖国的爱和忠。提高大学生的思想政治素质，增强文化自信，树立正确的信仰，激发和锻造大学生为理想信念不懈奋斗的毅力。

（3）将孝文化艺术元素融入校园思政创新实践活动，充分整合和运用在音乐学专业理论课程中所学到的知识，挖掘身边的孝心爱心事迹，对其进行音乐作品创作编排活动，赋予新时代新的孝行理念，真正做到让传统孝文化"活"起来。并使理论知识实践化，提高创新实践能力和激发理论课程学习兴趣。

三、成　　效

今天的大学生要为"移孝作忠"赋予新的时代内涵，把孝由爱父母、爱家人转化为对中国共产党、对中华民族、对人民、对祖国的爱和忠。习近平总书记多次提出要弘扬爱国主义精神，孝老爱亲，忠于祖国，忠于人民，坚持以人民为中心。事实上，爱国思想是孝道意识的延伸，培养大学生们今天的孝，就是为了他们踏入社会后对祖国的忠。此外，儒家孝道中的"立身"之孝，就是要求子女事业有成，奉献社会；"亲亲之孝"促使历史上许多仁人志士为了报效祖国，不惜舍生取义。新时代，习近平总书记告诫共产党人"不忘初心、牢记使命"，这种为人民、为民族、为国家的初心使命就是源于孝爱之心，是人类道德发展的必然结果。

此活动案例中的成果有：

1. 创作歌曲一首（见图1）

爱心书屋之歌

慕清词 作词

张艳 石琪琪 作曲

1. 这里是读者的乐园　这里有知识的甘泉
2. 这里是老人的最爱　这里是少儿的眷念

闹市里深藏着书的净土　诵读中拨动了爱的心弦
阅读展开了想象的翅膀　典籍啊打开了丰富画卷

图1　创作歌曲

2. 孝文化美育改革创新论文两篇（见图2）

本科毕业论文（设计）

题　目　　　让传统孝文化活起来：
　　　　孝文化艺术元素融入思政实践可行性研究

学生姓名　　　　　　石琪琪
专业名称　　　　　　音乐学
指导教师　　　　　　张　艳

本科毕业论文（设计）

题　目　活化、绽放：大学生孝文化艺术教育探究
学生姓名　　　　　　李　莹
专业名称　　　　　　音乐学
指导教师　　　　　　张　艳

图2　孝文化美育改革创新论文两篇

3. 获评国家级大学生创新创业训练计划项目立项并顺利结题（见图 3）

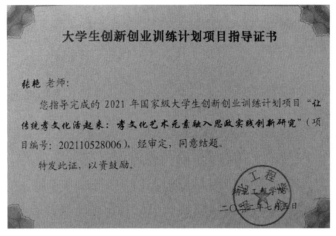

图 3　大学生创新创业训练计划项目指导证书

4. 获校级教学改革项目立项（见图 4）

湖北工程学院文件

湖工教字〔2022〕12 号

关于公布 2022 年度校级教学研究项目立项
通过名单的通知

校内各单位：

　　根据《湖北工程学院教学研究项目管理办法》（湖工教字
〔2014〕10 号）、《湖北工程学院教材建设与管理条例》（湖
工教字〔2014〕11 号）精神，按照《关于开展 2022 年度校级
教学改革研究和自编教材立项申报工作的通知》的要求，经教
师个人申请、单位审核推荐、教务处组织专家评审、学校教学
指导委员会评定等环节，现批准"围绕舞台造就人才——互动
式项目教学法在播音与主持艺术专业教学中的应用探究"等
62 个项目立项。现将名单予以公布。

·1·

（a）

附件：2022年度校级教学改革研究项目立项名单

湖北工程学院
2022年5月30日

湖北工程学院办公室 2022年5月30日印发

-2-

（b）

序号	项目编号	研究项目名称	项目类别	姓名	学历学位	职称	学院	项目组主要成员	研究期限
23	202223	中华传统孝文化融入音乐课程思政的应用研究	C	张 艳	硕士研究生	副教授	音乐	鲁 勇、程迎接、何 静、岳 翔、涂婉茹	2022.5-2025.5

（c）

图4 项目立项文件

四、探 讨

本美育案例的研究实践过程中遇到了一些问题：

（1）大学生主体问题：大学生责任意识中“孝文化”缺失，有小部分大学生对“孝文化”嗤之以鼻。

（2）场地问题：学校音乐厅、录音棚、音乐制作室档期满。社区也没有足够的地方搭建舞台。

（3）时间问题：白天社区居民需要上班，美育案例项目组成员还需要上课，出现时间冲突问题。

对于大学生责任意识中"孝文化"缺失需要深入研究，部分大学生片面追求物质享受，更有一小部分大学生迷失自我，出现价值认识模糊、价值认同失衡的问题，没有形成正确的价值观。逐渐忽视了对传统优秀民族文化的学习，导致一些大学生在思想道德上出现了滑坡，缺乏社会责任感和历史使命感。很多学生对于中华"孝文化"的理解是单一片面的，对"孝文化"的理解与感悟不够深入。虽然当代大学生文化程度普遍较高，对父母、家人、长辈的孝敬也是从内心发出的，并不是缺乏思想的愚孝，但是对"孝文化"理解单一，不能理解"孝文化"的真正内涵。因此，要构建和谐社会，必须加强对"孝文化"的多元理解。

举办"孝文化"音乐会，唱"孝文化"音乐歌曲，奏"孝文化"作品、演"孝文化"舞蹈。可邀请在校师生观摩音乐会（见图5、图6），传承和发扬"孝文化"；还可以举行以"孝文化"为主题的专业音乐比赛，设置证书与奖项，鼓励更多同学参与其中，更好地弘扬优秀"孝文化"，强化优秀"孝文化"践行行为。平常老师给予学生授课的时候将"孝文化"元素融入课堂中，将思政实践与艺术类教学相融，使大学生们主动地与其他学生一同进行相关方面的学习，先欣赏"孝文化"音乐作品，然后带着他们一起演唱音乐作品，领略音乐作品中所蕴含的孝文化思想。不仅如此，教师还可以积极鼓励学生反思学习"孝文化"在整个教育过程中所起到的价值，通过与老师换位，不仅给予了大学生登台授课的机会，还引导了大学生参与到"孝文化"传授环节中和自觉践行"孝文化"的理念。让学生欣赏"孝文化"音乐作品，对其进行作品分析，鼓励进行多种形式的创新，努力更新换代，拓展创作的固定手法，提取创作灵感，创作出更多更好的贴近校园文化生活、深受现代大学生追捧的具有中国特色的"孝文化"音乐作品。

图 5　音乐会现场（一）

　　注：活动成员组织学生在孝文化艺术元素融入课程思政实践活动中演奏民乐重奏作品《我和我的祖国》（张艳　拍摄）。

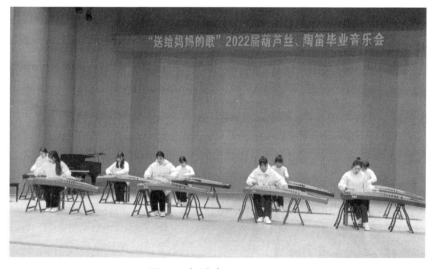

图 6　音乐会现场（二）

　　注：活动成员组织学生在孝文化艺术元素融入课程思政实践活动中演奏古筝合奏作品《送给妈妈的歌》（张艳　拍摄）。

　　在社区中组织有音乐功底、有兴趣的居民或者对推广孝文化音乐作品有热情的居民组建孝文化音乐相关的表演团体，每周组织时间排练孝文化音乐表演，定期在社区中进行交流，利用周末和节假日进行表演，不仅可以让社区居民参与其中获得音乐素养的提升，而且可以吸引更多的观众去观看表演从而了解音乐作品中的孝文化。在社区琴行、培训中心授课时多选择一些"孝文化"音乐歌曲去讲授，同时介绍孝文化音乐作品的由来以及歌曲中的故事去了解感受音乐作品中蕴含的精神文化，让更多的人在"孝文化"音乐作品的熏陶下陶冶情操、完善人格、提升个人素养（见图7、图8）。

图7　社区教授现场

　　注：活动成员在社区教授小学生孝文化艺术元素古筝作品《井冈山上太阳红》（叶诗　拍摄）。

图 8 晚会现场

注：活动成员组织学生在社区举办的孝文化艺术元素融入课程思政实践活动中演奏工作重奏作品《天山之歌》（叶诗 拍摄）。

在筹备过程中，活动组成员还要找资料、写论文，不仅有音乐会的排练工作，还有对外的宣传工作，时间上经常冲突，因此美育案例项目组成员进行了任务和时间的分配。每天每个人空出一个统一的时间段进行音乐会的排练，排练过后写论文的同学可以去找资料写论文，有课的同学去上课，其他人去发宣传单，剪辑成员们制作出排练视频，然后发到微博、朋友圈等号召亲朋好友帮忙转发宣传，这样活动组成员便解决了时间冲突的问题，计划才能够按预期进行下去。

在整个项目计划的推进过程中，活动组成员学习到了很多。首先，活动组成员中每个人会的东西不一样，比如有的组员善于沟通，有的组员拍摄方面突出，另外的同学擅长剪辑视频等，思政活动组成员在不断地磨合中，学会了如何在团队中发挥出自己的作用，团队合作精神得到了提高；其次，在计划的过程中，成员们要不断与不同的人沟通，在琴行上课与不同年龄段的孩子沟通，在社区与大爷大妈等沟通，筹备音乐会租借场地、人员协调和舞台也需要和各方沟通，还要站在不同的角度想问题，活动组成员在这段时间里，学会了与不同的人用不同的方式沟通，在待人接物方面得到了提高；最后，因为要向大家推广孝文化音乐和传统孝文化，要想回答他们的疑问或问题，自己首先就要具备大量的关于孝文化的知识，其间筹备举行的音乐会，更是需要成员们能掌握大量的孝文化作品，这就需要不停学习，所以在这个过程之中成员们的专业知识得到了拓展。

　　本活动案例旨在让更多人在"孝文化"音乐作品的熏陶下陶冶情操，真正地理解"孝文化"，促使其自觉传承和发扬"孝文化"。在当代社会中，对于"孝文化"的传承和发展，不仅关系到当代大学生每个人自己的发展，还关系着家庭、社会以及国家的发展。应激活"孝文化"新的生命力，实现传统孝道的创造性转化和创新性发展，为实现中华民族伟大复兴的中国梦奠定坚定的道德、文化和思想基础。

"春晖丝语"乐团草坪音乐会的
思政教学分析

刘鸿飞 *

活动名称："春晖丝语"乐团草坪音乐会

负责教师：刘鸿飞

活动主题：思政主题艺术实践音乐会，在疫情中放松心情

活动思政目标：通过将红色主题与学生所学专业的结合，让学生对思政教学重要性等的认识达到一定的高度，从而在生活中自觉践行思政教学目标中的相关要求。

活动方案及思政教学实施过程：2022 年 6 月 16 日晚 18：30，音乐学院于东区体育场举办了一场"春晖丝语"乐团草坪音乐会，音乐会由音乐学院党总支主办，音乐学院第一党支部和音乐学院器乐教学团队承办，指导教师是音乐学院第一党支部书记，旨在通过红色主题与学生所学专业的结合，用艺术实践第二课堂的形式，让学生对思政教学重要性等的认识达到一定的高度，从而在生活中自觉践行思政教学目标中的相关要求。

音乐会在"青春湖工"和"湖工音乐"公众号里做了预告推送（https：//mp. weixin. qq. com/s/Qo_OgBbleQ_v5qodD – SzQw），音乐会结束后，音乐学院网站对此活动进行了报道（http：//yyxy. hbeu. edu. cn/info/1075/3686. htm）（见图 1）。

---

* 作者简介：刘鸿飞，男，汉族，在读博士，湖北工程学院音乐学院副教授。

图1　音乐会现场

思政教学的实施主要是通过音乐会节目的形式来体现的，让学生在学习、练习、排练与演奏红色主题音乐作品的过程中感受音乐里的思想力量。红色主题的音乐作品见图2。

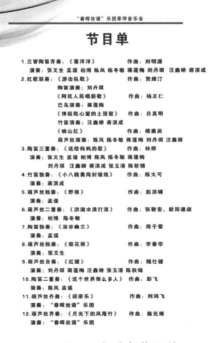

图2　音乐会节目单

活动效果与反思：学生在筹备该场音乐会的过程中，通过对作品的学习，进一步认识到了今天美好生活的来之不易，《小八路勇闯封锁线》《游击队歌》等让他们感受到了战争的残酷与艰辛等；学生也认识到了今天要加强思政教学的意义与必要性；这种草坪音乐会的形式，让学生感受到了学习中的轻松氛围，觉得专业学习也是有很多乐趣的。存在的问题是没有有效地发动学生听众的参与，现场的观众数量不是太多，如果再有此类活动，此问题可以在寻求学校团委的支持下得以改进。

机械工程学院集中生产实习的思政教学实践探索与分析

肖生浩[*]

活动名称：2023 年机械工程学院集中生产实习

负责教师：李玉梅、徐刚、肖生浩、戴晓光、魏可可、吴文林

参与学生：机械工程学院 2020 级机械设计制造及其自动化和机械电子工程两个专业的所有普通本科生，0203016141、0203016142、0203016143、0203016241 班，共 148 人。

活动主题：机械工程学院集中生产实习的思政教学实践

活动思政目标：

（1）理论联系实际、学以致用的辩证唯物主义观念；

（2）爱岗敬业、诚实守信、吃苦耐劳、遵守规则的岗位精神；

（3）举一反三、触类旁通、新技术新工艺的创新精神；

（4）刻苦钻研、求真务实、严谨细致的工匠精神；

（5）强化沟通、团结协作、共同进步的大局观；

（6）自我认识、自我肯定、完善职业规划和创业精神；

（7）增加对机械行业的认识，提升民族自信、制度自信、理论自信、道路自信的爱国精神。

活动方案及思政教学实施过程：生产实习是机械工程学科的相关专业知识结构中不可缺少的组成部分，并以独立的项目列入专业教学计划中。

＊ 作者简介：肖生浩，男，汉族，博士，湖北工程学院机械工程学院副教授。

高等学校和中等专业学校学生，在生产现场以见习学员、工人、技术员、管理员等身份，参观或直接参与生产过程，形成专业知识与生产实践相结合的教学形式。生产实习具有如下主要意义：

（1）贯彻理论联系实际原则的好办法。学生以实际工作者的身份，直接参与生产过程，既可运用已有的知识技能，完成一定的生产任务，又可学习实际生产技术知识或管理知识，掌握生产技能，或培养管理能力，并且通过实习巩固、丰富与提高理论知识。

（2）对学生进行思想政治和道德品质教育的有效途径。在生产实习中，可以具体生动地对学生进行劳动观点、爱护公共财物、组织性纪律性、职业道德等教育。

（3）检验教学质量的重要手段。通过生产实习，可以对学生专业知识、技能的实际水平，为社会主义建设服务的专业思想，社会主义劳动纪律与职业道德，以及教师的教学效果和思想工作，进行一次综合性的社会检验。

一、活 动 方 案

根据湖北工程学院 2022 年新修订的本科人才培养方案的要求，我院机械设计制造及其自动化和机械电子工程两个专业的普通本科生都应在第 6 学期（即大三下学期）完成 2 周学时的生产实习，组织形式为集中实习或分散自主实习。根据我院具体培养方案，定于 2023 年 6 月 26 日至 7 月 7 日安排所有大三普通本科生前往湖北省十堰市大学生实习实训示范基地开展为期 2 周的生产实习。

1. 实习前期

实习前期首先由学院生产实习教学工作小组制订实习活动方案，在此基础上有序进行实习前的准备工作。首先对需要参加集中生产实习的 148 名大三本科生进行实习动员，由机械工程学院分管教学的副院长介绍了毕业实习的目的、意义及围绕实习教学安排进行了讲解与部署，强调要重视毕业实习，通过实习提高专业技能，提升综合能力，为踏入社会打好坚实的基础；随后由肖生浩博士就实习目的及意义、实习方法、实习目标、实习内容、实习课程、实习时间、实习行程安排、实习纪律、作业及考核和实习期间有关注意事项进行了详细的讲解说明。

此外，在实习动员大会上，所有参与实习的148名学生均签署了《机械工程学院生产实习安全承诺书》。会后，学院为每名参与生产实习的学生及参与老师购买了人身财产保险，为实习期间可能出现的安全问题提供保障。详细的实习方案由学院审核通过后提交至学校教务处，并获得批准（见图1）。

图1　生产实习动员

2. 实习期间

此次集中实习由位于十堰市大学生实习实训示范基地的湖北方得教育科技有限公司承办，该公司作为我校建设的大学生校外实践（就业）基地之一，具有完善的教学和住宿条件、专业的实践教学师资力量、丰富的实习实训企业资源，能较好地满足我院机械工程专业实习实训教学要求。所有实习学生集中住在实习基地的宿舍内，基地还拥有食堂、超市、运动场、娱乐设施、自习室等，在提供较好的实习生活条件时，还能保证考研学生拥有较好的备考环境。

在安顿好学生的生活后，学院带队老师与实习基地确认了实习期间详细的实习计划，如表1所示。由于实习学生总人数较多，为保证实习效果，将其分为 4 组，每组 37 人，实习过程按分组进行安排，保证每组实习内容相同、时间错开。

表1　　　　机械工程学院 2023 年集中生产实习详细内容

实习形式	实习地点	实习内容
安全知识讲座	湖北方得教育科技有限公司	实习安全知识及注意事项
企业参观	湖北汉唐智能科技股份有限公司	智能制造生产线生产车间、医用智能轨道车展厅
	湖北巴斯顿电子科技有限公司	汽车线束装配及检测工艺
	东风特种汽车有限公司	特种车焊接车间，冲压车间
	十堰瑞虎机械科技有限公司	减速器壳体、差速器壳体铸造工艺、机加工艺
	东风（十堰）精工齿轮有限公司	锻压工艺、机械加工工艺、齿轮热处理工艺
	东风小康十堰工厂	乘用车、新能源汽车总装配工艺
	湖北车神汽配实业有限公司	后桥装配工艺
	十堰精密新动力科技股份有限公司	平衡悬架生产车间、新能源电机装配车间、新能源电机实验室
	十堰圣伟屹智能制造有限公司	机械加工工艺，设备维修、升级再制造工艺
	十堰帝尔科技有限公司	冲压零部件生产工艺、机器人焊接工艺、三维机器人切割工艺
	东风（十堰）汽车管业有限公司	高压油管制造车间、低压油管制造车间，机械加工工艺、钎焊工艺等
	东风钢板弹簧有限公司	钢板弹簧碾压、卷板成型工艺，热处理工艺，电泳漆浸泡工艺
	东风轻型发动机有限公司	发动机缸体、缸盖制造车间，机械加工工艺（凸轮轴、曲轴、连杆、缸体、缸盖加工工艺）
	十堰恒拓汽车零部件股份有限公司	汽车、普通机械、零件热处理加工

续表

实习形式	实习地点	实习内容
变速箱拆装实训	湖北方得教育科技有限公司	汽车变速箱结构、拆装方法
工装夹具拆装实训	湖北方得教育科技有限公司	工装夹具原理、拆装方法

由表1可知，此次集中生产实习主要有三种形式：安全知识讲座、企业参观和拆装实训。

（1）安全知识讲座。

实习安全知识由湖北方得教育科技有限公司的董艳秋老师讲授。她首先介绍了十堰市作为我国最早的汽车城之一的发展历程及目前汽车产业发展现状，再对企业在工业生产中的安全问题及典型案例进行了讲解，详细说明了企业生产规章制度及在实习过程中必须遵守的规范，最后对十堰市的风土人情进行了生动介绍（见图2）。讲座结束后，每位同学领取了安全头盔和反光背心等安全防护器材。

图2　实习基地安全知识讲座

（2）企业参观。

在企业参观环节，所选定的企业为十堰市的传统汽车和新能源汽车整车厂、发动机及变速箱厂、汽车零部件和配件厂、特种智能小车及自动化生产设备制造厂等，涉及的制造工艺有装配、检验、模压、切割、拆装、熔铸、焊接、涂装、注塑、冲压、铸造、锻造、机械加工和智能制造等，基本涵盖了机械工程专业的校内专业课程知识。每个参观环节均配有多年从业经验的技术人员进行专业细致的讲解。为保证学生能更直观感受生产过程，参观时间选定为企业的正常生产时间，讲解员针对现场实际生产情况对产品用途、工艺流程、生产设备、生产管理和对操作工人的技术要求等进行了详细讲解。讲解结束后还留有提问环节，学生们对相关问题踊跃提问，讲解员和现场工人都进行了耐心解答，学生们兴致勃勃，并认真做了笔记（见图 3）。

（a）参观过程

（b）提问环节

图 3　企业参观

（3）拆装实训。

在生产实习过程中，只有知识讲座和企业参观是远远不够的，要让学生真正做到理论与实践相结合，将理论应用到实践中去，需要学生亲自参与机械产品及装置的拆解和安装，增强动手能力及理论联系实际的能力。对此，本次实习开设了变速箱拆装实训和工装夹具拆装实训课，地点在实习基地的拆装实验室。拆装课首先由授课老师对所拆装对象的结构和原理进行讲解，再将参与学生分成5~8人的小组，以组为单位进行拆装操作，授课老师对实际拆装过程进行指导。在此过程中，学生需要运用课堂上所学的机械工程理论知识对拆装对象进行解读，对拆解过程进行分解，对拆装任务进行分工，对相关参数进行测量，并对整个过程进行拍摄或笔记的记录，最后将对象物进行装配和还原，并解决拆装过程中遇到的所有难题（见图4）。

图4　拆装实训

除正常的生产实习外，学院还安排了实习作业，学生需对每天的实习过程进行记录，对实习心得进行总结，并撰写实习总结报告（见图5）。

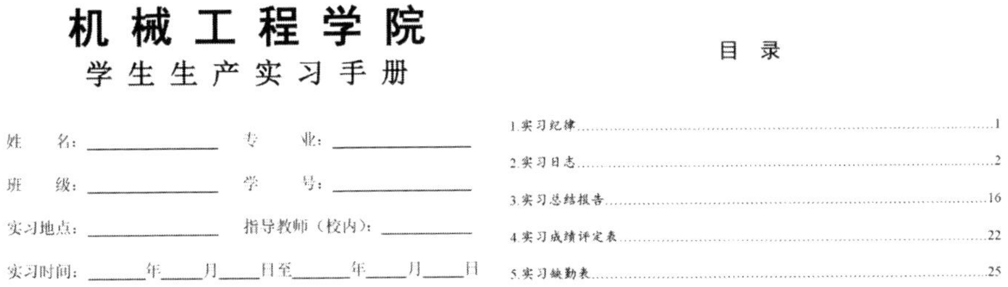
机 械 工 程 学 院
学 生 生 产 实 习 手 册

姓　名：________　专　业：________
班　级：________　学　号：________
实习地点：________　指导教师（校内）：________
实习时间：____年___月___日至____年___月___日

目 录

1.实习纪律……1
2.实习日志……2
3.实习总结报告……16
4.实习成绩评定表……22
5.实习缺勤表……25

图5　生产实习手册报告

3. 实习结束

正式的生产实习结束后，除由实习负责人办理相关结课手续外，最重要的就是对学生的实习成绩进行考核评定和总结。根据机械工程专业培养方案，此次生产实习学生的考核成绩与校内考查课程的评定方法相同，分为平时成绩和期末成绩，平时成绩包括考勤、实习表现和实习作业（总结日记），占总成绩比例为30%；期末成绩为生产实习手册里的实习总结报告，占总成绩比例为70%。

二、思政教学

2016年12月，习近平总书记在全国高校思想政治工作会议上发表重要讲话，指出“要坚持把立德树人作为中心环节，把思想政治工作贯穿教育教学全过程，实现全程育人、全方位育人”。[①] 2020年6月，教育部印发《高等学校课程思政建设指导纲要》，全面推进高校课程思政建设。实践类课程是理工类人才培养的重要组成部分，通常占到课程总学分的30%左右，是培养学生创新、创业和综合实践能力的关键环节。尤其是在2017年教育部提出新工科建设的育人背景下，要求高校培养大批具备创新能力、

① 习近平在全国高校思想政治工作会议上强调 把思想政治工作贯穿教育教学全过程 开创我国高等教育事业发展新局面［EB/OL］. 共产党员网，https：//news. 12371. cn/2016/12/08/ARTI1481194922295483. shtml?from = groupmessage&isappinstalled = 0&ivk_sa = 1024320u，2016 - 12 - 08.

实践能力，能够解决现实工程问题、富有高度人文素养和社会责任感的工程类创新人才。

生产实习是工科专业中非常重要的实践课程，其目的是使学生通过生产实习，在专业知识、人才素养两方面得到锻炼和培养，对学生能力的培养起到重要的支撑作用。其特点主要体现在以下三个方面：

（一）　贯彻理论联系实际原则的重要教学方式

学生以实际工作者的身份，直接参与生产过程，既可运用已有的知识技能，完成一定的生产任务，又可学习实际生产技术知识或管理知识，掌握生产技能或培养管理能力，并且通过实习巩固、丰富与提高理论知识。

（二）　提升学生思政教育行为认同和情感认同的有效途径

在生产实习中，可以具体生动地对学生进行劳动教育、价值观教育、职业道德、人文素养等教育，更有效地影响学生的行为实践。

（三）　检验教学质量的重要手段

通过生产实习，可以对学生专业知识、技能的实际水平，为社会主义建设服务的专业思想，社会主义劳动纪律与职业道德，以及教师的教学效果和思想工作进行一次综合性的社会检验。

本思政活动以生产实习课程作为媒介，在专业知识的传授过程中融入思政元素，结合国际形势、国家科技发展战略和地方经济发展需求，提升学生对机械工程专业的自信心和自豪感，提高学生学习积极性，改变学习态度。将思想政治工作体系贯穿于生产实习的课程体系、教学体系、管理体系当中，深入构建一体化育人体系，全面落实立德树人根本任务，广泛开展理想信念教育，厚植爱国主义情怀，加强品德修养，增长知识见识，培养奋斗精神，不断提高学生思想水平、政治觉悟、道德品质、文化素养。在实习实训教学环节打造以课程思政为引领的应用型人才培养特色，满足社会对职业技能型人才的需求。

具体课程思政实施方案如下。

（一）思政教育融入生产实践教学的范式构建

在"坚持把立德树人作为中心环节，把思想政治工作贯穿教育教学全过程，实现全程育人、全方位育人"的"大思政"背景下，以机械工程专业大学生生产实习实践课程为例，围绕学生"理论联系实际、爱岗敬业、诚实守信、工匠精神、团结协作、吃苦耐劳及工程伦理"等方面综合素养的提升，探索实践教学环节中从组织制度建设、细化教学管理过程到具体教学实践中的思政教育融入切入点，构建"以学生为中心"，学校、家庭、企业为一体的立体化、全方位实践教学管理模式，具体实施范式见图6。

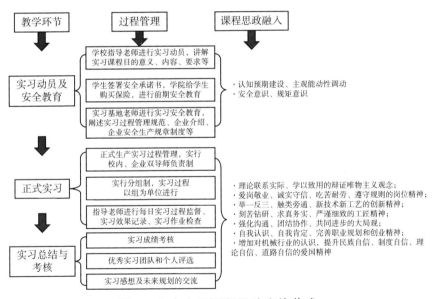

图6　生产实习课程思政实施范式

（1）本着尊重学生和学生"认知预期建设"的教育心理，通过实习前召开动员大会的方式，让学生全面了解生产实习实践课程开课的必要性、课程特点及所在企业的企业文化和实习岗位要求，形成"认知预期"，打消学生的抵触情绪，让学生能更加主动地投入到生产实习中。

（2）在实习过程中实行"全程"和"全员"管理，包括实习基地老师、企业讲解员及技术人员、家长及学校指导教师，各自从不同的角度对学生实行教育，让学生有"归属感"和"获得感"。

（3）在实习结束阶段，通过设立优秀团队和个人的评选，并给予一定的奖励方式，激发学生的集体荣誉感，激励学生创新动力和致力于专业学习的主观能动性的提高。

在此实践教学模式框架下，通过教学环节、过程管理及思政元素融入的具体实施路径的探索，建立了学生、实习基地老师、企业人员、家长、学校指导教师等全覆盖的"三全育人"模式，并可根据每个具体阶段的任务，实时将课程思政元素巧妙融入过程中，实现了学生、实习基地老师、企业讲解员及技术人员、家长及学校指导教师之间"相互影响、共同成长"的协同效应及全员、全程、全方位的育人目标。

（二）生产实习实践教学中课程思政元素挖掘与实践

1. 理论联系实际、学以致用的辩证唯物主义观念

参加此次集中生产实习的学生有一半以上为具有考研意向的大三本科生，他们大多在平时的理论课程学习中成绩名列前茅，学习方法和学习态度良好，都有着追求更高知识水平的主观能动性。但牢固的理论知识也容易造成思维固化，创新能力不足，动手能力相对较弱，理论联系实际的辩证唯物主义观念较弱。例如这些学生中有不少参加过学科竞赛，但在前期的方案选取阶段，想法过于发散，仅考虑理想状态的可行性，而对于实际的可实现性考虑不多，容易造成竞赛方案迟迟无法确定，进度一拖再拖。再例如有些学生的机械制图学得比较好，自认为所绘制的图纸是标准的和完美的，但实际上距离车间能直接拿来加工的要求还有非常大的差距。通过此次生产实习，这些学生在现实环境下近距离认识到了原本在书本上学习到的理论知识的具体表现，并通过亲自动手实践，对机械产品、设备及

工艺等有了更清晰的认识，也更清醒地认识到方案不等于实物，许多实际生产过程中的潜在问题不是理论学习能遇到的。经过此次生产实习，强化了学生们理论联系实际、学以致用的辩证唯物主义观念。

2. 爱岗敬业、诚实守信、吃苦耐劳、遵守规则的岗位精神

学生在学校期间对于爱岗敬业和诚实守信的观念比较淡薄，尤其对于时间观念和规章制度的遵守不到位，经常出现迟到、早退、旷课等情况，这些陋习也在初期带入到了生产实习中。比如在实习第一天，有学生未按时完成集合，通勤车并未等待，按时发车；有学生未佩戴安全帽和反光背心，在抵达所参观企业后企业禁止其进入；有学生在参观过程中嬉戏打闹，或不按规定走在安全线内，被企业管理人员喝止；某些企业的高精尖产品要求不能触摸，但有学生违反规定，被严肃批评教育。根据出现的以上种种违反实习规定和企业规章制度的行为，校内指导老师在第一天实习结束后召集所有学生开会，对上述典型违规行为进行了点名批评，再次强调了爱岗敬业、诚实守信、遵守规则的重要性，提出如再犯将取消学生在实习期间的所有成绩。同时，学生长期处在学校这样较为稳定的环境中，安全生产意识不强，在实习实践教学中，学生直接进入车间，一些看似不起眼的不当行为，都会带来很大的安全隐患。此次实习紧紧抓住实践教学的课程特点与优势，车间工人和企业管理者向学生演示或者讲解实际生产案例，学生能够通过实地感受、切身体会，更好地增强安全生产意识，并能尝试将所学理论知识与生产实践相结合，并自觉遵守，实现"知行合一"。

3. 举一反三、触类旁通、新技术新工艺的创新精神

高校作为培养人才的摇篮，机械工程专业生产实习必须适应当下全球化趋势所带来的新的生产变化，积极引进创新机制，培养新一代富有创新精神的大学生是关键。此次生产实习活动中，实习基地建设遵循"本校为主，校厂结合，灵活多样，效果优先"的原则。所设定的实习内容丰富、形式多样，学生在实习中积极性较高。例如，在工装夹具的拆装实习中，学生在指导老师的精心教导下，通过不断尝试和对比，大胆创新，提出了

针对不同零部件生产和装配所需的新的工装方案和加工规程新思路；在参观零部件数控加工环节，机械电子工程专业的学生主动要求尝试进行数控代码编写，并按照自己的想法提出了新的方案；在参观齿轮加工生产线时，对其中的范成法齿轮加工方法提出了疑问，并表达了各自的想法。在此模式下，学生的创新精神得到了提升。

4. 刻苦钻研、求真务实、严谨细致的工匠精神

工匠精神指的是从业者对其从事的事业匠心独运、精益求精、追求卓越的职业精神，同时又是职业道德、职业能力、职业品质的体现。在实习过程中，学生第一次直接面对产品生产线，对于工匠精神和职业素养逐步有了自己的理解。例如在参观十堰圣伟屹智能制造有限公司时，该公司主要业务为机械加工工艺设计，以及设备维修、升级再制造工艺，在对一些制造设备进行维修时，不少学生对维修过程中设备的质量和精度保证提出了质疑，并与技术人员进行了深入交流，从理论的角度阐述自己对升级和维修后的设备性能的理解。在变速箱拆装环节，不少学生都对拆解过程进行了详细记录，对零件的数量、尺寸、安装位置等进行了标记，有的小组在装配完变速箱后，发现多出了少量零件，随即再次拆解变速箱再重新装配，如此反复多次，直到最终不多一个零件，将变速箱完全装配成功。据此，学生对工匠精神有了切身体会。

5. 强化沟通、团结协作、共同进步的大局观

在学校的绝大部分理论课学习和考核时，学生都只需要各自为战，经营好自己的"一亩三分地"，甚至存在互相比拼、互相竞争。在此次生产实习的拆装实训环节，实习基地将其按照 5~8 人分成多个小组，每个小组的成员需完成对应的小组任务后，所有成员才能解散。为此，小组内的成员必须通力协作、加强沟通、分工明确，才能高效率完成任务。根据现场情况来看，每个小组的成员都全身心投入到拆装实训中，有进行工具准备的，有拍照记录的，有做笔记和标记的，有动手操作的，现场交流声不绝于耳，甚至有友善的争辩之声。有的小组进度较快，提前完成了所有任

务，但也并未提前离开，而是主动帮助其他未完成的小组，共同克服困难。很多同学表示，在这样特定的环境下，同学间不再有生疏与隔阂，通过自然的互帮互助，原先不是很熟悉的同学关系都亲密了很多，并且深深体会到了团队的力量。

6. 自我认识、自我肯定、完善职业规划和创业精神

生产实习也是机械工程专业的学生在理论知识学习结束后进入社会到工作岗位前的一次提前演练，同时，通过实习，加深了学生对本专业的认知，及对未来行业发展趋势的了解，也更加清楚地认识到自己今后的职业发展方向。在实习前，有不少学生都觉得机械专业的毕业生虽然就业率较高，但工资待遇普遍不理想，与热门新兴专业的毕业生相比有较大差距；而且有的学生觉得目前制造业从业人员在社会上并不吃香，随时面临被淘汰的风险。但在实习后，同学们才明白，制造业才是国家经济发展的基石之一，也契合了我国未来经济发展战略的主要方向，是国家大力扶持和投入的主要行业。通过此次生产实习，在看到所参观的企业都一派欣欣向荣、热火朝天的生产现场后，同学们都坚定了继续从事机械专业学习深造或工作的信念，提升了专业自信心，并对自身的知识和能力水平有了更加清醒的认识，也完善了自身的职业规划，强化了创新创业的精神。

7. 增加对机械行业的认识，提升民族自信、制度自信、理论自信、道路自信的爱国精神

不少学生对我国科技水平和制造水平的认知还停留在世纪初期，认为我们与传统制造强国相比还有较大差距。例如，有的学生认为我国的汽车产品与国外汽车强国，如德国、日本、美国等相比差距明显，汽车研发技术和制造技术也有待加强。但参观完现代化的东风小康十堰新工厂后，大家都被现场恢宏的厂房、高科技的设备、智能化的生产线、干净整洁井井有条的厂区景象震撼了，都表示没想到我国也有如此先进的汽车制造厂。工厂讲解员则结合现场，对我国的汽车产业现状进行了详细讲解，表示该工厂仅是我国汽车自主品牌现代化工厂的冰山一角，而且这也不算是最

大、最先进的，并说明我国目前在新能源汽车领域不管是在市场规模还是技术水平上，都遥遥领先其他国家。同学们的认知被彻底"颠覆"，都发自肺腑感叹，国家在中国共产党的正确领导下，取得了举世瞩目的进步和成就。通过此次实习，加深了学生对机械行业的认识，提升了他们的民族自信、制度自信、理论自信、道路自信的爱国精神。

三、活动效果与反思

（一）活动效果

思政教育效果的跟踪反馈往往是一个难题，因为好的思政教育强调的是"润物细无声"，因此不能像专业知识点的学习那样，可以用成绩直观地反馈教育效果。为此，我们探索了采用间接方式的效果反馈方式。为检验此次生产实习活动对参与学生在思想政治素养方面的提升效果，在实习结束后，组织对所参与的所有 148 名学生进行了问卷调查，学生以匿名方式对在思政目标上的感受进行满意度评价，调查结果如图 7 所示。

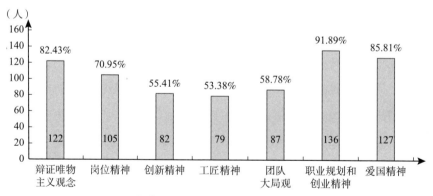

图7　生产实习课程思政效果满意度调查

由问卷调查结果可知，通过生产实习实践课程的学习，学生在辩证唯物主义观念、岗位精神、职业规划和创业精神、爱国精神方面的思想觉悟方面有了较大提升，满意度均达到了70%以上，其中职业规划和创业精神满意度超过90%，表明通过生产实习，学生对自身未来的职业发展有了更加清晰的认识，对机械工程行业未来充满信心。

（二）反思

课程思政的目的就是利用专业实践过程逐步实现立德树人，良好的育人效果会使学生树立正确的价值观念和高尚的道德情操。湖北工程学院已经在全校范围内进行专业实践实习的课程思政改革，结合专业课程思政要点和专业实践计划要求，通过专业实习实践，并完成报告等方式，将思政元素融入专业实践中。机械工程学院所开展的生产实习，一方面，对学生的人生观、价值观产生影响，加深学生对专业知识与实践的探索，达到知识学习与应用、逻辑思维判断与分析的目的；另一方面，实践教学与思政融合引发学生对工程伦理和社会主义核心价值观的深刻思考及践行理论联系实际的唯物主义理念。因此，在生产实习过程中不仅实现知识目标和能力目标，同时在学习过程中润物细无声，实现素质目标。为了更好地检验实施效果，可建立科学、完善的课程评价体系对育人效果进行检验和反馈。另外，学生撰写实习心得体会，并增加问卷调查，实行量化指标评价和客观评价相结合的综合评价，不断完善专业实习评价方案。

此次生产实习思政活动实施后，使学生在学习专业知识和专业技能的同时也提高了个人的德育水平和职业规范，锻炼学生的个人品质，对学生学习机械工程专业课程产生积极的作用；结合机械工程学科发展，明确制造业未来的发展趋势，启发学生理解中国特色社会主义道路对实现科技强国的重要性，增强道路自信、理论自信、制度自信；引导学生自觉践行社会主义核心价值观，成为高素质、高技能的工匠型人才，实现全方位育人；提高学生对机械工程专业的兴趣，并提前对行业发展所需的基础知识进行储备，引导学生进行长期的职业规划，实现全方位育人的目标。